박철주 지음

스타트업 창업을 위한

사업계획서 완전정복

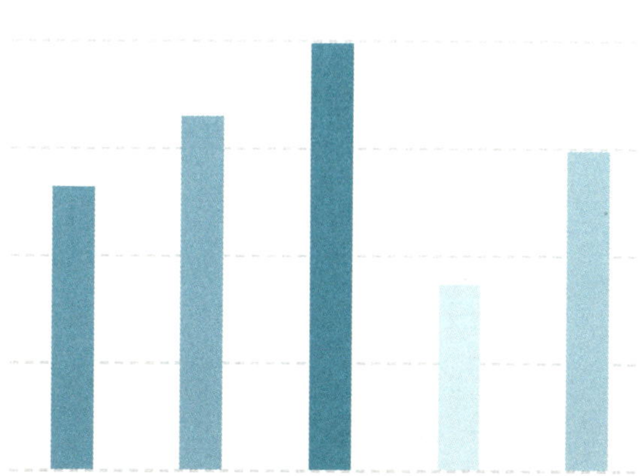

형설출판사
www.hyungseul.co.kr

무언가 좋은 일만 생길 것 같아 잔뜩 기대가 부풀었던 2020년!

그러나 어느 누구도 예상치 못했던 Covid-19의 창궐로 인해 우리나라는 물론 세계 경제는 엄청난 충격과 혼란을 경험하게 되었습니다. 코로나 쇼크에 빠진 대한민국 경제의 현상황은 매스컴을 통해 전해오는 암울한 뉴스로 인해 우리를 더욱 힘들게 하고 있습니다.

Covid-19 이후의 세계 경제의 회생만을 학수고대하고 있는 현재, 우리는 이 경제적 쇼크를 어떻게 극복해야 할 것인가? 걱정이 많아집니다.

이러한 걱정을 하고 있노라면, 100년 전에 경제학자 조셉 슘페터(Joseph Schumpeter)가 주창했던 「창조적 파괴(creative destruction)」라는 개념이 간간이 뇌리를 스쳐갑니다.

즉 "자본주의의 발전은 창의성과 아이디어로 무장한 경쟁력 있는 젊은 기업들이 끊임없이 나타나 공룡처럼 비대해진 기존의 질서를 깨트리고 더 큰 부가가치를 창출함으로써 발전할 수 있다."고 하는...

위기에 빠진 미국의 국민기업 GE를 살려낸 세기의 경영자 잭 웰치(Jack Welch) 전 회장은 기업이 감당해야 할 사회적 책임은 「승리하는 회사」라고 역설하였습니다.

동일한 맥락이라고 할까요? 신세계그룹 정용진 부회장은 2021년 신년사에서 "지지 않는 싸움을 하겠다"라고 선언하며 올 한해 경영화두를 던졌습니다.

'창업 후 5년 도산율 95%', '100만원 이하 수익률 60%', '노동시간 1일 16시간 이상',

'한계기업 78%로 증가' 등으로 어둡게 비쳐지는 창업시장에서 우리는 어떻게 승리하는 기업, 승리하는 회사, 승리하는 스타트업, 승리하는 대한민국을 만들어낼 수 있을까요?

승리하는 회사, 지지 않는 싸움을 하기 위한 해법은 다양하겠지만, 그 중에서 하나는 피터 드러커(Peter Drucker)가 제안한 것처럼, 사업목표를 달성하기 위해서 계획 → 실행 → 평가 → 개선이라고 하는 PDCA 사이클을 반복적으로 순환시키는 것이라고 생각합니다. 사업계획이라는 것은 사업에 대한 꿈을 가설화하는 과정이며, 이것을 구체화시키는 과정이 사업에 대한 가설에 대한 검증이라고 할 수 있기 때문입니다.

이러한 문제의식을 가지고, 본서는 기업가정신으로 무장한 예비창업자가 사업 아이템 발굴에서부터 사업구상, 그리고 구상한 사업계획을 사업계획서에 쉽게 녹여낼 수 있는 능력을 갖출 수 있도록 구성하였습니다.

집필하는 과정에서 가장 주안점을 둔 것은 잭 웰치 회장이 세계 최대 규모의 GE를 구멍가게처럼 경영했듯이, 그래서 막대사탕을 팔든 원자력 발전소를 팔든 그것이 중요한 것이 아니기 때문에, 작은 구멍가게를 염두에 두면서 설명하고자 하였습니다.

이러한 노력이 자신의 꿈을 이루기 위해서 아니면 가족의 생계를 지켜내기 위해서 사업을 시작하는 예비창업자에게 성공가능성을 조금이라도 높이는데 작은 도움이 되기를 소망합니다.

본서의 출판을 승낙해 주신 형설출판사의 장진혁 사장님과, 본서가 출판될 때까지 모든 과정에 관여해주신 심효섭 상무님께 깊은 감사의 말씀을 드립니다.

2020년 12월

저자

Contents

Contents

CHAPTER 06 비즈니스 모델의 혁신 / 130

CHAPTER 07 시장의 선택과 포지셔닝(STP) / 162

Contents

CHAPTER 12 사업실행계획 / 288

01

기업가정신과 창업 (스타트업)

CHAPTER

01

1-1 「기업가정신(Entrepreneurship)」이란?

「기업가(Entrepreneur)」라는 용어를 네이버의 지식백과에서 찾아보면 다음과 같이 정의하고 있습니다.

"사업체를 설립, 조직, 관리하고 내포된 위험을 감수하는 개인으로, 주로 제1세대 경영자를 칭하며, 변화를 탐구하고, 변화에 대응하며, 변화를 기회로 이용하는 사람을 의미한다."

"영리를 목적으로 기업에 자본을 제공하고 경영하는 사람 또는 위험을 감수하면서도 비전, 추진력, 창의성 등을 이용해 기존에 없었던 새롭고 혁신적인 가치를 만들어내는 자. 일반적으로 영리를 목적으로 기업에 자본을 제공하고 경영하는 사람으로서 사업가(Businessman)로 통용된다."

그리고 「기업가정신(Entrepreneurship)」에 대해서는 다음과 같이 정의하고 있습니다.

"기업의 본질인 이윤 추구와 사회적 책임의 수행을 위해 기업가가 마땅히 갖추어야 할 자세나 정신"

"기업가 고유의 가치관 내지는 기업가적 태도. 기업의 본질인 이윤을 추구하고 사회적 책임을 수행하기 위하여 기업가가 갖추어야 할 자세나 정신"

그러나 기업가(Entrepreneur)에 대한 어원을 찾기는 상당히 어렵습니다. 많지 않은 문헌에서 확인해보면, 경제학 문헌에 처음 사용한 사람은 18세기 초 프랑스의 경제학자인 리처드 칸틸리옹(Richard Cantillon)이라고 합니다.1)

그는 「기업가(Entrepreneur)」를 기업설립의 요건이 되는 투자를 직접 이행하고 경영을 담당하며, 필요에 따라서는 지배기능도 담당함으로써 기업의 제반 위험부담을 스스로 담당해 나가는 사람들, 즉 '위험을 감수하는 혁신자'로 정의하고 있습니다.

그리고 1800년경 프랑스의 경제학자 장 바티스트 세이(Jean Baptiste Say, 1767-1832)는 「기업가(Entrepreneur)」는 "경제적 자원을 생산성과 수익성이 보다 낮은 곳으로부터 보다 높은 곳으로 이동시킨다"라고 정의하고 있습니다.2)

"세이가 만든 용어인 프랑스어 'Entrepreneur'를 독일어로 직역한 'Unternehmer'라는

---

1) 정대용·임재석·엄명철(2010), 『창업론』, 형설출판사, pp.38-39.
   조경동(2004), 『소자본 기업창업론』, 형설출판사, p.64.
2) Peter F. Drucker [이재규 역](2004), 『미래사회를 이끌어가는 기업가정신』, 한국경제신문, p.40.

단어는 사업체를 소유하는 동시에 운영하는 사람을 말합니다. 이 단어를 영어로 나타내면 'Owner-Manager', 즉 소유경영자에 해당합니다. 하지만 체계적인 기업가정신을 만들어내려는 최초의 시초는 사업체의 소유를 목적으로 한 것이 아니었습니다."[3]

미국의 기업가협회는 1986년 〈기업가의 신조〉를 발표하였습니다. 이는 기업활동에 과감히 참여하고자 하는 사람들에 대한 용기 있는 선언이었습니다. 그 선언문의 내용은 현재를 살고 있는 우리에게도 성공적인 기업가의 모델을 제시하고 있습니다.

〈기업가의 신조〉

미국기업가협회

나는 평범한 사람이 되는 것을 거부한다.
나의 능력에 따라 비범한 사람이 되는 것은 나의 권리이다.
나는 안정보다는 기회를 택한다.
나는 계산된 위험을 단행할 것이고, 꿈꾸는 것을 실천하고 건설하며,
또 실패하고 성공하기를 원한다.
나는 보장된 삶보다는 도전하는 삶을 선택한다.
나는 유토피아의 생기 없는 고요함이 아니라 성취의 전율을 원한다.
나는 어떠한 권력자 앞에서도 굴복하지 않을 것이며,
어떠한 위협 앞에서도 굽히지 않을 것이다.
자랑스럽고 두려움 없이 꿋꿋하게 몸을 세우고 서는 것,
스스로 생각하고 행동하는 것,
내가 창조한 것의 결과를 만끽하는 것,
그리고 세계를 향해 '하나님의 도움으로 내가 이 일을 달성했다.
이것이 기업가가 된다는 의미다'라고 힘차게 말할 수 있는 것이
하나님이 내게 주신 자랑스러운 유산이다.

---

3) Peter F. Drucker(2004), p.40.

1-2 조셉 슘페터의 「창조적 파괴」

기업가에 대해서, 그리고 기업가가 경제에 미치는 영향에 대해서 관심을 가진 대표적인 경제학자는 조셉 슘페터(Joseph Schumpeter)였습니다.

모든 경제학자는 기업가가 중요하고 또 영향력을 갖고 있다는 점을 알고 있었습니다. 그러나 경제학자 입장에서 기업가정신이란, 그 자체는 경제의 한 구성요소는 아니지만 경제에 중대하게 영향을 미치는, 그리고 경제의 모습을 결정짓는 그런 '경제 외생요소(exogenous variable)'로 간주하고 있었습니다.

그러나 조셉 슘페터는 혁신적인 사업에 의해 사회에 중대한 변화를 가져오는 혁신의 중요성을 다음과 같이 강조했습니다.

"자본주의의 발전은 창의성과 아이디어로 무장한 경쟁력 있는 젊은 기업들이 끊임없이 나타나 공룡처럼 비대해진 기존의 질서를 무너뜨리고 더 큰 부가가치를 창출함으로써 발전하고 있다." 그리고 "이 혁신을 일으키기 위해서는 기존의 것이라도 상관없다. 새롭게 결합하는 것이다."[4]

이어서 조셉 슘페터는 혁신을 가져오는 요인에 대해서 구체적으로 언급하고 있습니다.

"먼저 사라져야 할 것은 경쟁의 운영방식에 대한 기존의 생각이다. 경제학자들은 드디어 가격경쟁만 관찰하면 된다는 단계에서 벗어나고 있다. 품질경쟁과 판촉노력이 이론의 성스러운 영역에 도입되는 순간, 가격변수는 그 주도적 위치에서 밀려났다. 그러나 여전히 학자들의 주목을 사로잡는 것은 불변조건들의 경직된 패턴 내에서의 경쟁이다.

하지만 경제 교과서와는 엄연히 구분되는 자본주의 현실 내에서 중요한 것은 그런 종류의 경쟁이 아니라 새로운 상품, 새로운 테크놀로지, 새로운 공급원천, 새로운 조직유형 등에서 오는 경쟁이다.

이런 경쟁은 이윤의 마진이나 기존회사들의 생산을 공격하는 것이 아니라, 그들의 근본 혹은 그들의 생존방식을 공격하는 획기적인 가격 및 품질 우위를 갖고 있다. 이런 경쟁의 위력은 기존의 것에 비하면 너무나 효과적이어서 비유적으로 말하자면 소총과 포탄의 차이라고 할 수 있다.

이런 종류의 경쟁은 너무나 중요해서 기존의 일상적 경쟁이 신속하게 작동하는지 여부는

---

4) Joseph Alois Schumpeter[이종인 역](2016), 『자본주의 사회주의 민주주의』, 북길드, pp.125-128.

이제 관심 밖으로 밀려난다. 장기적으로 생산을 확대하고 가격을 인하시키는 힘센 지렛대는 아예 다른 재료로 만들어진다."[5]

조셉 슘페터는 경제발전이라는 현상은 기업가에 의한 생산요소의 새로운 「신결합」을 통해 비연속적으로 출현하는 것으로 5가지 새로운 결합을 분류했습니다. 그리고 이러한 신결합, 즉 혁신을 도모하는 사람을 「기업가(Entrepreneur)」라고 부르고, 일반 경영관리자와 구분하고 있습니다.

5) Joseph Alois Schumpeter(2016), pp.127-128.

1-3 알프레드 챈들러의 「경영이라는 보이는 손」

조셉 슘페터는 혁신의 본질을 생산요소의 「신결합」이라고 표현하거나, 또는 혁신을 기술적 측면에만 한정하지 않는다는 것으로 혁신의 연속적·진화적 해석의 여지를 남겨두고 있습니다. 그러나 슘페터의 발상은 너무 혁신의 비연속적과 비약적 측면을 중시함으로써 경제발전의 역사적 사실이나 현실의 비즈니스와는 너무 동떨어져 있는 비판을 받았습니다.

즉 비판의 요지는 경제발전이나 기업활동은 그러한 비연속적인 비약보다는, 오히려 매일의 연속적인 경영관리업무, 기술축적, 제품개량을 실행하는 경영관리자에 의해서 확실하게 발전하는 것이라는 것입니다.

이러한 연구에 있어서 가장 구체적인 것은 알프레드 챈들러(Alfred Chandler)에 의한 미국에서의 근대기업에 대한 역사적 연구일 것입니다.

챈들러는 그의 저서 『The Visible Hand』에서 제조와 유통부문의 혁명에 의한 대량생산과 대량유통의 실현과, 경영관리자층을 이용한 기능의 조정, 즉 책의 원제인 「경영이라는 보이는 손(Visible Hand Management)」의 중요성을 강조하였습니다.6)

그에 따르면, 1880년부터 1920년경까지 경제의 많은 부문에서 「경영이라는 보이는 손(visible hand)」이 과거 아담 스미스(Adam Smith)가 시장을 지배하는 여러 힘의 「보이지 않는 손(invisible hand)」, 즉 시장보다도 더욱 효율적으로 고객으로 하여금 제품을 구매할 수 있도록 한다고 생각하고 있습니다.

「경영이라는 보이는 손」에 의한 경영관리를 수행하는 기업의 특징은 2가지로 요약할 수 있습니다. 하나는 다수의 서로 다른 사업단위로부터 구성된다는 것, 다른 하나는 계층적으로 조직된 고용경영자에 의해 관리된다는 것입니다.

챈들러는 19세기 후반 미국에 출현한 대량생산과 대량유통을 가능케 한 것으로 대기업의 경영조직과, 그것을 경영관리하는 경영자층, 그리고 전문경영자의 제도적 발전의 역사에 대해서 실증적으로 분석하였습니다.

그의 연구에 따르면, 철도와 전신 등의 인프라가 완성된 후, 미국의 산업에서는 유통부문의 혁신과 생산부문의 혁신이 일어났습니다. 근대적인 대량생산과 대량유통은 철도, 전신, 증기선의 출현에 의해 가능케 되었습니다.

---

6) Alfred D. Chandler Jr.(1977), *The Visible Hand: The Managerial Revolution in American Business,* Harvard University Press.

유통부문에서는 공급업자로부터 직접 제품을 구매하고, 소매업자나 최종고객에게 직접판매하는 근대적인 대량판매업자, 즉 백화점, 통신판매점, 체인스토어가 출현했습니다. 이러한 새로운 기업은 미국에서 제품유통의 속도를 한층 높이고, 그 비용 또한 절감했습니다. 이것이 챈들러가 「유통혁명」이라고 부르는 현상입니다.

결론적으로, 챈들러는 미국의 경제발전은 이러한 경영조직의 완성과, 그것을 실현한 경영자층의 출현에 의해서 달성되었다고 주장하고 있습니다.

그리고 19세기 후반부터 현재까지 대기업 중심의 경제체제를 마치 '경영자 자본주의'의 시대로 특징짓고 있습니다. 여기서는 슘페터가 그렸던 매우 화려한 기업가의 상(像)과는 다르게, 기업의 중장기 전략을 세우고 실행하는 최고경영자에서부터 일상적인 경영관리업무를 수행하는 중간관리자층까지를 포함한 경영자층과 그 조직이 발전의 주역이라고 단언하고 있습니다.

그렇다면, 왜 동일한 경제발전을 설명하는 데 있어서 비연속성을 담당하는 것과 같은 기업가 상(像)과, 점진적 그리고 단계적인 경영관리자 상(像)이라는 서로 대립되는 개념이 출현하였을까요?

그 이유는 경제발전을 가동시키는 직접적인 원동력이라고 할 수 있는 「혁신(Innovation)」 그 자체에 발전단계가 있고, 그 발전단계에 따라서 혁신을 수행하는 기업가정신의 담당자가 서로 다르기 때문이라고 생각할 수 있습니다.

즉, 혁신을 실행함에 있어서 어느 발전단계에서는 슘페터의 기업가적 기업가정신이 필요하고, 또 다른 발전단계에서는 챈들러의 경영관리자적 기업가정신이 필요하다는 것입니다.

1-4 윌리엄 아버나드의 「혁신의 발전단계」

혁신(Innovation)에는 경제발전이 존재한다는 것을 밝히고, 혁신이 기술과 시장, 그리고 경쟁 전반에 미치는 영향력을 연구한 선구자로서 윌리엄 아버나드(William Abernathy)와 킴 클락(Kim Clark)을 들 수 있습니다. 그들은 「혁신의 발전단계」라는 개념을 제시하고, 기업가와 경영관리자의 차이가 실제로는 혁신의 발전단계에 따라 결정된다고 강조하고 있습니다.[7)]

그림에서, 혁신의 발전단계를 가로축에는 기술과 생산방식, 세로축에는 시장과 고객과의 연결을 나타내는 2차원으로 파악하는 맵을 제시하고 있습니다.

가로축의 플러스 방향은 기존기술과 기존생산 방식을 파괴하고 시대에 뒤쳐지게 하는 정도를, 마이너스 방향은 기존기술과 기존생산 방식을 한층 유지·강화하는 정도를 나타내고 있습니다.

세로축의 플러스 방향은 기존시장과 기존고객과의 연결을 파괴하고, 신규시장과 신규고객과의 연결을 창조해나가는 정도를, 마이너스 방향은 기존시장과 기존고객과의 연결을 한층 유지·강화하는 정도를 나타내고 있습니다. 그리고 각각의 분면에 대해서 혁신의 발전단계를 4가지로 분류하였습니다.

① 「구축적 혁신」과 「기업가적 경영자」(Architectual Innovation)

제1분면의 「구축적 혁신」의 단계는 전혀 새로운 기술이나 생산방식의 도입 또는 새로운 결합에 의해 기존의 기술과 생산방식을 파괴하고, 동시에 전혀 새로운 시장과 고객과의 연결을 창조하는 것, 즉 새로운 산업이나 체제를 구축하는 것과 같은 혁신을 의미합니다. 이 혁신단계의 수준이 가장 강력한 창조적 파괴와 비약적 전개를 야기시키는 수준입니다.

② 「일상적 혁신」과 「경영관리자」(Regular Innovation)

제1분면의 구축적 혁신에 의해 출현한 새로운 제품과 새로운 산업은 성숙과정에서 제3분

7) William J. Abernathy·Kim B. Clark(1985), Innovation: Mapping The Winds of Creative Destruction, *Research Policy,* Vol.14, Issue 1, pp.3-22.

면의 일상적 혁신으로 이행하게 됩니다. 이 「일상적 혁신」은 기존의 기술과 생산방식을 더욱 강화하고, 동시에 기존의 시장과 고객과의 연결을 강화하는 혁신을 말합니다.

③ 「틈새 창조」와 「시장지향형 경영자」(Niche Creation)

제2분면의 혁신단계는 기존의 기술과 생산방식 그리고 조직에 근거하여 새로운 시장과 고객과의 연결을 개척하는 유형, 즉 시장에서 새로운 틈새를 창조해나가기 때문에 「틈새 창조」에 해당합니다.

④ 「혁명적 혁신」과 「기술지향 경영자」(Revolutionary Innovation)

제4분면의 혁신단계는 기존의 기술과 생산방식을 아예 시대에 뒤쳐진 것으로 만들고, 기존의 시장과 고객과의 연결은 더욱 강화한다고 하는 「혁명적 혁신」에 해당합니다. 이 혁신에 의해 산업은 새로운 국면을 맞이하게 되고, 기업은 특정시장에서 결정적인 비교우위를 갖게 됩니다.

▌혁신단계와 기업가의 유형▐

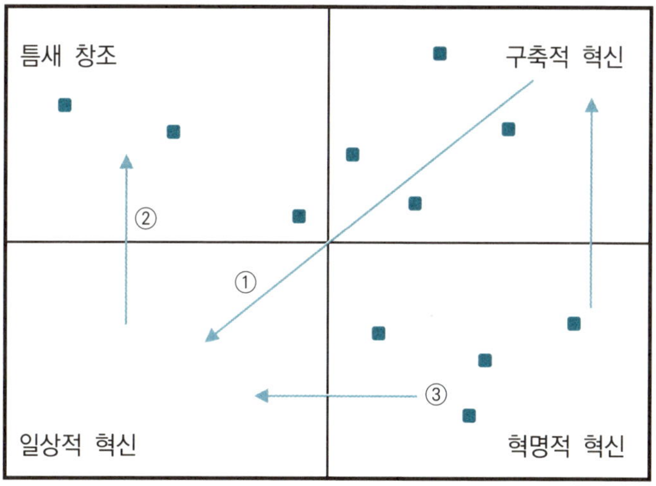

1-5 피터 드러커의 「기업가정신과 경영혁신」

피터 드러커(Peter Drucker)는 사업의 목적을 「고객창조」라고 정의하고 있습니다. 그리고 기업이 고객창조라는 목적을 달성하기 위해서는 마케팅과 이노베이션이 기업의 기본기능이 된다고 언급하고 있습니다.

피터 드러커는 혁신과 기업가정신의 출발점이 된 『미래사회를 이끌어가는 기업가정신』에서 변화를 탐구하고, 변화에 대응하며, 변화를 기회로 이용하는 기업만이 살아남을 수 있으며, 진정한 기업가정신만이 21세기의 생존전략임을 역설하고 있습니다.

『미래사회를 이끌어가는 기업가정신』에서 기업가정신에 대해 다양하게 언급한 내용은 다음과 같습니다.8)

"기업가정신이란 일종의 과학(science)도 아니며, 특별한 기예(art)도 아니다. 그것은 하나의 실천(practice)이다. 기업가정신은 지식기반을 갖고 있음은 두말 할 나위가 없다. 그러나 모든 분야의 실천이 그렇듯이, 기업가정신과 관련된 지식은 목적을 달성하기 위한 수단이다."

"맥도널드 체인은 기업가정신이 발휘된 것이다. 분명 그것은 결코 새로운 것을 발명하지 않았다. 맥도널드의 최종 제품은 미국의 여느 점잖은 레스토랑이면 오래 전부터 만들어왔던 것이다. 그러나 고객이 바라는 가치가 무엇인지를 질문하고는 경영의 개념과 경영기술을 적용하고, 제품을 표준화하고, 프로세스와 기구를 디자인하고, 종업원이 해야 할 일을 분석한 후 훈련을 시킨다. 그리고 그 다음 필요한 표준을 정함으로써, 맥도널드는 자원의 생산성을 급격하게 향상시켰을 뿐만 아니라 새로운 시장과 고객을 창출했다. 이것이 기업가정신이다."

"그들은 뭔가 새로운 것과 뭔가 다른 것을 생산한다. 그들은 가치를 바꾸거나 변형한다."

"기업가정신은 경제와 사회에 대한 이론에 기초를 두고 있다. 이론은 변화를 정상적인 것으로, 그리고 정녕 건강한 것으로 받아들인다. 그리고 기업가는 기존의 것을 좀 더 잘하는 것보다는 뭔가 다른 것을 하는 것을 사회적으로, 그리고 특히 경제적으로 자신이 할 수 있는 중요한 역할로 인식한다...즉 기업가는 현상을 뒤집고 또 해체하는 것이다. 슘페터가

8) Peter F. Drucker[이재규 역](2004), 『미래사회를 이끌어가는 기업가정신』, 한국경제신문, p.54.

그것을 공식화한 것처럼 기업가가 수행할 과제는 '창조적 파괴'다."

"기업가정신이라는 용어가 원래는 경제적인 것으로부터 출발했지만, 그것은 결코 경제영역에만 한정된 것이 아니다. 기업가정신은 '사회적(social)'이라기보다는 '실존적(existential)'이라는 말로 표현할 수 있는 그런 것들을 제외한 인간의 모든 활동영역에서 구현될 수 있다. 그리고 오늘날 기업가정신이 발휘되는 대상영역이 어디든 간에, 이들 사이에는 아무런 차이가 없다는 것을 우리는 알고 있다."

"기업가들은 변화를 정상적인 것으로, 그리고 건강한 것으로 인식하고 있다. 일반적으로, 기업가들 자신이 변화를 스스로 초래하지는 않는다. 그러나 기업가는 언제나 변화를 탐색하고, 그것에 대응하고, 그것을 하나의 기회로 활용한다. 그리고 이것이야말로 기업가와 기업가정신의 정의이기도 하다."

"기업가는 원칙적으로 생산성과 성과가 낮은 분야에 투입된 자원을 생산성과 성과가 높은 분야로 이동시킨다."

"기업가들은 경영혁신을 실천한다. 경영혁신이란 기업가정신을 발휘하기 위한 구체적인 수단이다. 경영혁신은 기존의 자원이 부(富)를 창출하도록 새로운 능력을 부여하는 활동이다."

1-6 세상을 바꾸는 「기업가의 역할」

기업가는 사회에 지대한 공헌을 합니다. 급속히 성장하는 기업은 그것이 소규모일지라도 경제 전체의 변화뿐 아니라, 지역경제의 건전성과 안정성에 크게 기여하고 있습니다. 기업이 단지 부(富)만을 창출하는 것은 아닙니다.

창업자이면서 창업과 중소기업 분야의 전문가로 잘 알려진 론다 에이브람스(Rhonda Abrams)는 기업가가 세상을 변화시키는 방법에 대해서 다음과 같이 설명하고 있습니다.[9]

① 새로운 아이디어와 혁신

대기업은 연구개발부서를 운영하고 있지만, 대부분의 새로운 제품과 서비스는 소규모의 신생기업에 의해 창조됩니다. 이러한 현상은 기술분야 뿐만 아니라 모든 제품과 서비스 분야에서 이루어집니다.

② 새로운 직업의 창출

미국에서의 새로운 직업의 창출은 창업에 의존합니다. 사실 미국은 대규모의 기존기업에서 사라지는 직업을 신생기업의 일자리 창출이 대체하고 있습니다.

③ 새로운 산업의 창출

창업자들은 새로운 기업뿐 아니라 그 기업이 매우 성공했을 때에는 새로운 산업을 창출하기도 합니다. 이러한 현상은 관련 산업에서 대량의 일자리를 창출합니다.

④ 중산층 소득의 유지

시골이나 개발도상국, 미국의 구 도시 등에는 매력적인 일자리를 제공하는 대규모 기업이 존재하지 않습니다. 이러한 지역에서 중산층의 생활을 유지하기 위해서는 창업이 유일한 방법입니다.

9) Rhonda Abrams[신형덕 역](2016), 『창업 이론과 실제』, 시그마프레스, pp.2-9.

5 높은 유연성

대기업과 비교하여 소규모 기업은 신속하게 사업을 시작하거나, 철수하거나, 이전하거나, 또는 주 사업분야를 바꿀 수 있습니다. 소규모 기업은 시장의 니즈에 신속하게 대응할 수 있고, 종종 대기업이 필요로 하는 테스트 마켓의 정보를 제공합니다. 소규모 기업은 대기업보다 앞서서 우리 사회가 필요로 하는 제품과 일자리를 공급합니다.

6 오래된 가치의 유지

대기업은 월 스트리트의 투자자들을 만족시키거나 M&A(인수합병)를 성사시키거나 또는 많은 보너스로 임원들에게 보상하는 일 등에 의해 경영에서의 집중을 잃을 수 있습니다. 반면에 신생기업은 현금흐름과 이익, 고품질의 제품과 서비스의 제공, 그리고 고객을 확보하는 등 기본에 충실하게 됩니다.

아마도 더 중요한 사실은, 신생기업의 창업자들은 그들의 직원이 '인적자원'이 아니라 '사람'이라는 사실을 알고 그렇게 대한다는 것입니다.

창업자처럼 행동하기

- ❑ 다른 사람들이 문제를 볼 때 당신은 기회를 본다.
- ❑ 성공을 향해 전진한다.
- ❑ 자기 주도적이다.
- ❑ 끈질기다.
- ❑ 창의적이다.
- ❑ 도전으로부터 힘을 얻는다.
- ❑ 자신의 운명을 개척하고 행동에 대해 책임을 진다.
- ❑ 일반적인 직장의 안정성을 기꺼이 포기한다.
- ❑ 변화를 인정하고 수용한다.
- ❑ 팀으로 일하기를 즐긴다.
- ❑ 이익 추구의 중요성을 이해한다.

1-7 「창업(Start-up)」이란?

「창업」이라고 하면, 일반적으로 사업을 시작하는 것으로, 기업가가 사업 아이템을 개발하고 사업자금을 투자하여 수익을 창출하는 사업을 영위하는 것을 말합니다.

「창업(Business Start-up)」이라는 용어를 사전에 찾아보면 다음과 같이 정의하고 있습니다. 즉

「창업(創業)」이란,

① 나라나 왕조 따위를 처음으로 세움.

② 사업 따위를 처음으로 이루어 시작함.

이러한 정의에 약간의 살을 덧붙인다면, 창업이란 '사업의 기초를 세우는 것으로써, 기업가의 능력을 갖춘 개인이나 팀이 사업 아이디어를 가지고, 사업목표를 세우고 적절한 사업기회에 인적, 물적, 자금, 정보 등의 경영자원을 투입하여, 제품 또는 서비스를 생산·제공하는 기업을 설립하는 것이다'라고 정의할 수 있습니다.

우리나라의 「중소기업창업지원법」에서는 창업에 대해서 다음과 같이 정의하고 있습니다.

◉ 정의

「창업」이란 새로이 중소기업을 설립하는 것으로서, 「중소기업창업지원법」 시행령 제2조 제1항 각 호의 규정에 해당되지 아니하는 경우를 의미한다. 즉 새로운 사업자(법인 또는 개인사업자)로서 기존사업과 연관이 없이 원시적이고 실질적으로 사업을 개시하는 것을 의미한다.

◉ 대상업종

다음 업종을 제외한 모든 업종

- 숙박 및 음식점업(55)
- 금융 및 보험업(65-67)
- 부동산업(70)
- 무도장 운영업(88991)

- 골프장 및 스키장 운영업(88331, 88332)
- 도박장 운영법(88995)
- 미용·욕탕 및 유사 서비스업 등 기타 서비스업(산업용세탁업 제외 93)
- 기타 제조업이 아닌 업종으로서 산업자원부령이 정하는 업종

◉ 비해당 창업(「중소기업창업지원법」 시행령 제2조 제1항)

① 포괄승계	타인으로부터 사업을 승계하여 승계 전 사업과 동종의 사업을 계속하는 경우	원시적으로 사업을 개시하지 않고 기존의 사업을 승계, 양수, 임차하여 동종의 사업을 계속 영위하는 경우에는 중소기업을 신규로 창설하는 효과가 없으므로 창업의 범위에서 제외하기 위해 규정하고 있음.
② 형태변경	법인전환, 조직변경 후 동종의 사업을 계속하는 경우	단순히 조직을 변경함으로써 형식상의 창업 절차만 있고 실질적으로는 중소기업의 창설효과가 없는 경우는 창업의 범위에서 제외하기 위해 규정하고 있음.
③ 폐업 후 동종사업 계속	폐업 후 사업을 개시하여 동종사업을 계속하는 경우	동일 사업자가 사업을 폐지한 후 동종사업을 재개하더라도 창업으로 보지 않기 위해 규정하고 있음.

여기서 유의할 것은, 「중소기업창업지원법」에서의 창업에 대한 정의는 정부가 창업에 대한 지원혜택, 예를 들면 각종 세금의 감면, 창업자금 및 지원 및 육성책 등을 부여하기 위한 창업지원법상의 정의에 불과합니다.

1. 조셉 슘페터(Joseph Schumpeter)가 주창하는 「창조적 파괴」가 의미하는 것은 무엇인가?

2. 아담 스미스(Adam Smith)의 「보이지 않는 손(visible hand)」과 챈들러의 「경영의 보이는 손(visible hand management)」의 차이점은 무엇인가?

3. 윌리암 아버나드(William Abernathy)가 주창하는 「혁신의 발전단계」에 따른 기업가의 특성은 무엇인가?

4. 피터 드러커(Peter Drucker)의 「기업가정신」의 특징은 무엇인가?

5. 론다 에이브람스(Rhonda Abrams)가 제안한 「기업가의 역할」에는 어떤 것들이 있는가?

6. 「중소기업창업지원법」 시행령 제2조제1항에 근거하여 「비해당 창업」에 해당되는 구체적인 사례는 어떤 것이 있는가?

02

설득력 있는 사업계획서 작성

CHAPTER 02

2-1 스타트업이 추구해야 할 「성장전략」은?

기업은 시장에서의 기회를 파악, 평가, 선택하고, 이러한 기회를 포착할 성장전략을 지속적으로 개발해 나가야 합니다. 그렇다면 기업이 성장하기 위해서는 어떤 전략들이 있을까요?

이고르 앤소프(Igor Ansoff)는 기업의 장기적 성장을 위해 미래에 대한 방향을 정하고, 그 방향에 맞춰 장기적인 계획을 세워야 한다고 인식하였습니다. 현재 매출액과 미래에 필요한 매출액과의 갭을 메꿀 수 있는 경영전략, 즉 〈제품·시장 확장 그리드(Product·Market Expansion Grid, PMEG)〉를 제시하였습니다.1)

그는 기업이 장기적으로 성장하기 위해서는 제품축(기존제품과 신제품)과 시장축(기존시장과 신규시장)으로 구분한 4개의 전략적 결합이 필요하다고 주장하였습니다.

▌앤소프의 제품 · 시장 확장 그리드▐

		제 품	
		기존제품	신제품
시장	기존시장	① 시장침투전략	③ 제품개발전략
	신규시장	② 시장개발전략	④ 다각화전략

① 시장침투전략(Market Penetration Strategy)

시장침투전략은 기존제품에 어떤 변화를 주지 않고 기존시장에서 보다 많은 매출을 늘리는 전략입니다.

② 시장개발전략(Market Development Strategy)

시장개발전략은 기존제품으로 신규시장을 개발하는 전략입니다.

1) Igor H. Ansoff(1957), Strategics for Diversification, *Harvard Business Review*, pp.113-124.

③ 제품개발전략(New Product Development Strategy)

제품개발전략은 기존시장에서 신제품개발 혹은 제품을 개량하는 전략입니다.

④ 다각화전략(Diversification)

다각화전략은 기존제품과 기존시장에서 탈피하여 신규시장에서 전혀 새로운 제품으로 사업을 시작하거나 M&A하는 전략입니다.

앤소프는 이 4개의 전략을 결합하여 기업의 장기적인 성장목표를 달성할 수 있다고 생각하였습니다. 물론 이 4개의 전략이 일정기간에 매출액에 대한 공헌도는 다르게 나타납니다. 매출액에 대한 전략의 공헌도는 시장이 성장기일 때에는 ① 시장침투전략이, 시장이 성숙기일 때는 ④ 다각화전략이 높다고 할 수 있습니다.

▌앤소프의 성장벡터▐

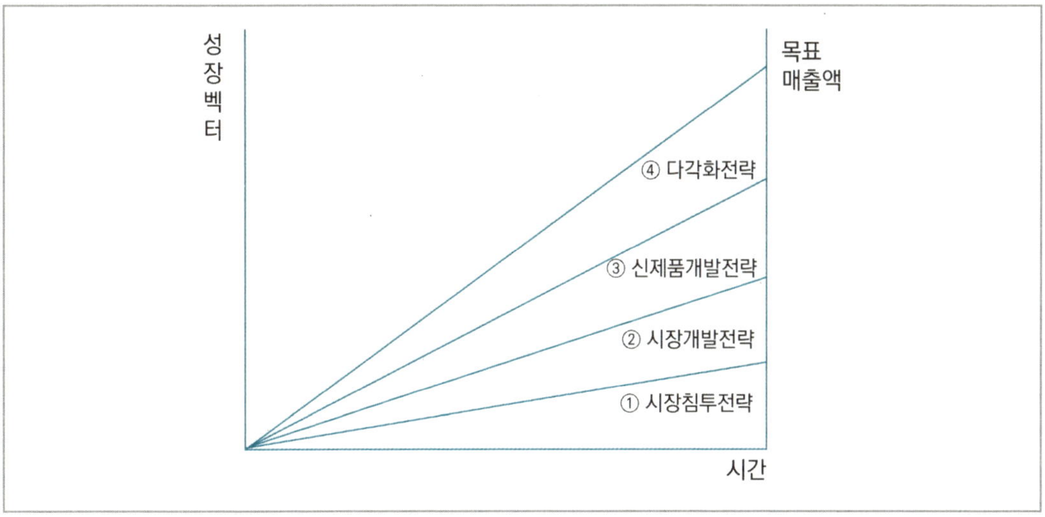

2-2 사업계획과 「PDCA 사이클」

사업의 성공 여부는 사업에 대한 계획에 달려있다고 해도 과언이 아닙니다. 창업자의 경우 본인의 머릿속에 막연하게 사업계획을 생각하고 있거나, 사업계획은 세웠지만 계획한대로 실행하지 못하거나 하는 경우가 다반사입니다.

피터 드러커(Peter Drucker)는 그의 저서 『매니지먼트』에서 목표관리(Management By Objectives, MBO)에 대해서 「PDCA 사이클」을 강조하고 있습니다.[2)]

① Plan(계획): 사업목표를 정하고, 그 목표를 실행하기 위한 활동계획을 세움.
② Do(실행): 사업계획에 따라 업무를 실행하고, 그 성과를 측정함.
③ Check(평가, 검증): 측정결과를 평가하고, 결과와 목표를 비교하는 등 분석을 통해 개선사항을 규명함.
④ Act(개선, 대책강구): 실제로 개선활동을 실행하고, 다음번의 사업계획을 세우는 데 반영함.

최근에 많은 기업들이 이 4개의 단계를 「PDCA 사이클(경영순환주기)」이라고 명명하고, 경영활동을 실행하는 기법으로 활용하고 있습니다.

사업을 시작할 때에도 이 PDCA 사이클을 반복적으로 순환시켜야 합니다. 즉 가장 먼저 사업에 대한 사업계획을 세우고(Plan), 계획한 대로 실행하고(Do), 성과를 평가하고(Check), 결과를 수정·개선해서(Act), 다음번의 사업계획을 세우는데 반영함으로써 높은 경영성과를 달성할 수 있게 됩니다.

이 PDCA를 반복적으로 순환시키기 위해서는 가장 먼저 사업계획을 명확하게 세워야 합니다. 사업계획이라는 것은 단순히 사업에 대한 계획만을 의미하는 것이 아니라, PDCA의 4개의 단계를 전부 포함하는 것입니다. 즉 계획을 세우고, 계획한대로 실행하고, 실행결과를 사업계획과 비교·평가하고, 개선사항을 다음번의 사업계획에 반영하여 PDCA를 순환시켜야 합니다.

---

2) PDCA 자체는 미국의 통계학자 Edwards Demming이 최초로 제창한 것으로 알려져 있음. Peter Drucker[조성숙·이건·박선영 역](2008), 『피터 드러커의 매니지먼트(Management)』, 21세기북스.

PDCA 사이클을 「요리하기」에 적용하면 쉽게 이해할 수가 있습니다.

① Plan(계획): 요리 레시피를 만들고 요리 순서를 정한다.

② Do(실행): 식자재를 구입하여 요리를 만든다.

③ Check(평가): 요리한 음식에 대해 맛을 보고 평가한다.

④ Act(개선): 다음에 더 맛있게 만들 수 있도록 개선한다. 그리고 ④개선(Act)에서 다시 ① 계획(Plan)으로 피드백하는 순서를 반복한다.
이러한 반복을 통해서 요리 실력이 올라간다.

▌사업계획과 PDCA 사이클▐

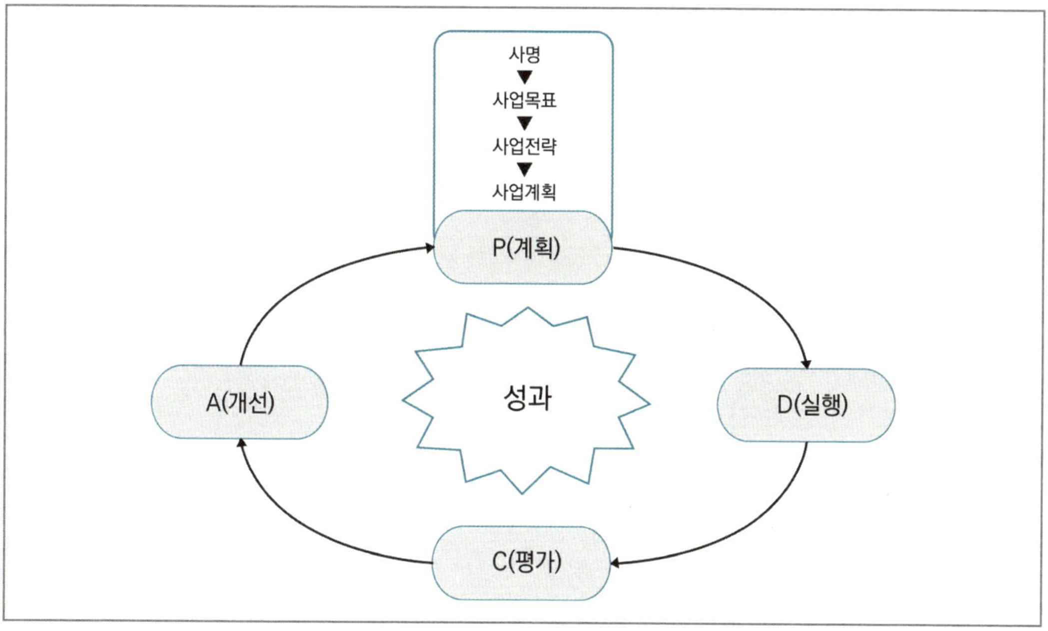

2-3 왜 「사업계획서」를 작성하는가?

사업의 성공은 계획에 달려있다고 해도 과언이 아닙니다. 미국의 벤자민 프랭클린(Benjamin Franklin)은 그의 자서전에서 "계획을 세우지 않는 것은 실패할 계획을 세우는 것과 같다"고 계획의 중요성에 대해서 강조하고 있습니다.

「PDCA 사이클」에서 설명했던 것처럼 사업을 시작할 때 가장 먼저 해야 할 일은 사업에 대한 계획(Plan)을 명확하게 세우는 것입니다.

「사업(Business)」이란 기업이 이익을 추구하는 행위이면서, 지속적으로 생존해나가기 위한 활동입니다. 따라서 사업에 대해서 설명한다는 것은 자사의 경영활동에 대해서 설명하는 것과 동일한 의미라고 할 수 있습니다. 즉 자사가 어떤 사업을 통해 매출을 올리고 이익을 획득할 것인지에 대해서 설명하면, 자사가 어떤 사업을 통해 성장하고 있는 회사인지를 쉽게 이해할 수 있게 됩니다.

그리고 「사업계획(Business Plan)」이란 기업이 달성하고자 하는 목표를 정하고, 그 목표를 달성하기 위해서 무엇을, 누가, 언제, 어디에서, 어떻게 실행해야 할 것인지를 결정하는 것입니다.

따라서 사업계획을 구상할 때는 특히 누가, 무엇을, 어떻게 실행해야 할 것인지를 명확하게 하는 것이 중요합니다. 사전에 수행해야 할 업무를 직원에게 할당하고 책임과 권한을 부여함으로써 이후의 활동을 계획에 맞춰 진행할 수가 있게 됩니다.

사업계획의 중요성에 대해서 론다 에이브람스(Rhonda Abrams)는 다음과 같이 강조하고 있습니다.

"대부분의 창업자에 있어서 사업의 목표와 전략을 정리하고 성공에 필요한 중요한 요건들에 대해 집중하는 사업계획을 작성하는 것은 메모 이상의 가치가 있다. 만약 외부의 투자를 받고 싶다면 잠재적 투자자로부터 사업계획서를 보내라는 요구를 받을 것이고, 그들이 요구하는 것이 단지 재무적 예측을 포함한 몇 장의 슬라이드라 할지라도 그것보다는 좀 더 구체적인 사업계획을 작성하는 것이 당신에게 도움이 될 것이다."[3]

---

3) Rhonda Abrams[신형덕 역](2016), 『창업 이론과 실제』, 시그마프레스, pp.70-71.

사업계획을 명확하게 세우면 얻게 되는 이점은 다음과 같습니다.

○ 계획을 세움으로써 목표에 대한 실현가능성을 높여준다.

○ 직원과의 공통된 인식이 조성된다.

○ 의사결정 촉진의 역할을 제공한다.

○ 계획치와 실제치와의 차이를 파악할 수 있고, 진행과정을 관리할 수 있다.

사업계획을 구상하게 되면 그것에 대해 사업계획서를 작성하게 됩니다.

「사업계획서(Business Plan)」란 사업에 대해 계획한 내용을 담은 문서로서, 사업을 추진하기 위해서 앞으로 진행해야 할 사업 전반에 대한 구체적인 내용을 설명하는 문서 또는 서류라고 할 수 있습니다.

사업계획서의 중요성에 대해서 윌리엄 살먼(William Sahlman)은 다음과 같이 강조하고 있습니다.

"비즈니스 중 새로운 벤처만큼 관심을 끄는 분야는 없고, 벤처창업에서 사업계획서만큼 관심을 끄는 요소도 없다. 이미 수없이 많은 책들과 유수의 언론 매체 기사들이 이 주제를 해부했다. 미국 전역에서 매년 열리는 사업계획서 경진대회의 수는 점점 늘어나고 있으며, 다른 나라에서도 마찬가지다. 학부와 대학원에는 사업계획서를 주제로 한 강의가 개설되어 있다...이렇게 사업계획서를 둘러싸고 야단법석을 떠는 것을 보면 어떤 예비창업자라도 사업에 성공할 것만 같다.[4]

4) William A. Sahlman[박윤정 역](2010), 『하버드 비즈니스 스쿨 사업계획서의 정석』, 하버드 비즈니스 프레스, p.9.

2-4 사업계획서 작성목적

사업계획서(Business Plan)란 사업을 추진하기 위해서 장차 진행해야 할 사업 전반에 대한 구체적인 내용을 설명하는 문서라고 할 수 있습니다.

사업계획서를 작성하는 목적은 크게 내부목적과 외부목적으로 구분할 수 있습니다.

① 내부목적: 사업내용의 구체화와 경쟁력 강화

사업계획서를 작성하는 첫 번째 목적은 내부목적으로서, 창업자 본인이 구상하고 있는 사업내용을 구체화시키고 경쟁력을 강화시키기 위해서입니다. 즉 사업을 추진하기 위해서 누가, 무엇을, 어떻게 실행해야 할 것인지를 검토하고, 그것에 적합한 전략을 세우기 위해서입니다.

창업자는 본인이 생각한 사업 아이디어가 아주 혁신적이라고 확신합니다. 솔직히 아이디어 자체는 혁신적일 수 있습니다. 그러나 사업 아이디어가 아무리 혁신적일지라도 그 사업 아이디어를 실제로 사업화로 연결하기 위해서는 다양한 항목들을 검토해야만 합니다.

실제로, 어떤 제품을 누구에게 제공할 것인지, 제품을 어떻게 생산하고 판매할 것인지, 사업을 통해 어느 정도의 이익을 창출할 수 있는지, 그리고 어느 정도의 사업자금이 필요하고, 그 사업자금을 어떻게 조달할 것인지에 대해서 구체적인 내용을 전혀 준비하지 않고 있다는 것이 공통적으로 부각되는 문제점입니다.

그래서 창업자 본인이 구상한 사업에 대해서 사업계획서를 구체적으로 작성해야 할 필요가 있습니다. 그러나 막상 사업계획서를 작성하려고 하면 본인이 잘 알고 있는 분야에 대해서는 어느 정도 작성할 수 있지만, 잘 알지 못하고 생소한 분야에 대해서는 어떻게 작성해야 할지 몰라 막막한 경우가 허다합니다.

그렇기 때문에 사업계획서를 작성하는 과정을 통해서 본인이 잘 알지 못한 분야나 부족한 분야를 보완할 수 있고, 예상치 못한 문제점도 발견할 수 있게 됩니다. 이러한 문제점 등을 해결함으로써 사업의 완성도를 더욱 높일 수가 있습니다.

② 외부목적: 대외적인 신용도 획득

사업계획서를 작성하는 두 번째 목적은 외부목적으로서, 사업내용에 대해서 이해관계자에게 설명하여 대외적인 신용도를 높이기 위해서입니다. 여기서의 이해관계자란 사업에 대해 이해관계를 가지고 있는 개인이나 그룹, 즉 직원, 거래처, 고객, 주주, 투자자, 금융기관, 지역사회, 시민단체, 언론사 등을 말합니다.

사업을 하기 위해서는 인적, 물적, 자금, 정보라는 경영자원이 필요합니다. 이 모든 경영자원을 혼자서 조달할 수 있다면 이상적이겠지만, 현실적으로는 불가능합니다. 생산기술에 있어서, 판로개척에 있어서, 사업자금에 있어서 창업자가 충분하게 보유하지 못해 여러 사람들로부터 도움을 받아야 합니다.

특히 어려운 문제 중 하나는 사업자금의 부족으로 인해 외부자금의 수혈이 필요한 경우입니다. 외부로부터의 자금조달은 엔젤투자자, 벤처투자자, 일반투자자 등의 투자자와 정부, 공공기관, 금융기관 등으로 이루어집니다. 이처럼 사업자금을 외부에서 조달받기 위해서는 그들에게 사업계획서를 제출하여 사업내용에 대해 정확하게 전달하는 것이 필요합니다.

▌사업계획서 작성목적▐

작성목적	강 조 점
① 내부목적	[사업구상에 대한 구체성과 경쟁력 강화를 위함] • 사업내용을 사업자 본인, 경영진, 직원과 공유함으로써 동기부여를 상승시킴. • 사업에 있어서 문제점을 해결하거나 경쟁력을 강화시킴.
② 외부목적	[대외적인 신용도를 획득하기 위함] • 투자자, 금융기관, 정부기관 등의 이해관계자에게 사업내용을 설명하고 투자유치를 목적으로 활용. • 객관적인 분석에 근거하여 사업계획을 구체화함. • 현실적으로 획득할 수 있는 수익성을 제시함.

2-5 잘못된 사업계획서 유형

창업자는 사업내용을 설명하여 그들로부터 폭발적인 반응을 기대하지만 실제로 기대한 만큼의 반응을 얻기란 쉽지 않습니다.

사업계획서가 실패하는 원인에 대해서 윌리엄 살먼(William Sahlman)은 다음과 같이 지적하고 있습니다.[5)]

"수백 개의 스타트업 기업을 살펴 본 내 경험에 따르면, 벤처의 성공 여부를 가늠하는 예측지표로서 사업계획서의 가치는 10점 만점에 2점도 안된다. 그리고 사실 문서작업이 정교하게 되어 있을수록 벤처기업은, 뭐랄까, 망할 확률이 크다."

"대부분의 사업계획서에서 무엇이 잘못됐는가? 그 답은 간단하다. 대개는 숫자에 너무 많은 부분을 소모하느라 똑똑한 투자자가 정말 중요하게 생각하는 정보를 담지 못한다."

"물론 사업계획서에는 숫자가 들어가야 한다. 다만 창업자 팀이 벤처기업의 성패를 가늠할 주요 지표에 대해 충분히 생각했음을 보여주는 비즈니스 모델의 형태로 나타내야 한다는 것이다."

실패한 사업계획서에서 자주 발견되는 공통된 특징은 다음과 같이 정리할 수 있습니다.

① 추진목적 결여형

첫 번째 유형은 많은 시간과 노력을 들여 사업계획서를 작성하였지만 사업의 추진목적과 사업을 통해 얻게 될 가치에 대한 설명이 명확하지 않고, 창업자 본인의 열정을 전달하지 못한 경우입니다.

사업계획서를 작성할 때에는 무엇을 위해서, 어떻게 할 것인지, 왜 그렇게 될 것인지 라는 중요한 질문에 구체적으로 답변할 수 있어야 합니다. 이 3가지 질문에 대해 검토하는 것이 사업계획서의 내용을 채워 나가는 것이 되고, 나아가 이 항목들이 서로 잘 연결됨으로써 설득력 있는 사업계획서를 완성시킬 수가 있습니다.

5) William A. Sahlman[박윤정 역](2010), 『하버드 비즈니스 스쿨 사업계획서의 정석』, 하버드 비즈니스 프레스, pp.10-12.

② 분석만능형

두 번째 유형은 사업계획서를 작성하기 위해서 많은 자료를 수집하고 다양한 분석을 시도했지만, 결국 무엇을 어떻게 하려고 하는지 전혀 알 수 없는 경우입니다.

사업계획서를 작성하기 위해서 여러 분석기법을 활용할 수 있지만, 분석은 분석에 불과합니다. 분석을 통해서 궁극적으로 추진하고자 하는 사업내용, 즉 사업의 매력도와 실현가능성을 사업계획서에 명확하게 제시하는 것이 중요합니다.

③ 자기만족형

세 번째 유형은 어떠한 검증 없이 고객니즈, 시장규모, 예상매출액을 제시하고 있지만, 그 주장이 가설에 불과하고 그만큼 설득력이 떨어지는 경우입니다. 예를 들면 이러 이러한 고객에게 이러 이러한 제품을 판매하면 고객은 반드시 구매할 것이고, 이 정도 판매활동을 하면 이 정도의 매출은 반드시 올릴 것이라고 주장하는 경우입니다.

사업계획서를 읽는 사람은 창업자보다 사업내용에 대한 정보가 부족하고, 그로 인해 동일한 사업내용에 대해서도 다른 판단을 내릴 수 있습니다. 따라서 어떤 전망을 하기 위해서는 검증된 내용을 제시해야만 설득력 있는 사업계획서를 완성할 수가 있습니다.

사업계획서의 설득력을 높이기 위해서 다음과 같은 표현을 참고하여 작성할 수 있도록 합니다.

- ❑ 이러 이러한 고객니즈가 존재한다. 왜냐하면...
- ❑ 시장에서 이 제품은 반드시 팔린다. 왜냐하면...
- ❑ 매출액은 월 1,000만원을 달성할 수 있다. 왜냐하면...
- ❑ 경쟁사는 이 시장에 진입하지 못한다. 왜냐하면...

2-6 설득력 있는 사업계획서를 작성하려면

그렇다면 사업계획서는 어떻게 작성해야 할까요? 사업계획서는 작성목적에 따라 설득력 있게 작성해야 합니다.

설득력 있는 사업계획서를 작성하기 위해서는 중점적으로 검토해야 할 것은 다음과 같습니다.

① 추진목적의 명확성

첫째, 사업의 추진목적을 명확하게 제시합니다.

사업의 준비단계에서 가장 자주 듣는 질문은 '왜 사업을 하려고 하는가?'에 대한 것입니다. 창업자 본인은 사업을 추진하는 목적에 대해서 어느 정도 이해하고 있을 수 있지만, 사업에 대해 처음 접한 사람들은 그 사업에 대해 생소하기 때문에 이해하기가 어려울 수 있습니다.

사업의 추진목적은 사업계획서 형식에서 「사업의 추진배경」이라는 항목에 해당하기 때문에 간략하게 1~2쪽으로 작성하면 됩니다.

아래 질문에 답하면서 사업의 추진목적을 작성할 수 있도록 합니다.

- ❑ 왜 새롭게 사업을 하려고 하는가?
- ❑ 왜 지금 당장 사업을 하려고 하는가?
- ❑ 왜 이 사업 아이템을 선택하였는가?
- ❑ 고객 또는 사회에 어떤 가치를 제공할 수 있는가?
- ❑ 왜 내가 또는 자사가 해야만 하는가?

② 사업의 매력도와 실현가능성

둘째, 사업의 매력도와 실현가능성을 제시합니다.

신규사업은 실제로 세상에 이미 존재하고 있는 사업과, 아직 세상에 존재하지 않는 사업으로 구분할 수 있습니다. 이 2가지 사업의 차이점은 실현가능성, 즉 사업으로서 확실하게 성립할 수 있는지의 여부입니다.

전자는 이미 시장에 존재하고 있기 때문에 실현가능성을 어느 정도 예측할 수가 있지만, 후자는 아직 아무도 추진하고 있지 않는 사업이기 때문에 실현가능성을 예측하기가 어렵습니다. 따라서 전자는 매출액의 잠재력은 낮지만 실현가능성은 높고, 후자는 매출액의 잠재력은 높지만 실현가능성은 낮습니다.

실현가능성이 높은 사업은 시장진입이 용이하지만 그만큼 경쟁사가 많아 시장진입 후의 성장잠재력에 제한을 받게 됩니다. 반대로 아무도 시도하지 않는 사업은 실현가능성은 낮지만, 경쟁사가 없어 사업이 실현된다면 높은 수익성을 기대할 수 있습니다.

사업계획서를 작성하는 단계에서 창업자는 사업의 매력도를 추구하면 실현가능성이 낮아지는 딜레마를 어떻게 극복할 것인지에 대해 많은 고민을 해야 합니다.

❑ 고객은 누구인가?
❑ 고객은 어느 정도 있는가?
❑ 고객에게 제공할 수 있는 핵심역량을 보유하고 있는가?
❑ 손익분기점 매출액은 언제 도달하는가?
❑ 투자회수기간은 언제인가?

③ 사업내용의 구체성

셋째, 사업내용을 구체적으로 작성합니다.

사업계획서에서 사업내용을 너무 추상적으로 작성하면 무엇을 어떻게 추진할 것인지에 대해 이해하기가 어렵습니다. 사업의 추진목적이 사업계획서에서 서론에 해당한다면 사업내용의 구체성, 즉 무엇을 어떻게 추진할 것인지는 본론에 해당합니다.

따라서 창업자는 사업내용에 대해서 본인뿐만 아니라 다른 사람도 사업내용에 대한 이미지를 구체적으로 그려낼 수 있도록 사업내용을 구체적으로 제시하여, 이 사업은 반드시 성공할 수 있다고 확신할 수 있도록 작성해야 합니다.

아래 질문에 답하면서 사업내용을 구체적으로 작성할 수 있도록 합니다.

❑ 우리의 사업은 무엇인가?
❑ 어떻게 사업을 진행할 것인가?
❑ 어떻게 고객에게 판매할 것인가?
❑ 어느 정도의 사업자금이 필요하는가?
❑ 어느 정도의 이익을 발생시킬 수 있는가?

④ 작성목적에 맞춰 구성항목의 연결성과 스토리성

넷째, 작성목적에 맞춰 사업계획서를 작성합니다.

사업계획서가 필요한 상황은 다양합니다. 따라서 작성목적에 맞춰 상대방이 요구하는 것이 무엇인지를 파악하고, 그들에게 사업의 매력도와 실현가능성을 확신시키기 위해서 사업계획서의 구성을 어떻게 할 것인지를 고민해야 합니다.

사업계획서를 투자자에게 제출하는 경우에는 회사개요나 사업추진배경, 그리고 사업의 성장성을 강조해야 합니다. 반면에 융자금을 신청하기 위해서 은행에 제출하려면 자사의 담보능력이나 현금흐름에 대한 내용을 강조해야 합니다.

사업내용을 결정하고 작성목적에 맞춰 구성항목을 선정하게 되면 구성항목의 순서를 정해야 합니다. 당연한 일이지만 창업자는 사업배경이나 사업내용에 대해서 잘 알고 있지만 다른 사람은 잘 모를 수 있습니다.

상대방이 고객니즈, 목표고객, 적용기술, 보급상황 등을 이해하지 못한 상황을 상정하여 상대방의 머릿속에 사업에 대한 공통된 인식이 형성될 수 있도록 구성항목의 순서를 나열해야 합니다.

사업계획서에서 구성항목의 순서를 정할 때에는 구성항목 간에 연결성과 스토리가 있어야 합니다. 구성항목간의 연결성이나 스토리성을 높이기 위한 방법 중 하나는 다음과 같습니다.

- 고객은 이러 이러한 사람들이다.
- 이러한 고객은 이러 이러한 불편함을 가지고 있다.
- 고객의 불편함을 해소하기 위해선 이러 이러한 특성을 보유한 제품을 제공한다.
- 고객의 지불능력으로 볼 때 제품가격은 이 정도면 충분하다.
- 아울러 경쟁사는 이 시장을 공략하기 어렵다.

스토리가 있는 사업계획서는 사업내용에 대해 확실하게 이해했을 때에만 작성할 수 있습니다. 우선은 사업내용과 구성항목선정의 순서가 뒤바뀌지 않도록 해야 합니다.

❑ 누가 사업계획서를 읽는가?
❑ 읽는 사람이 지루하게 느끼지 않는가?
❑ 사업계획서를 설득력 있게 작성하였는가?
❑ 주요 안건을 전부 포함하고 있는가?
❑ 필요한 근거자료를 제시하고 있는가?

⑤ 객관적인 근거자료의 제시

마지막으로, 사업에 대한 매력도와 실현가능성에 대해 객관적인 근거자료를 제시해야 합니다.

사업의 성공여부는 사업의 매력도와 실현가능성에 달려 있다고 해도 과언은 아닙니다. 따라서 자사가 제공할 제품에 대한 고객니즈가 존재하고, 이러한 고객니즈를 충족시킬 수 있는 제품을 생산하여 판매할 수 있고, 그 결과 이익을 창출할 수 있다는 비즈니스 모델에 대한 근거자료를 제시해야 합니다.

사업의 매력도와 실현가능성에 대한 근거자료를 구체적으로 제시하지 못할 경우에는 사업계획서가 주관적이며 설득력이 없는 것이라고 평가하게 됩니다.

아래 질문에 대한 객관적인 자료를 제시하여 사업의 객관성을 높이도록 합니다.

- ❑ 고객니즈는 어디에 어느 정도 존재하는가?
- ❑ 고객이 만족할 수 있는가?
- ❑ 사업계획에 근거하여 제품을 생산할 수 있는가?
- ❑ 사업계획에 근거하여 매출액을 달성할 수 있는가?
- ❑ 사업을 통해 이익을 창출할 수 있는가?

2-7 사업계획서의 구성

사업계획서에서 가장 중요한 부분은 사업내용, 즉 왜 사업을 하려고 하는지, 어떤 사업을 하려고 하는지, 어떻게 사업을 시작할 것인지, 사업이 정말 성공할 수 있는지에 대해서 설명하는 부분이라고 할 수 있습니다.

사업내용에 포함시켜야 할 가장 핵심적인 부분은 사업에 대한 매력도와 실현가능성일 것입니다. 따라서 사업계획서를 작성할 때는 사업의 매력도와 실현가능성을 쉽게 이해할 수 있도록 구성항목의 나열과 순서에 대해서 고민해야 합니다.

사업계획서를 어떻게 작성해야 할지는 사업계획서의 작성목적과 사업내용에 따라 달라집니다.

사업계획서를 작성하는 목적은, 첫째 사업을 위해 준비해야 할 항목들을 정리하기 위해서, 둘째 금융기관으로부터 융자를 받기 위해서입니다.

만약 창업자가 투자자에게 투자를 유치받기 위해서는 사업배경, 신규사업의 참신성, 나아가 창업자로서 사업능력을 강조해야 합니다. 그리고 금융기관으로부터 융자를 받기 위해서는 현재까지의 경영성과와 현금흐름을 강조해야 합니다.

47쪽에 나타낸 표는 사업계획서의의 표준양식을 보여주고 있습니다. 사업계획서에서 다루어야 할 항목은 거의 포함되어 있고, 실제로 사업계획서를 작성할 때 참고할 수 있습니다.[6)]

사업계획서의 목차는 반드시 표준양식에 맞춰서 작성하지 않아도 됩니다. 창업자가 어떤 유형의 사업을 추진할 것인지에 따라 다양하게 변경할 수 있습니다. 따라서 본인이 추진하고자 하는 사업 아이템이나 작성목적에 맞춰 목차 구성을 수정하거나 변경할 수도 있습니다. 그러나 사업계획서를 독특하게 작성할 경우에도 기본적인 구성항목과 목차 정도는 파악하고 있어야 합니다.

사업계획서의 기본적인 구성항목의 의미와 내용을 이해하고, 사업계획서를 작성하기 위해서는 다음과 같은 순서로 검토합니다.

첫째, 사업계획서의 전체 구조를 결정합니다. 즉 사업 아이디어의 도출에서부터 실행에 이르기까지 전체 구조를 결정합니다.

---

6) 사업계획서의 구성에 대해서는, 윌리엄 살먼[박윤정 역](2019), 『하버드 비즈니스 스쿨 사업계획서의 정석』, 유엑스 리뷰. 최중석(2006), 『생각을 확 바꾼 사업계획서 작성법』, 가람사. 김정식·이승현(2015), 『설득력 있는 사업계획서 작성』, 코아비즈 참조.

둘째, 전체 구조를 결정한 후에는, 각 단계별로 기본적인 구성항목을 구체적으로 검토합니다. 즉 무엇을 생산(또는 매입)하여 판매할 것인지, 누구에게 판매할 것인지, 어떻게 판매할 것인지, 어느 정도의 이익을 창출할 수 있는 것인지, 어떤 사업구조로 전개할 것인지, 어떤 일정으로 추진할 것인지로 범위를 좁혀가면서 작성합니다.

셋째, 기본적인 구성항목을 검토한 후에는 세부항목을 검토합니다. 각각의 기본적인 구성항목들이 전체적으로 일관성과 통일성을 유지하도록 작성합니다.

사업계획서의 기본적인 구성항목과 세부항목에 대한 내용을 잘 정리하게 되면 사업계획서가 완성됩니다. 사업계획서의 목차 한 줄 한 줄에 예비창업자가 생각한 것, 조사한 것, 검증한 것들을 반영합니다.

① 사업의 전체 요약

창업자의 프로필, 사업의 제안배경, 사업 컨셉, 사업 미션(이념), 사업 비전 등을 작성합니다.

② 환경분석

환경분석을 통해 사업 아이템의 사회적 의미 또는 가치가 무엇인지를 작성합니다.

③ 사업 아이디어의 도출과 선정

사업계획을 세우는데 있어서 첫 출발점은 사업 아이디어의 도출입니다. 따라서 우선적으로 참신하고 매력적인 사업 아이디어를 발굴해야 합니다.

④ 비즈니스 모델의 작성

어떤 비즈니스 모델로 이익을 올릴 수 있는지, 사업의 시작단계에서부터 이익을 창출할 수 있다는 것을 제시합니다.

⑤ 시장의 선택과 포지셔닝

제품을 구매할 고객이 누구이고, 그 고객이 어떤 니즈를 가지고 있는지를 파악합니다. 그것을 근거로 제품에 대한 포지셔닝 전략을 세웁니다.

⑥ 마케팅 4P전략

고객에게 제품을 어떻게 제공할 것인지에 대한 4P전략, 즉 제품전략, 가격전략, 유통경로전략, 프로모션전략을 구체적으로 작성합니다.

⑦ 사업수지계획

목표 지점에 도달할 때까지의 수지계획을 제시합니다. 예상매출액, 비용, 그리고 이익에 대한 계획을 세웁니다.

⑧ 사업자금계획

사업에 들어갈 자금은 어느 정도 필요한지, 어떻게 사업자금을 조달할 것인지, 융자금에 대한 상환계획을 세웁니다.

⑨ 사업실행계획

사업계획을 실제로 어떻게 실행할 것인지에 대한 실행계획을 세웁니다. 사업진행에 대한 실행계획을 세우고, 리스크 대책과 사업철수 대책 등을 강구합니다.

⑩ 첨부자료

사업계획을 보충할 수 있는 추가자료를 첨부합니다.

▌사업계획서의 기본구성과 세부항목▐

전체 구성	기본구성항목	세부항목
① 사업의 전체 요약	❍ 사업의 미션, 비전, 컨셉은 무엇인가?	• 사업자 프로필 • 사업제안의 배경 • 사업 컨셉 • 사업이념과 비전
② 환경분석과 사업기회	❍ 환경분석을 통해 사업 아이템의 사회적 의미는 무엇인가?	• 거시환경 분석 • 미시환경 분석 • SWOT 분석
③ 사업 아이디어 선정	❍ 어떤 사업 아이템을 선정할까?	• 사업 아이디어 도출 • 사업 아이디어 평가 • 사업 아이디어 선정
④ 비즈니스 모델의 작성	❍ 어떤 사업구조로 수익을 올릴 것인가?	• 비즈니스 모델
⑤ 시장의 선택과 포지셔닝	❍ 고객이 누구이고, 고객이 가지고 있는 니즈는 무엇인가?	• 시장세분화 • 목표고객선정 • 포지셔닝
⑥ 마케팅 4P전략	❍ 제품을 어떻게 제공할 것인가?	• 제품전략 • 가격전략 • 유통경로전략 • 프로모션전략
⑦ 사업수지계획	❍ 어느 정도 이익을 창출할 수 있는가?	• 대차대조표 • 손익계산서 • 손익분기점 분석 • 현금흐름표
⑧ 사업자금계획	❍ 사업에 필요한 자금은 얼마이고, 어떻게 자금을 조달할 것인가?	• 사업자금의 산출 • 자금조달계획 • 융자금 상환계획
⑨ 사업실행계획	❍ 사업계획을 어떻게 실행할 것인가?	• 실행계획 • 리스크 대책 • Exit 전략
⑩ 첨부자료	❍ 사업계획을 보충할 추가자료	

1. 스타트업이 추구할 수 있는 「성장전략」에는 어떤 것들이 있는가?

2. 경영의 「PDCA 사이클」을 레스토랑 경영에 적용하면 어떻게 되는가?

3. 사업계획서를 작성하는 목적과, 그 목적에 따라 어떤 항목을 강조해야 할 것인가?

4. 실패한 사업계획서에서 공통적인 특징은 어떤 것들이 있는가?

5. 설득력 있는 사업계획서를 작성하려면 어떻게 목차를 구성해야 하는가?

6. 신규사업을 대상으로 사업계획서 목차짜기.

03

환경분석과 사업기회의 모색

CHAPTER

03

3-1 기업의 경영활동과 환경과의 관계

우리들이 일상생활을 영위하는데 있어서 중요한 정보 중에 하나는 일기예보일 것입니다. 왜냐하면 구름의 방향, 바람의 방향, 강우량, 적설량 등의 영향이 일상생활에 크게 미치기 때문입니다.

기업의 경영활동에 있어서 중요한 정보 중에 하나는 바로 환경변화에 대한 정보라고 단언할 수 있습니다. 생물학자 찰스 다윈(Charles Darwin)이 『종(種)의 기원』에서 생물이 생존하기 위해서는 환경변화에 적응하지 못하면 안된다고 언급한 것처럼, 기업도 시장의 환경변화에 대해 적응하지 못하면 생존할 수가 없습니다.

찰스 다윈의 진화론의 영향을 받아 등장한 「시스템적 이론(Systematic Theory)」에 따르면, 환경은 「개방시스템(Open System)」과 「폐쇄시스템(Closed System)」으로 구분할 수 있습니다.

「개방시스템」에서의 기업은 진공(vacuum) 속에서 활동하는 독도(island)가 아니며, 일정한 환경 속에서 활동하는 시스템입니다. 즉 기업의 경영활동은 환경의 영향을 받으면서 인적, 물적, 자금, 정보와 같은 투입물(inputs)을 투입하여 시스템의 변환과정을 통해 제품과 서비스와 같은 산출물(outputs)을 산출하는 과정이라고 할 수 있습니다. 이러한 이유로 환경의 외부요인을 중요시할 수밖에 없습니다.

- 기업의 경영활동은 그 환경 속에서 전개되는 과정이며 산물이다.
- 자유경제체제하에서 기업의 성공과 실패를 좌우하는 가장 중요한 결정요인은 환경의 변화를 극복하는 능력이다.
- 환경은 기업 그 자체이다. 기업은 진공 속에서가 아니라 일정한 환경 속에서 운영되기 때문이다.
- 기업이 생존하고 성장하기 위해서는 보다 상위 시스템인 환경에 적응해야 한다.

성공한 기업은 지속적으로 변화하는 환경요인을 추적하고 이에 적응하는 노력의 중요성을 잘 이해하고 있습니다.

어느 누구도 환경변화 그 자체를 변경할 수 없기 때문에 경영자원이 비교적 풍부한 대기업일지라도 환경변화에 적응하지 못하면 생존하기가 어려워집니다. 누구든 자사에게 유리한 환경조건을 만들고 싶어 하지만, 자사에게 유리한 환경조건을 만들 수 있는 능력을 가지고 있지는 않습니다. 따라서 주어진 환경조건에서 최선을 다하는 것이 생존을 위한 유일한 방법이라고 할 수 있습니다.

사업계획서의 표준양식에는 사업의 추진배경, 시장분석, 경쟁분석, 자사분석 등을 설명해야 하는 항목이 있습니다. 이 항목을 작성하기 위해서는 먼저 자사가 속해있는 환경적 요인을 철저하게 분석해야 합니다.

우리 사회에서 어떤 문제가 발생하고 있는지 또는 어떤 환경변화에 사회가 직면하고 있는지를 환경분석을 통해 사회적 배경과 연결시킬 사업 아이디어를 도출할 수가 있습니다.

▌환경에 대한 시스템적 접근법▐

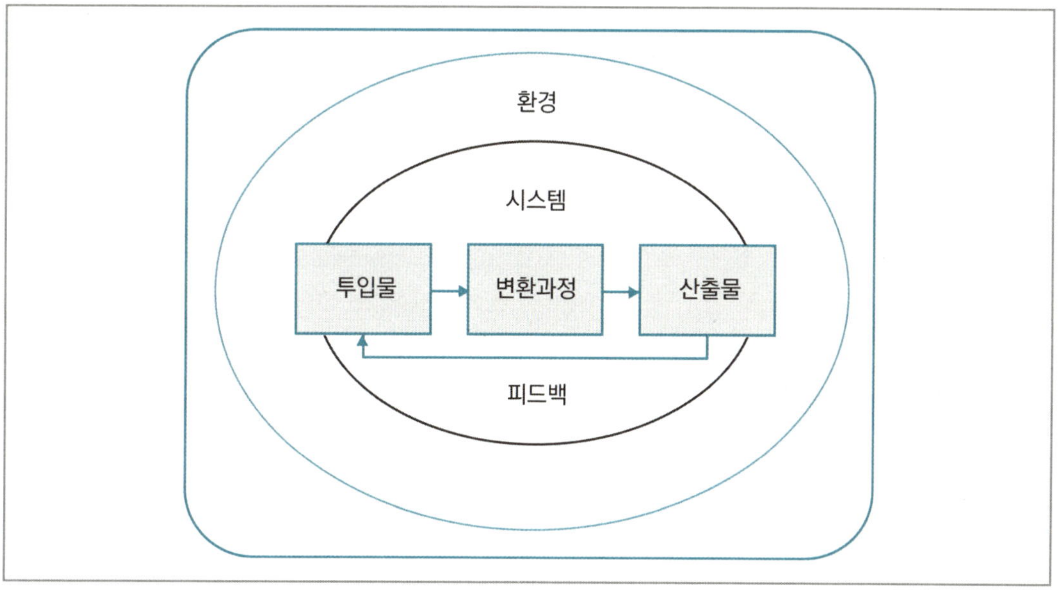

3-2 환경변화의 분석유형: 「거시환경」과 「미시환경」

기업이란 다양한 환경요인으로부터 영향을 받으면서 활동하는 조직체입니다. 환경은 분석수준에 따라 크게 외부환경과 내부환경으로 구분합니다. 외부환경과 내부환경의 구분은 외부환경은 자사가 통제불가능한 요인이고, 내부환경은 자사가 통제가능한 요인에 해당합니다. 그리고 외부환경에는 거시환경과 미시환경으로 구분합니다.[1]

① 거시환경분석(Macro Environment)

「거시환경」은 기업의 경영활동을 둘러싼 환경 중에서 정치, 경제, 사회문화, 기술 등과 같이 개별 기업이 직접적으로 통제하기 어려운 환경요인을 말합니다. 이러한 환경요인은 기업의 경영활동에 장기적이면서 간접적으로 영향을 미칩니다.

따라서 거시환경을 자사의 형편에 맞도록 변경하는 것이 아니라, 거시환경이 앞으로 어떻게 변해갈 것인지를 분석하고, 그 환경변화 속에서 자사의 사업기회를 포착하고 성장전략을 모색해야 합니다.

② 미시환경분석(Micro Environment)

거시환경의 내측에 있는 것이 미시환경입니다. 「미시환경」은 거시환경에 비해서 개별 기업의 힘으로 약간은 통제할 수 있지만, (산)업계 전체를 뒤흔들 정도로 통제력이 강하지 않는 환경요인을 말합니다. 이러한 환경요인은 기업의 경영활동에 단기적이면서 직접적으로 영향을 미칩니다.

예를 들어 자사가 어떤 제품을 제공하는지에 따라 특정 (산)업계에 속하게 되는데, 제품생산에 필요한 원자재의 가격인상에 대해서 개별 기업이 가격인상을 제지하기는 거의 불가능합니다. 원자재의 가격인상을 수용하고 다른 비용을 절감해서 이익을 확보하거나 또는 제품가격을 인상하거나 할 수밖에 없습니다.

③ 내부환경분석(Internal Environment)

「내부환경」은 자사가 상대적으로 통제가능한 자사 내부의 경영자원에 대한 환경요인을 말합니다. 예를 들면 자사의 R&D, 생산기술, 마케팅, 인적자원관리, 재무관리, 조직문화 등이

1) Watanabe Taku(2014), 『사업계획서 작성법』 아사출판, p.21.

포함됩니다. 내부환경은 외부환경의 변화를 빠르게 탐지하고 환경변화에 대해 자사의 강점으로 어떻게 돌파해나갈 것인지를 분석합니다. 경쟁사보다 자사의 경쟁우위가 있는 강점이 어떤 것이 있는지, 이 강점에 대해 고객은 어떻게 평가하고 있는지를 정확하게 분석해야 합니다.

▌환경분석의 유형▐

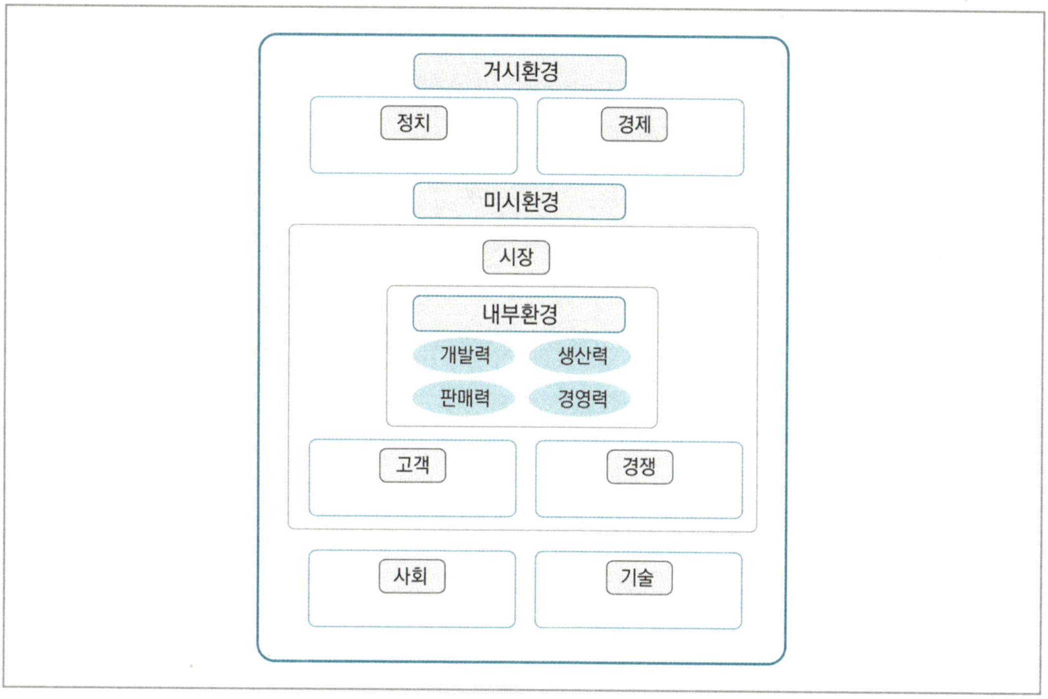

3-3 거시환경의 분석: 「PEST 분석」

「거시환경」은 기업의 경영활동을 둘러싼 환경 중에서 정치, 경제, 사회문화, 기술 등과 같이 개별 기업이 직접적으로 통제하기 어려운 환경요인을 말합니다. 거시환경을 분석하기 위해서는 통상적으로 PEST 분석을 활용합니다.

「PEST 분석」이란 사회 전체의 환경변화를 일으키는 거시적인 환경요인을 정치(Political), 경제(Economical), 사회·문화(Social & Cultural), 기술(Technological)로 구분하여, 각각의 환경요인에 대해 분석하는 기법을 말합니다.

이 4가지 요인 외에 환경적 요인(Environmental)과 법적 요인(Legal)을 추가한 「PESTEL 분석」도 가능합니다.

정치적, 경제적, 사회·문화적, 기술적 요인의 관점을 활용하여 긍정적 요인인 기회와 부정적 요인인 위협을 정리하여, 자사에 어떤 영향을 미치게 될 것인지를 객관적으로 분석합니다.

① 정치적 요인(Political)

「정치적 요인」은 정부가 경제에 간섭하는 정도를 말합니다. 이 요인에서는 자사가 속한 (산)업계에 대한 정치와 법률의 동향이나 정치나 법률이 변경됨으로써 자사에게 어떤 영향을 미치게 될 것인지를 분석합니다. 구체적으로는 법 규제에 대한 강화 및 완화, 정치동향, 세금, 노동법, 무역제재, 환경법, 관세 등의 요인으로 구성됩니다.

② 경제적 요인(Economical)

「경제적 요인」은 기업이 의사결정을 내리는 데 중대한 영향을 미칩니다. 경제적 요인에서는 제품을 구매할 고객뿐만 아니라 고객의 구매력이나 국내경제를 포함한 세계경제의 동향을 분석합니다. 구체적으로는 경기동향, 이자율, 환율, 인플레이션 등의 요인으로 구성됩니다.

③ 사회 · 문화적 요인(Social-cultural)

「사회·문화적 요인」은 사회의 기본적인 가치관, 지각, 선호, 행동에 영향을 미치는 요인을 말합니다. 구체적으로는 인구추이, 가치관, 트렌드, 환경문제 등을 분석합니다. 인구동향은 환경분석 중에서 중요한 분석대상이기 때문에 철저하게 분석해야 합니다.

④ 기술적 요인(Technological)

「기술적 요인」은 인류의 미래에 아주 중대한 변화를 야기시키는 요인입니다. 기술 자체가 신규시장을 새롭게 창출하기도 하고, 반대로 기술의 발전이나 혁신에 의해 지금까지 통용되었던 경쟁력이 사라지기도 합니다. 기술적 요인에는 R&D, 생산기술, 정보기술 등이 포함됩니다.

▌PEST 분석의 요인▐

P(정치)	E(경제)
• 법률, 법개정 • 세금제도, 감세, 증세 • 정치, 정권교체 • 재판제도 • 정치단체, 데모	• 경기동향 • 경제 성장률 • 물가 • 이자율, 환율, 주가, 금리, 원유가격 • 소비동향
S(사회문화)	**T(기술)**
• 인구동향, 밀도, 구성 • 유행, 여론 • 종교, 교육 • 가치관, 라이프 사이클 • 트렌드, 환경문제	• 인프라 • 신기술 • 생산기술 • 정보기술(IT) 활용 • 혁신, 특허

PEST 분석의 절차는 다음과 같습니다.

① 분석목적의 확인

PEST 분석을 수행하기 위해서는 가장 먼저 분석목적을 확인해야 합니다. 단순히 PEST 분석을 수행했다는 것만으로는 의미 있는 결과를 도출할 수 없습니다. PEST 분석의 기본 목적은 시장의 변화를 사전에 읽어내어 자사에게 기회를 찾아내거나, 자사에게 위험이 될 리스크(risk)를 찾아내는 것입니다.

② 환경요인에 대한 정보수집

분석목적이 확인되면 PEST에 해당되는 환경요인에 대한 정보를 수집합니다. 정보는 가능한 신뢰할 만한 공적기관이나 전문가가 작성한 자료나 보고서를 수집합니다. 즉 TV, 라디오, 신문, 잡지, 인터넷을 통해 통계자료를 토대로 4가지 환경요인에 대해 현재의 상황을 분석하고, 나아가 미래에 대한 전망까지를 예측하도록 합니다.

③ 사업기회와 리스크로 분류

수집된 정보는 환경변화와, 이 환경변화와 함께 찾아올 사업기회와 리스크로 분류하여 정리합니다. 수집된 개별 정보는 모두가 동일한 방향을 나타내지는 않습니다. 정보를 단순히 나열만 하면 그 중요성의 차이도 찾아낼 수 없습니다.

④ 사업기회의 모색

수많은 정보 중에서 강력하게 시장의 변화를 불러일으킬 태풍의 눈이 될 만한 환경요인이 어떤 것인지, 또는 여러 환경요인들이 동일한 방향을 가리키고 있다면, 그것을 중심으로 변화의 방향이나 미래에 대한 전망까지를 예측하도록 합니다.

중요한 것은 거시환경을 자사의 형편에 맞춰 변경하는 것이 아니라, 주어진 또는 다가올 환경변화 속에서 자사가 어떻게 사업기회를 포착할 수 있는지가 승부처가 될 것입니다.

이처럼 PEST 분석은 기업이 통제할 수 없는 거시환경적인 변화에 대해 보다 명확하게 그 실체를 인식할 수 있다는 장점을 가지고 있지만, 외부환경이라는 측면에서 지나치게 단순하다는 단점을 가지고 있습니다.

우리가 알고자 하는 것은 변화 그 자체가 아니라 그 변화로 인해 자사가 어떤 영향을 받게 될 것인지를 찾아내는 것입니다. 그러나 PEST 분석만으로는 원하는 사항을 찾아내기 어렵다는 단점을 가지고 있습니다.

이러한 단점을 보완하고자 IGM 세계경영연구원 양백 부원장은 국내 경영환경과 기업의 상황에 더 적합하도록 브라우델(Braudel)이 발전시킨 「PEST SVS 분석」을 변형해서 사용하고 있습니다.2)

PEST 분석은 거시환경 차원에서 현재 드러나 있거나, 이미 발생한 여러 변화를 4가지 항목으로 구분지어 나타내는 기법입니다. 반면 PEST SVS 분석은 PEST 분석으로 드러난 '현재의' 결과가 앞으로 우리 사회에 어떻게 영향을 미치게 될지에 대한 '미래' 기법이라고 할 수 있습니다.

---

2) 양백(2017), 『전략, 4.0』, 클라우드나인, p.91-94. 브라우델은 SOS 분석이라 불렀지만, 양백 원장은 가운데 O가 의미하는 가치관적 의미를 강조하기 위해서 SVS로 부름.

PEST SVS 분석에서 「SVS」는 현재 나타나는 현상이 앞으로 거시환경 혹은 사회 전체에 어떤 영향을 미칠 것인지 예측해보는 것을 말합니다.

S(피상적 의미)는 언론 보도 등을 통해서 피상적으로 눈에 드러나는 현상을 분석하는 것입니다. V(가치관적 의미)는 PEST 분석으로 드러난 항목별 변화가 사회의 가치관에 미치는 영향을 분석하는 것입니다. 마지막으로 S(구조적 의미)는 이러한 변화들이 사회에 미치는 구조적인 변화가 무엇인지를 파악하는 것입니다.

▌돈육가공 업체의 PEST SVS 분석의 예시▐

	S (피상적 의미)	V (가치관적 의미)	S (구조적 의미)
P	• 중소기업 전용 제품 확대 • 할인점 영업규제, 세율 확대 • CO2 규제, 친환경제품 범용화	• 싸고 질 좋은 제품 선호 • 친환경, 유기농인증 선호	• 유기농 인증제 확산 • 식품위생법등의 강화 • 대기업의 참여 한계
E	• 근로시장 정규직 축소 • 중국 돈가 급증 • 자유 무역 블록화	• 절약 소비 실천 • 중국산 식재료 비중 증가	
S	• 기대수명 증가 • 1인 가족 증가 • 여행 인구 증가	• 소량 포장 대중화 • 편리한 조리법 선호 • 실버·키즈용 선호	• 가정 간편식 시장의 확대
T	• 육가공 기술 상향평준화 • 다품종 소량 생산	• 가공 단가 인하 • 다양한 종류 선호	• 푸드 테크의 비약적 발전

3-4 미시환경의 분석(1): 「5Force 분석」

「미시환경분석」은 거시환경에 비해 개별 기업의 힘으로 약간은 통제할 수 있지만, (산)업계 전체를 뒤흔들 정도로 통제력은 강하지 않는 환경요인을 분석합니다. 여기서 말하는 (산)업계란 산업이나 상업에 종사하는 사람들의 활동분야를 말합니다. 예를 들면 식품회사가 속해 있는 (산)업계를 식품업계라고 부르고, 의류업계, 컴퓨터업계, 가전업계, 자동차업계 등으로 부르고 있는 것도 동일한 맥락입니다.

미시환경을 분석할 때는 「5Force 분석」과 「3C 분석」을 활용합니다. 자사가 속해 있는 (산)업계에서 자사를 중심으로 어떤 경쟁적인 힘(force)이 작용하는지에 대해서는 일반적으로 5Force 분석을 활용합니다.

「5Force 분석」은 마이클 포터(Michael Porter) 교수가 제창한 것으로, (산)업계구조분석의 모형입니다.[3] 이 분석에 따르면 산업 내의 경쟁강도는 우연히 발생한 것도 운이 나빠서 일어난 것도 아닙니다. 산업 내 경쟁은 현재 그 산업에서 경쟁을 벌이고 있는 기업의 특정 행동보다 경쟁구조에 더 많은 영향을 받는다는 것입니다.

5Force 분석에서 특정 (산)업계의 경쟁은 산업 내 기존업자 간 경쟁을 중심으로, 수직적으로는 신규진입자의 위협과 대체재의 위협, 그리고 수평적으로는 원료 공급업자의 교섭력과, 구매자의 교섭력이라는 5가지 요인에 의해 결정됩니다. 이러한 요인들이 합쳐져 특정 산업에서의 잠재수익성이 결정되며, 이는 구체적으로 투자수익률(Return On Investment, ROI)로 측정됩니다.

5Force 분석의 이점은 자사가 속한 산업 환경과 산업 내 경쟁강도를 통해 시장의 매력도를 분석함으로써 높은 수익성을 확보할 수 있는 전략을 수립할 수 있습니다.

① 산업 내 기존업자 간 경쟁

대부분의 산업에서 경쟁의 양상과 산업 전체의 수익률을 결정하는 가장 중요한 요인은 산업 내 기존업자 간 경쟁의 정도라고 할 수 있습니다. 어떤 산업에서는 신제품개발, 기술혁신, 마케팅 등으로 기존업자 간 경쟁이 치열하게 전개되는 경우가 많습니다. 또한 과당경쟁으로 인해 생산원가 이하로 가격이 떨어져서 산업 전체가 손실을 보기도 합니다.

---

3) Michael E. Porter[미래경제연구소 역](2018), 『마이클 포터의 경쟁전략』, 프로제, p.28-77.

② 신규진입자의 위협

특정 산업의 수익률이 과다하게 높다거나 성장가능성이 높은 산업이라고 인식되면, 많은 기업이 이 산업으로 진입하고자 할 것입니다. 자유시장경제에서는 기본적으로 시장으로의 진입 및 퇴출이 자유롭기 때문에 수익률이 높은 산업에서는 다수의 신규진입자의 진입으로 인해 수익률이 더욱 떨어질 것입니다. 또한 경쟁사가 언제든지 시장으로 진입할 준비가 되어 있다면 기존업자는 가격을 내려 경쟁사의 시장진입을 막아야 할 것입니다.

▮산업경쟁을 유발시키는 5가지 요인▮

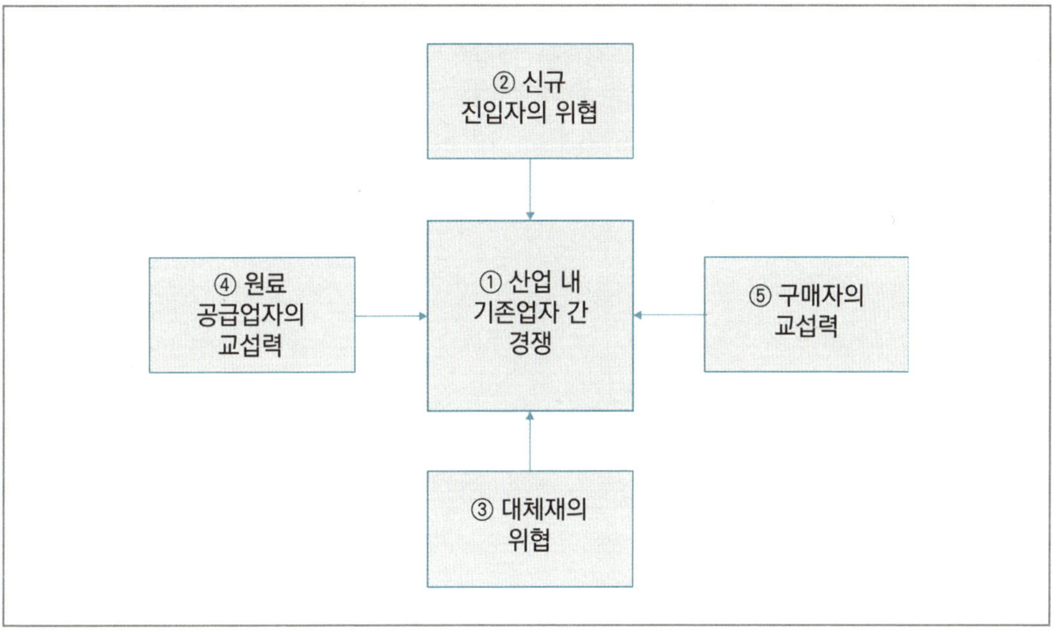

③ 대체재의 위협

기존제품이 제공하고 있는 유사한 기능을 다른 제품으로 대체가능할 경우, 기존제품에게 있어 대체재는 위협이 됩니다. 예를 들어 메모할 때 자주 사용하는 포스트잇을 스마트폰에서 제공하고 있는 다양한 메모 앱으로 대체하고 있는 경우입니다.

④ 원료 공급업자의 교섭력

원료 공급업자가 교섭력을 행사하면 자사의 이익이 내려갑니다. 예를 들어 원료 공급업자의 교섭력이 강력할 때는 원자재 가격을 인상하여 높은 이익을 얻게 되고, 그로 인해 산업의 수익률이 내려갑니다. 최종고객의 교섭력을 분석하는데 사용되는 동일한 요인들이 공급업자의 교섭력을 결정합니다.

⑤ 구매자의 교섭력

구매자는 제품을 구매하는 최종고객을 말합니다. 제조업자에게는 도매업자나 소매업자가, 소매업자에게는 최종고객이 구매자에 해당됩니다.

구매자는 제품의 가격인하를 유도하거나 품질향상 및 서비스 증대를 요구하고, 경쟁사끼리 경쟁시켜 그 사이에서 이익을 보는 행위 등으로 (산)업계에서의 경쟁을 유도합니다.

구매자의 교섭력이 강해지는 하나의 사례는 구매자가 제품을 대량으로 구매할 때 입니다. 예를 들어 대형마트가 제조업자로부터 제품을 대량으로 일괄구매 함으로써 제품단가를 낮추는 경우입니다.

▌5Force의 경쟁요인▐

5Force	특 징	업체 예시
① 기존업자 간 경쟁	• 경쟁사가 많음 • 업계의 성장이 둔화 • 차별화가 어렵고 가격경쟁 치열 • 시장에서 퇴출이 어려움	• 슈퍼마켓 • 할인점, 통신판매
② 신규진입자의 위협	• 규모의 경제가 작동하기 어려움 • 제품 차별화가 어려움 • 대규모 자금이 필요하지 않음 • 정부의 정책이나 법적규제의 영향이 낮음 • 시장에서 퇴출이 용이함	• 외식업 • 인터넷 쇼핑몰
③ 대체재의 위협	• 대체재의 종류가 많음 • 대체재의 품질이 높음 • 대체재의 비용 대비 성능이 높음	• 외식업 (편의점의 시장진입) • 언론사 (인터넷, SNS)
④ 원료 공급업자의 교섭력	• 소수의 공급업자가 지배하고 있음 • 공급업자의 제품이 고도로 차별화되어 있음 • 공급업자가 전방적 통합을 도모함	• 여행업 (항공사와 거래하는)
⑤ 구매자의 교섭력	• 구매자가 소수임 • 품질에 차이가 거의 없음 • 다른 브랜드로 전환하기 쉬움 • 구매자가 충분한 지식과 정보를 보유하고 있음	• 가전업자로부터 납품받는 대형마트

3-5 미시환경의 분석(2): 「3C 분석」

「3C 분석」이란 오마에 겐이치(Omae Kenichi)가 제안한 모형으로서, 사업전략을 세울 때 3가지 주체를 크게 고객(Customer), 경쟁사(Competitor), 자사(Company)로 보고, 자사가 경쟁시장에서 생존하기 위한 핵심성공요인(Key Success Factor, KSF)을 도출하는 모형입니다. 머리글자 3개의 C를 취한 것으로 「전략 삼각형(Strategic Triangle)」이라고도 부릅니다.4)

3C 분석은 고객 → 경쟁사 → 자사 순으로 분석하고, 개별적으로 분석하기보다는 3가지 요인을 균형 있게 분석합니다. 왜냐하면 어떤 요인에 집중하는지에 따라 전혀 다른 결과가 도출될 수 있기 때문입니다.

① Customer(고객 분석)

「고객 분석」에서는 시장에서의 목표고객을 정의하고, 고객니즈를 명확하게 분석합니다. 검토해야 할 항목은 시장규모, 시장성장율, 수익성 등입니다.

현재의 시장은 대부분 포화상태이며, 고객니즈는 아주 작게 세분화되어 있습니다. 이러한 시장에서는 기업이나 제품이 개별적인 고객니즈에 대응하지 못하면 매출을 올리기가 어렵습니다.

먼저, 다양한 특성을 가진 전체 고객을 성별, 연령, 소득, 행동패턴 등의 기준으로 비교적 동질성을 가진 그룹으로 구분합니다. 이 과정을 시장세분화라고 합니다. 세분화된 시장에서 어떤 목표고객을 대상으로 제품을 제공할 것인지를 검토해야 합니다.

목표고객이 결정되면 다음에는 고객니즈를 찾아내야 합니다. 고객들이 보통 '분위기 좋고 음식맛이 좋은 이탈리아 레스토랑'을 좋아한다는 것처럼 누구나 인식하고 있는 현재(顯在) 니즈에 대해서는 경쟁이 치열합니다. 따라서 미래의 환경변화에 의해 부각될 수밖에 없는 잠재(潛在) 니즈나, 현재 어떤 기업도 충족시키지 못한 미충족 니즈에 시장기회가 숨겨져 있다고 볼 수 있습니다.

---

4) Omae Kenichi[홍을표 역](2003), 『기업경영과 전략적 사고』, 생활지혜사, pp.125-127.

▌3C 분석▐

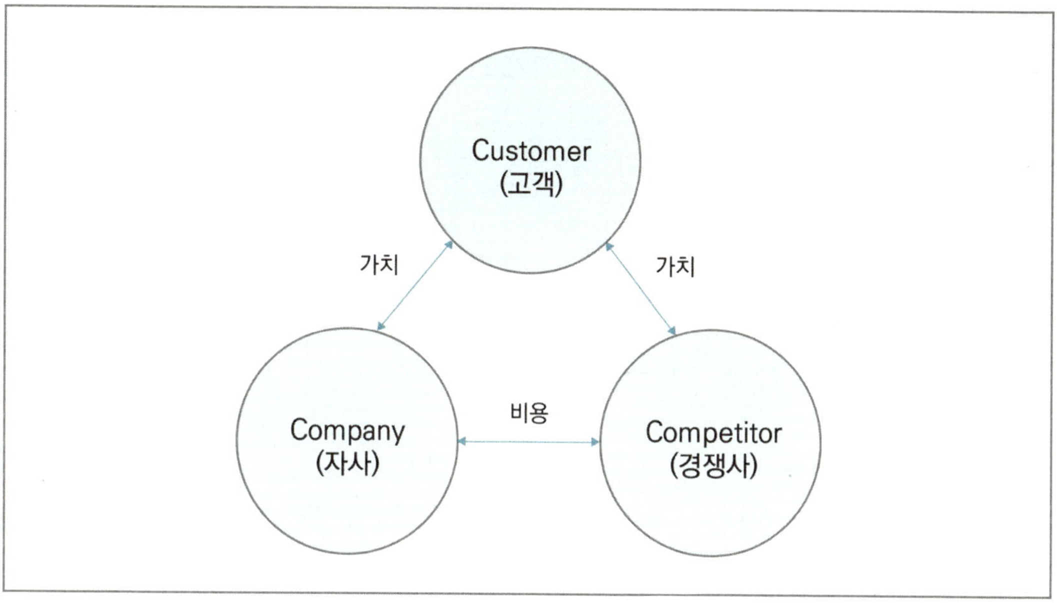

② Competitor(경쟁사 분석)

「경쟁사 분석」에서는 경쟁사와 비교하여 자사제품이 시장에서 강력한 전략적 경쟁우위를 차지하고 있는지를 다각적으로 분석합니다. 구체적으로는 경쟁사의 수, 경쟁사의 전략, 경쟁우위의 정도, 고객니즈를 충족시킬 수 있는 다른 대체재의 존재에 대해서도 분석합니다.

아무리 목표고객과 고객니즈를 찾았다 하더라도 시장으로의 신규진입자가 많아지고 치열한 경쟁이 예상되는 (산)업계에서는, 기업들이 가격경쟁으로 달리게 되고 그로 인해 이익률이 떨어지게 됩니다. 이제는 경쟁이 전혀 없는 시장을 찾기는 거의 불가능합니다. 신규진입이 용이한 업계인지, 경쟁사 간 시장점유율이 고정적인지, 품질과 가격 중 경쟁우위가 어떤 것으로 결정되는지 등을 분석합니다.

③ Company(자사 분석)

「자사 분석」에서는 자사 내의 최고경영자, R&D, 생산, 마케팅, 재무 등을 대상으로, 이러한 부서들이 고객에게 더 높은 가치와 만족을 제공하도록 통합되어 있는지를 분석합니다. 분석항목은 자사의 실적, 전략, 경영자원, 경쟁우위성 등입니다.

자사 분석을 위한 내부요인을 전부 열거하려면 그 수가 끝이 없을 것입니다. 따라서 고객니즈에 집중해서 경쟁사가 어떻게 해결하고 있는지에 주목하면서 검토해야 합니다.

예를 들어 자사가 고객니즈에 대응할 수 있는 충분한 능력을 보유하고 있지 못하면 경쟁에서 승산이 없기 때문에 목표고객을 변경해야 합니다.

경쟁사가 이미 고객니즈를 충분히 충족시키고 있다면 정면승부를 할 것인지, 아니면 다른 고객니즈를 모색할 것인지를 검토해야 합니다.

그러나 경쟁사가 고객니즈를 충분히 대응하지 못해 고객니즈에 불만이 발생하고 있다면 자사에게는 중요한 시장기회가 열리게 됩니다.

「3C 분석」에서는 고객, 경쟁사, 자사에 대해서 다음 표에 게재된 항목을 분석합니다.5) 이러한 항목의 특징이나 경향을 정리하게 되면 경쟁과 자사, 고객의 관계성을 상당히 파악할 수 있습니다.

이 3C 분석에서 도출해야 할 내용은 「핵심성공요인(Key Success Factors, KSF)」을 찾아내는 것입니다. 이 분석과정을 통해 경쟁우위의 시나리오를 찾는 것이기 때문에 더욱 정확하게 분석해야 합니다. 만약 3C 분석이 단순히 메모용으로 그치게 된다면 분석한 것이 아니라 정리한 것에 불과하기 때문입니다.

고객이 어떤 특성을 가지고 있고, 경쟁사가 어떤 상태에 있고, 이것에 대해 자사의 현재 상황을 평가한 후에 자사의 사업기회를 모색해야 합니다.

앞서 설명한 「5Force 분석」과 「3C 분석」과의 관계를 보면, 세로축의 신규진입자의 위협, 산업 내의 기존업자 간 경쟁, 대체재의 위협은 경쟁사에 해당되고, 가로축의 원료 공급업자의 교섭력은 자사에 해당하고, 구매자의 교섭력은 고객에 해당됩니다.

---

5) Kokura Takahiro(2015), 『마케팅』, 중앙경제사, pp.8-10.

▌3C 분석에서의 분석항목▐

3C	분석항목
① 고객 분석	• 소비 인구는 어느 정도의 규모인가? • 시장의 성장률은? • 제품 라이프사이클에서 어느 시점인가? • 실제로 고객은 누구인가? • 구매에 영향을 미치는 품질이나 가격에 있어서 요인은 무엇인가? • 구매빈도는 어느 정도인가? • 잠재적 고객의 가능성은?
② 경쟁사 분석	• 경쟁사는 누구인가? • 경쟁사는 어느 정도인가? • 경쟁사의 전략의 강점과 약점은? • 경쟁사의 경영자원의 강점과 약점은? • 경쟁사의 실적은?(매출액, 시장점유율, 성장률, 수익성, 고객수, 점포수 등) • 대체재의 유무는?
③ 자사 분석	• 자사의 실적은?(매출액, 시장점유율, 성장률, 수익성, 고객수, 점포수 등) • 자사의 전략의 강점과 약점은? • 자사의 경영자원의 강점과 약점은? • 경쟁우위의 차별점은 무엇인가?

3-6 내부환경의 분석(1): 「Value Chain 분석」

외부환경분석에서 거시환경과 미시환경을 분석하였다면, 이제는 자사의 내부환경을 분석하는 단계입니다. 내부환경을 분석하는 목적은 자사가 보유하고 있는 경영자원에 대해 평가하고, 경쟁사와 차별화할 수 있는 강점을 도출하여 이것을 토대로 사업기회를 모색하기 위해서입니다.

마이클 포터(Michael Porter) 교수는 기업을 총체적으로 바라보는 것만으로는 기업의 경쟁우위를 파악할 수 없고, 경쟁우위의 원천을 분석하기 위해서는 개별 기업이 수행하는 모든 활동을 점검하고, 이러한 제반활동이 어떻게 상호작용하는 지를 체계적으로 분석하기 위한 도구로서 가치사슬분석을 제시하였습니다.

「가치사슬분석(Value Chain)」이란 원가의 형태와 현존하거나 잠재적으로 존재하는 차별화의 원천을 이해하기 위해서 특정 기업의 경영활동을 전략적으로 연관성 있는 몇 개의 활동으로 구분한 것입니다. 기업은 전략적으로 중요한 활동을 경쟁사보다 저렴하게 혹은 더 나은 방법으로 수행함으로써 경쟁우위를 확보할 수 있습니다.6)

가치사슬분석은 자사의 경영활동을 기능적으로 분해하여, 제품이 최종고객에게 도달될 때까지의 일련의 경영활동을 본원적 활동과 지원활동으로 구분합니다.

여기서 「본원적 활동」은 이익에 직접적으로 공헌하는 활동으로 제품의 구매물류, 생산, 출하물류, 마케팅과 판매, AS와 같은 부서활동을 말합니다. 반면에 「지원활동」은 이익에 간접적으로 공헌하는 활동으로 R&D, 구매, 인사, 재무, 경영정보 등 현장업무활동을 지원하는 활동을 말합니다.

가치사슬의 분석은 다음과 같은 절차로 진행합니다.

① 1단계: 분석해야 할 기업의 경영활동을 기능적으로 분해합니다. 이 때 주의해야 할 것은 기능(또는 업무)을 너무 작게 세분하지 않아야 합니다. 경영활동이 시작에서 종료까지 4~5개 정도가 적절합니다. 너무 작게 세분하면 비지니스 프로세스 분석으로 변질되어 사업 전체에 대한 목적, 즉 핵심성공요인을 찾는 데에도 적합하지 않습니다.

② 2단계: 어떤 기능에서 부가가치를 창출할 것인지, 그것을 위해 어느 정도의 비용을 투

6) Michael Porter[조동성 역](1985), 『마이클 포터의 경쟁우위』, 21세기북스, pp.69-103.

입해야 할 것인지, 그 결과 최종적으로 어느 정도의 이익을 창출할 수 있는지를 분석합니다. 이것은 가치사슬분석에서 비용구조분석의 측면에 해당됩니다.

③ 3단계: 도출된 부가가치가 전체적으로 어떤 강점 또는 약점을 갖게 되는지를 검토합니다. 이것은 자사의 강점과 약점을 분석하는 측면에 해당됩니다. 자사의 가치사슬의 구조가 경쟁사와 동일하다면 각각의 기능에 대해서 더욱 세밀하게 비교하고, 구조의 결합방식이 다른 경우에는 구조 자체가 강점이거나 약점이 될 것입니다.

가치사슬을 분석할 때에는 전체가 잘 연결되어 균형감을 갖춘 구조로 구축하는 것이 중요합니다. 각각의 기능이 개별적으로 경쟁우위에 있다는 것만으로는 경쟁력을 가질 수 없기 때문입니다.

▌가치사슬분석▐

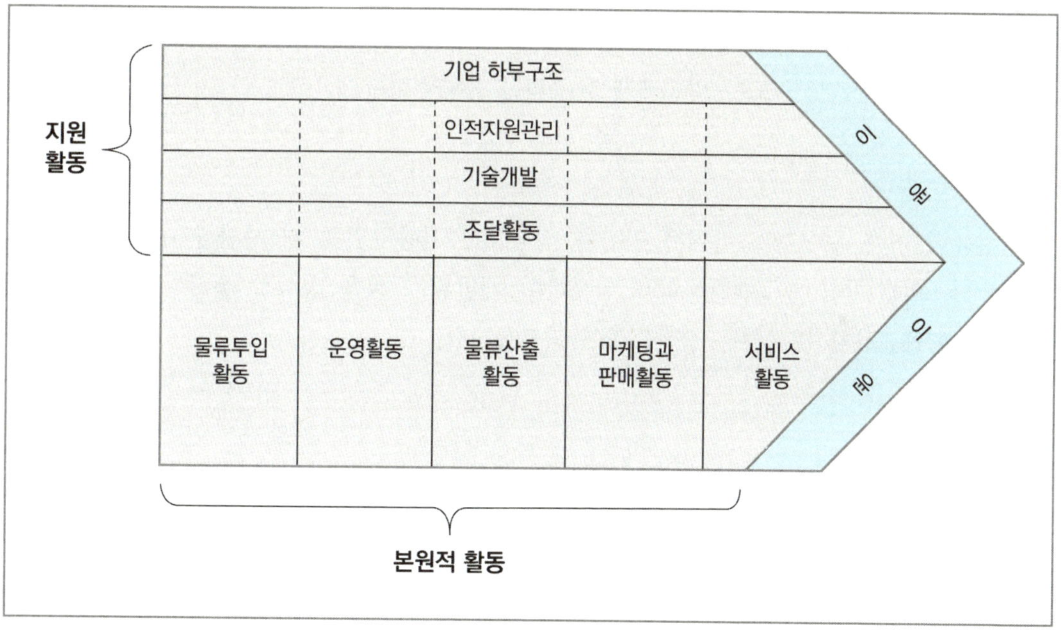

3-7 내부환경의 분석(2):「경영자원 분석」

「외부환경분석」에서는 시장의 기회와 위협 그리고 연구과제를 발굴하는 것이라면, 「내부환경분석」에서는 자사가 보유하고 있는 인적, 물적, 자금, 정보 등에 대한 경영자원을 점검하여 경쟁사와 차별화할 수 있는 자사의 독자적인 강점을 발굴하는 것을 말합니다. 이 내부자원의 강점을 살려서 사업기회를 모색합니다.

내부환경분석에서는 마이클 포터의 가치사슬에 근거해서 연구개발능력, 생산능력, 판매능력, 경영능력으로 구분하고, 이에 해당되는 경영활동 전체를 검토합니다.[7]

① 연구개발능력

「연구개발능력(R&D)」이란 새로운 지식이나 원리를 탐색하고 해명해서 그 성과를 실용화하는 것을 말합니다. 이 연구개발능력이라고 하면 혁신적인 제품을 지속적으로 개발하는 일부 제조업자에게만 요구되는 능력처럼 생각할 수 있습니다. 그러나 연구개발능력은 제조업자만의 전매특허가 아니고, 모든 업종에게 요구되는 능력입니다.

② 생산능력

「생산능력」이란 주어진 조건에서 공장을 정상으로 가동하였을 때 생산할 수 있는 최대의 생산실적을 말합니다. 연구개발능력을 활용하여 개발된 제품을 정해진 품질수준과 생산량을 안정적으로 공급하기 위해서는 생산능력이 필요합니다.

③ 판매능력

「판매능력」이란 제품을 판매하는 능력을 말합니다. 아무리 좋은 제품을 개발하여 생산한다하더라도 제품을 시장에서 판매할 수 있는 능력이 떨어진다면 연구개발능력과 생산능력은 무용지물이 되어 버립니다. 특히 제품의 지명도가 낮거나 판매경로가 다양하지 않은 중소업자에게는 판매능력의 부족이 신제품을 개발함에 있어서 최대의 걸림돌이 될 수도 있습니다.

---

7) Watanabe Taku(2012), 『사업계획서 작성법』, 아사출판, p.29.

④ 경영능력

「경영능력」은 경영진의 리더십이나 경영전략의 수립능력을 포함하는 능력을 말합니다. 이 경영능력은 사업기회를 모색하는데 직접적인 정보(단서)를 제공하지 않을 수 있지만, 이 중에도 자사에게 있어 강점이 숨겨져 있는 경우가 있습니다.

경영자원의 분석은 방금 설명한 4가지 능력으로 세분하여 강점과 약점을 검토합니다. 여기서 중요한 것은 경쟁사와의 비교입니다. 즉 강점인지 약점인지는 경쟁사와 비교한 상대적인 판단이 됩니다. 예를 들어 자사에게는 강점일지라도 경쟁사보다 열위에 있다면 상대적으로 약점이 되며, 자사에게는 약점일지라도 경쟁사보다 우위에 있다면 상대적으로 강점이 됩니다.

▮ 내부환경분석 ▮

① 연구개발능력	기초연구능력	요소기술의 우열, 연구개발비, 연구자 수, 특허 및 학술논문의 내용
	제품개발능력	컨셉 설계, 요소기술의 결합, 개발속도, 개발 수, 디자인
	정보수집능력	신기술정보의 수집력, 외부 파트너를 발견하는 네트워크
② 생산능력	생산능력	원재료조달능력, 생산능력, 비용경쟁력
	생산기술력	짧은 납기기간 대응력, 고품질, 원료 대비 제품 비율
	품질보증능력	품질관리, 물질보증체제, 제조이력공시
③ 판매능력	기획제안능력	정보수집력, 기획력, 판매촉진능력, 지명도, 브랜드
	영업능력	판매 네트워크, 영업직원 수와 능력, 영업기술능력, 고객기반
	AS지원능력	기술지원, AS
④ 경영능력	경영능력	경영진의 리더십, 전략입안능력, 중간관리자의 관리능력, 전략실행능력
	경쟁력	제품수집능력, 시장점유율, 고객충성도, 고객만족도
	수익력	한계이익, 현금흐름, 투하자본 이익률

3-8 내부환경의 분석(3): 「VRIO 분석」

자사의 「핵심역량(Core Competence)」이란 자사 내부의 구성원이 보유하고 있는 총체적인 지식, 기술, 문화 등 자사의 핵심을 이루는 능력을 말합니다. 이때의 핵심역량이란 단순히 그 기업이 잘하는 활동을 의미하는 것이 아니라, 경쟁사와 비교하여 훨씬 우월한 능력, 즉 경쟁우위를 가져다주는 자사의 능력을 말합니다.

자사의 경영자원을 분석할 때에는 VRIO 분석을 활용합니다.

「VRIO 분석」이란 제이 버니(Jay Barney) 교수가 제창했던 자원기반관점이론(Resource-Based View, RBV)에 있는 분석기법을 말합니다.[8]

VRIO 분석은 기업이 지속가능한 경쟁우위를 확보할 수 있는지의 판단은 기업이 보유하고 있는 특별한 경영자원이나 또는 이 경영자원을 활용할 수 있는 능력개발에 달려있다고 하는 모형입니다. 즉 기업의 경영자원과 능력개발이 어느 정도 높은지를 Value(가치), Rarity(희소성), Imitability(모방곤란성), Organization(조직)이라는 4가지 항목으로 평가하여 지속가능한 경쟁우위의 수준을 확인합니다.

VRIO 분석에서 판단할 대상은 가치사슬 분석에 포함된 각각의 경영기능에 대해서 수행하고, 어떤 경영기능이 경쟁우위의 원천이 되는지, 또는 어떤 경영기능이 경쟁열위의 원천이 되는지를 검토합니다.

가치사슬 분석에서는 각각의 항목에 대해서 강점과 약점으로 경쟁우위를 평가하지민, VRIO분석에서는 V·R·I·O의 4가지 항목으로 경쟁우위를 평가합니다.

V=X, O=X이면 경쟁열위, V=O이고 R=X이면 경쟁균형, V=O, R=O, I=X이면 일시적 경쟁우위, V·R·I·O 모두가 O이면 지속적 경쟁우위를 의미합니다. 즉 어떤 경영기능이 경쟁사보다 강점일지라도 시간축을 도입하여 그것이 일시적인 것인지 또는 지속적인 것인지로 평가합니다.

아울러 V(Value)에 대해서 해당 경영자원이나 경영기능을 보유하고 있다면 시장환경에서 위협이나 경쟁을 무력화시킬 수 있는가?라고 질문하기 때문에 경쟁사에 대한 비교는 물론 외부환경(기회 또는 위협)에 대한 분석을 전제조건으로 수행해야 합니다.

---

8) VRIO 분석에 관한 구체적인 내용은 Jay B. Barney·William S. Hesterly[신형덕 역](2015), 『전략경영과 경쟁우위 제5판』, Pearson, pp.80-119. 양백(2017), 『전략 4.0』, 클라우드나인, pp.159-169. 참조.

▌VRIO 분석의 평가항목▐

평가항목	주요 내용
① Value (경제적 가치)	경영자원과 기능을 보유하면 시장환경에서 위협이나 경쟁을 무력화시킬 수 있는가?
② Rarity (희소성)	업계 내에서 경영자원과 경영기능을 보유하고 있는 경쟁사의 수가 적은가?
③ Imitability (모방곤란성)	경영자원과 경영기능을 보유하지 못한 기업은 경영자원을 보유하기 위해서 막대한 비용 부담이 발생하는가? 또는 보유하지 못한 현재, 비용 면에서 불리한 상태에 처해 있는가?
④ Organization (조직)	경영자원과 경영기능을 유효하게 활용하기 위해서 조직이 잘 정비되어 있는가? 사람에 따른 것이 아니라 조직화되어 있는가?

▌VRIO 분석의 평가▐

자사의 핵심역량	V (경제적가치)	R (희소성)	I (모방곤란성)	O (조직)	경쟁우위의 의미
R&D능력	X	-	-	X	경쟁열위
생산능력	O	X	-		경쟁균형
판매능력	O	O	X		일시적 경쟁우위
경영능력	O	O	O	O	지속적 경쟁우위

3-9 환경분석의 통합(1): 「SWOT 분석」

환경분석을 실행할 때 실무적으로 가장 많이 활용하는 것이 SWOT 분석입니다.

「SWOT 분석」이란 외부환경의 기회(Opportunities)와 위협(Threats), 내부환경의 강점(Strengths)과 약점(Weakness)이라는 4가지 요인을 분석하여 환경분석이나 사업기회를 모색하는 분석기법입니다. SWOT의 순서를 바꿔서 「TOWS 분석」이라고 말하기도 합니다.

SWOT 분석의 주목적은 환경분석을 단순히 정리하는 역할이 아니라 S·W·O·T라는 요인을 교차시켜 자사의 전략적 방향성을 도출해내는 것입니다. 만약 SWOT 분석의 결과를 읽고서 "그래서 무얼 말하고 싶은가요?" "가설 또는 결론이 있다면 무엇인가요?"라고 질문을 받는다면, 그 SWOT 분석은 환경분석을 정리한 것에 불과하고 '그래서 어떻다는 것인가'를 제안하지 못한 분석이라고 할 수 있습니다.

SWOT 분석의 절차는 먼저, 자사가 통제할 수 없는 외부환경요인으로 기회와 위협요인, 내부환경요인으로 자사의 강점과 약점이라는 4개(2×2)의 매트릭스 셀을 만듭니다. 그리고 매트릭스 셀에 외부환경분석을 통해 도출된 기회요인과 위협요인을 기입하고, 내부환경분석을 통해 도출된 자사의 강점요인과 약점요인을 기입합니다.

① 시장의 기회: 자사에게 기회가 될 만한 환경요인은 무엇인가?

시장의 기회란 현재 자사가 처해있는 사업환경의 기회를 말하는 것으로, 시장이 확대하거나 시장의 변화에 따라 자사가 처해있는 사업환경이 긍정적인 방향으로 변하는 상황을 말합니다.

② 시장의 위협: 자사에게 위협이 될 만한 환경요인은 무엇인가?

시장의 위협이란 현재의 사업환경이 자사에게 부정적인 방향으로 변하는 상황을 말합니다.

③ 자사의 강점: 자사가 가지고 있는 강점은 무엇인가?

자사의 강점은 자사의 강점뿐만 아니라 경쟁사와 비교했을 때의 강점을 검토합니다. 자사의 강점을 검토할 때에는 인적, 물적, 자금, 정보에 대해 평가하고, 경쟁사와 비교해서 어떤 강점을 보유하고 있는지를 구체적으로 기입합니다. 사업기회를 포착하기 위해서는 자사의 강점요인이 가장 중요하기 때문에 다른 요인보다 더욱 집중해서 최대한 많은 강점을 찾아내도록 합니다.

④ 자사의 약점: 자사가 안고 있는 약점은 무엇인가?

자사의 약점도 경쟁사와 비교해서 약점을 검토합니다. 우리 회사는 약점이 없다고 말하는 경우도 있지만, 약점이 없는 회사는 없습니다. 정말 약점이 없는 회사라면 업계에서 선도기업으로서 시장을 지배하고 있을 것입니다.

▌SWOT 분석의 구성요소▐

	① Opportunities(기회)	② Threats(위협)
외부 환경	❍ 자사에게 기회가 되는 사회나 시장의 변화는 무엇인가? • 새로운 시장에서의 성장성 • 신제품개발 • 새로운 서비스 • 품질개선	❍ 자사에게 위협이 되는 사회나 시장의 변화는 무엇인가? • 새로운 경쟁사의 진입 • 제품원가 상승 • 원자재 부족 • 기술 변화 • 수입된 대체품
	③ Strengths(강점)	④ Weaknesses(약점)
내부 환경	❍ 자사가 가지고 있는 강점은 무엇인가? • 독특한 능력 • 경쟁우위 • 강력한 브랜드 • 혁신력 • 원가주도자	❍ 자사가 안고 있는 약점은 무엇인가? • 가격인상의 취약성 • 낮은 시장점유율 • 부족한 자금능력 • 낮은 제품개발능력 • 마케팅 능력의 부족

3-10 환경분석의 통합(2):「교차 SWOT 분석」

SWOT 분석을 마치고 그 결과만을 검토하게 되면 단지 SWOT 셀에 환경요인만을 기입했을 뿐 SWOT 분석을 통해 어떤 전략적 방향성도 찾지 못한 느낌을 강하게 갖게 될 것입니다. 이러한 SWOT 분석의 문제점을 해결하기 위해서 SWOT 분석을 실행한 후에 추가적으로 교차 SWOT 분석을 실행합니다.

「교차 SWOT 분석(Cross SWOT)」이란 SWOT의 4개의 셀을 서로 교차시켜 전략적 방향성을 도출하는 상상력이 요구되는 분석기법을 말합니다.

① 「적극공격전략(SO)」: 강점×기회

시장의 기회와 자사의 강점을 교차한 전략으로 자사가 가장 유리한 조건을 갖는 적극공격전략의 영역입니다. 여기에 올라온 사업기회를 가장 우선적으로 검토하여 사업기회를 포착해야 합니다.

② 「약점보강전략(WO)」: 약점×기회

자사의 약점을 파악한 후에 장기적인 시야로 시장에 대한 자사의 약점을 보강하는 전략을 세워야 할 영역입니다.

③ 「차별화전략(ST)」: 강점×위협

시장의 위협에 대처하기 위해 자사의 강점을 활용하여 차별화전략을 세워야 할 영역입니다.

④ 「방어전략(WT)」: 약점×위협

자사의 능력에 있어서 그리고 시장환경에 있어서 역풍이 불고 있는 영역이기 때문에 철저하게 방어전략을 세워야 할 영역입니다.

교차 SWOT 분석에 나와 있는 4개의 전략을 전부 실행하기는 어렵습니다. 아래 선택안을 참고하여 사업상황에 적합한 전략을 선정해야 합니다.

① 최우선적으로 적극공격전략을 선정합니다.

높은 이익을 창출할 수 있는 원천이 되는 적극공격전략을 최우선적으로 선정합니다. 그리고 자사의 강점을 최대한 활용할 수 있는 사업기회를 찾아냅니다.

② 여유가 있다면 차별화전략과 약점보강전략을 선정합니다.

차별화전략은 강점을 활용하는 공격적인 전략에 해당되지만, 약점보강전략은 약점을 극복하는 전략에 해당됩니다.

③ 심각한 위험요인이 존재한다면 방어전략을 선정합니다.

시장의 위협 중에서 자사의 약점이 강하게 노출될 가능성이 높을 때에는 방어전략을 통해 철저하게 자사를 방어해야 합니다.

▌교차 SWOT 분석에 근거한 시장기회의 도출▐

		외부환경	
		[기회 O]	[위협 T]
내부환경	[강점 S]	① [적극공격전략] 자사의 강점을 이용하여 포착해야 할 기회는 무엇인가?	③ [차별화전략] 시장의 위협에도 자사의 강점을 이용하여 기회로 바꿀 수 있는 것은 없는가?
	[약점 W]	② [약점보강전략] 시장기회를 자사의 약점으로 놓치지 않도록 하기 위해서 무엇을 해야 하는가?	④ [방어전략] 약점과 위협이 함께 최악의 사태를 일으키지 않도록 어떻게 해야 하는가?

3-11 환경분석의 통합(3): 타 분석과의 종합적 분석

「SWOT 분석」은 환경분석을 정리하거나 요약할 때 자주 활용하는 분석기법이지만, SWOT의 각 셀에 속한 요인을 생각나는 대로 열거하게 되면 중요한 요인이 누락될 수 있고, 그로 인해 잘못된 결과를 도출할 수가 있습니다.

따라서 중요한 환경요인을 누락시키지 않고 확실하게 SWOT 분석을 실행하기 위해서는 환경분석을 위한 여러 기법을 실행한 후에 그 결과를 SWOT의 매트릭스 셀에 기입하는 방법을 권장합니다.[9] 이 분석도구는 SWOT 분석을 다른 분석기법과 함께 활용함으로써 보다 정확도가 높은 환경분석을 정리할 수가 있습니다.

① 「PEST 분석」에서는, 자사가 직면하고 있는 거시환경 중에서 자사에 영향을 미칠 4가지 요인을 도출하고, 그것의 영향이 긍정적인지 부정적인지를 평가합니다. SWOT에 기입할 때에는 긍정적 요인은 기회 셀에 기입하고, 부정적인 요인은 위협 셀에 기입합니다.

② 「5Force 분석」에서는, 자사에 영향을 미치는 5개의 시장요인 중에서 자사의 이익에 긍정적 효과를 제공하는 요인은 기회 셀에 기입하고, 부정적 효과를 제공하는 거대한 요인과, 앞으로 크게 영향력을 미칠 가능성 있는 중간요인은 위협 셀에 기입합니다.

③ 「3C 분석」에서는, 외부환경과 내부환경을 포함합니다. Customer(고객)의 고객니즈는 자사가 충족시킬 수 있는 요인은 기회 셀에, 충족시킬 수 없는 요인은 위협 셀에 기입합니다. Competitor(경쟁사)와 Company(자사)는 양쪽을 비교하여 고객니즈의 충족도에 따라 우열을 평가합니다. Competitor가 경쟁우위에 있는 항목은 위협 셀에, Competitor가 경쟁열위에 있는 항목은 기회 셀에 기입합니다.

④ 「Value Chain 분석」에서는, 비용이 많이 들지만 가치사슬 전체에서의 핵심기능과, 가치사슬 전체에서 강점에 대한 공헌도는 낮지만 전체 비용을 절감시키는 요인도 강점 셀에 기입합니다. 그러나 강점을 만들 수 있는 것 이상으로 비용이 많이 드는 기능은 약점 셀에 기입합니다.

⑤ 「4P 분석」에서는, 자사가 어떻게 4P(제품, 가격, 유통경로, 프로모션) 전략을 전개하고 있는지를 검토하고, 그 결과가 경쟁사보다 경쟁우위에 있는지, 고객욕구를 충족시키고 있는지를 검증합니다. 그리고 그 실행성과에 따라 강점과 약점으로 분류합니다.

---

9) Kanamori Tsutomu(2016), 『앞으로의 마케팅』, 동문관, p.63.

▌SWOT 분석과 타 분석과의 연동을 통한 환경분석▐

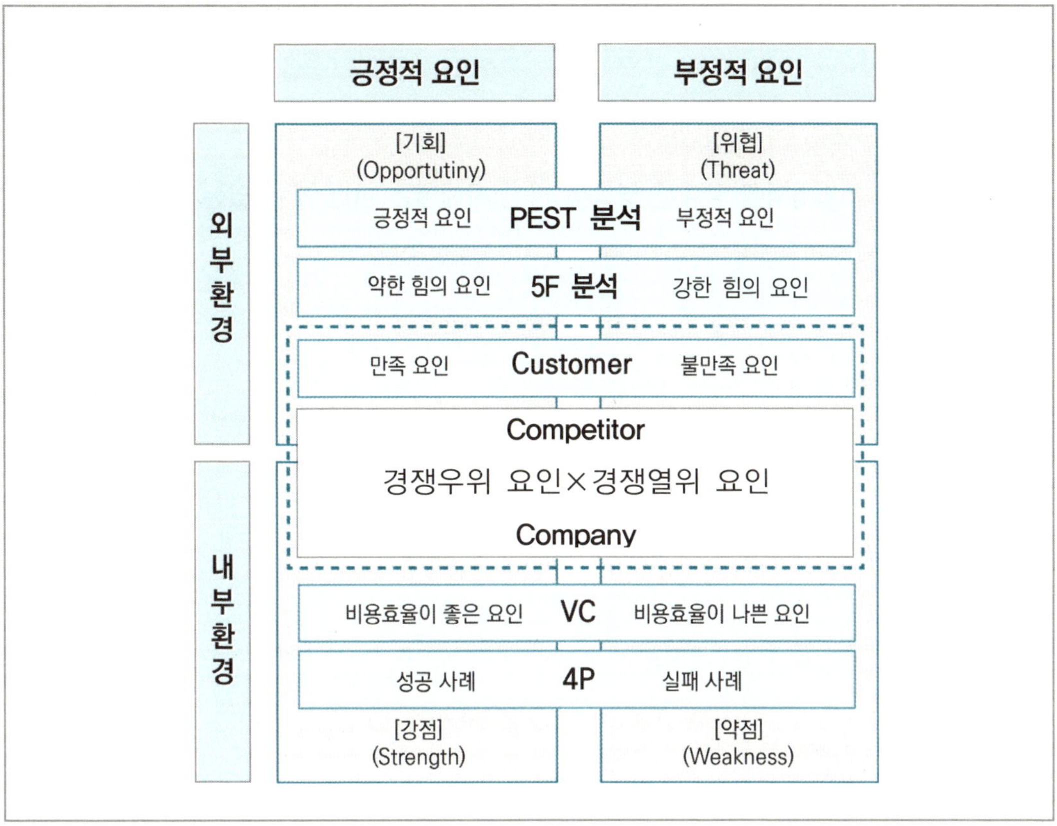

1. 환경변화가 기업경영에 중대한 영향을 미친 사례에는 어떤 것이 있는가?

2. 본인이 관심 있는 산업에 대해서 「PEST 분석」 실행하기.

3. 사업 아이템에 대해서 「3C 분석」 실행하기.

4. 사업 아이템에 대해서 「가치사슬 분석」 실행하기.

5. 사업 아이템에 대해서 「SWO 분석」 실행하기.

6. 「교차 SWO 분석」을 통하여 새로운 연구과제나 사업기회 모색하기.

04

사업 아이템의 개발과 선정

CHAPTER

04

4-1 사업기회를 가져오는 「제품의 특징」

사업을 시작할 때 우선적으로 고민해야 할 것은 사업 아이템을 발굴하는 것입니다. 왜냐하면 현재 지구상에서 존재하고 있는 회사 모두는, 즉 제조업자이든 유통업자이든 서비스업자이든 고객이 가치를 느낄 수 있는 제품을 생산하거나 판매하거나 제공하거나 해야 하기 때문입니다.

하버드 경영대학원에서 출판한 『위대한 비전의 탄생: 기업창업』에서는 수익이 발생하는 사업기회를 가져오는 제품의 특징을 다음과 같이 제시하고 있습니다.[1)]

① 고객가치의 창조

중요한 문제를 해결하거나, 충족되지 않는 상당히 중요한 고객니즈를 만족시킴으로써 고객이 더 비싼 가격을 기꺼이 치를 만한 큰 가치를 창출합니다.

고객은 가격보다 제품의 가치가 더 크다는 것을 인식할 때에 가격을 지불합니다. 더구나 고객이 인식하는 가치가 더 클수록 더 많은 가격을 기꺼이 지불합니다.

② 상당한 수익잠재력

어떤 사업이 기회로서의 자격을 가지려면 상당한 수익잠재력이 있어야 합니다. 여기서 말하는 상당한 수익잠재력이란 2~3년 내에 수익을 발생시킬 수 있고, 5년 내에 매출액이 1천만 달러가 되고, 이익률이 10~12%이고, 향후 5년 동안 연간 매출 성장률이 20%가 될 가능성이 있는 사업을 의미합니다.

③ 훌륭한 적합성

창업자와 경영진의 역량과 잘 맞아야 합니다. 즉 창업자와 경영진이 제품에 대한 경험과 스킬을 가지고 추구할 수 있는 분야이어야 합니다. 훌륭한 적합성(good fit)이란 창업자와 경영진이 사업기회를 공략하는데 필요한 열정과 함께 경영과 회계 및 기술적 역량을 보유하고 있는 상황을 말합니다.

---

1) 하버드 경영대학원[송택순 역](2008), 『위대한 비전의 탄생: 기업창업』, 웅진윙스, p.34-43.

④ 영속성

수익기회가 상당기간 지속되어야 합니다. 즉 일시적인 유행이나 곧 사라질 고객니즈에 기반을 둔 것이 아니어야 합니다. 훌륭한 기회는 오래 지속되며 장시간에 걸쳐 성장할 수 있습니다. 수요가 오랫동안 높게 유지되더라도 지속되지 않는 기회도 많습니다. 진입장벽이 낮은 경우 이런 상황이 발생합니다.

⑤ 자금조달

자금조달이 잘 됩니다. 많은 사람들은 유망한 사업 아이디어에는 친구, 가족, 은행 등으로부터 자금조달이 원활하게 뒷받침될 것이라고 생각합니다. 그렇지만 기업활동에 있어서 자금조달은 늘 어려운 문제입니다.

▮사업기회를 가져오는 제품의 특징▮

기회의 특징	내 용
① 가치창조	중요한 문제를 해결하거나, 충족되지 않던 상당히 중요한 니즈를 만족시킴으로써 고객들이 더 비싼 값을 기꺼이 치를 만한 큰 가치를 창출함.
② 수익잠재력	창업자와 투자자들에게 그들의 위험·보상기대를 충족시킬 만한 상당한 수익잠재력이 있음.
③ 적합성	창업자와 경영진의 역량과 잘 맞음. 즉 창업자와 경영진이 관련 경험과 스킬을 가지고 추구할 수 있는 분야임.
④ 영속성	수익기회가 상당 기간 지속될 것임. 즉 일시적인 유행이나 곧 사라질 니즈에 기반을 둔 것이 아님.
⑤ 자금조달	사람들은 유망한 사업 아이디어에는 항상 자금도달이 잘 될 것이라고 생각하지만, 경험에 의하면 자금조달은 늘 어려운 문제임.

4-2 다양한 요소의 「신결합」

자유경제시장에서 수익을 획득할 수 있는 사업을 발견할 수 있는 기회는 항상 열려 있으며, 많은 사람들이 그런 기회를 포착하려고 노력합니다. 그렇다면 사업기회를 발견할 수 있는 최적의 장소는 어디일까요?

사업기회를 가져오는 사업 아이디어를 발굴하는 가장 기본적인 방법은 기존의 것들을 새롭게 결합하는 것입니다.

지금으로부터 100여년 전 경제학자 조셉 슘페터(Joseph Schumpeter)는 혁신적인 사업에 의해 사회에 중대한 변화를 가져오는 혁신의 중요성을 다음과 같이 강조했습니다.

"자본주의의 발전은 창의성과 아이디어로 무장한 경쟁력 있는 젊은 기업들이 끊임없이 나타나 공룡처럼 비대해진 기존의 질서를 무너뜨리고 더 큰 부가가치를 창출함으로써 발전하고 있다." 그리고 "이 혁신을 일으키기 위해서는 기존의 것이라도 상관없다. 새롭게 결합하는 것이다."[2)]

이어서 조셉 슘페터는 혁신을 가져오는 요인에 대해서 다음과 같이 구체적으로 언급하고 있습니다.

"먼저 사라져야 할 것은 경쟁의 운영방식에 대한 기존의 생각이다. 경제학자들은 드디어 가격경쟁만 관찰하면 된다는 단계에서 벗어나고 있다. 품질경쟁과 판촉노력이 이론의 성스러운 영역에 도입되는 순간, 가격변수는 그 주도적 위치에서 밀려났다. 그러나 여전히 학자들의 주목을 사로잡는 것은 불변조건들의 경직된 패턴 내에서의 경쟁이다. 하지만 경제 교과서와는 엄연히 구분되는 자본주의 현실 내에서 중요한 것은 그런 종류의 경쟁이 아니라 새로운 상품, 새로운 테크놀로지, 새로운 공급원천, 새로운 조직유형 등에서 오는 경쟁이다. 이런 경쟁은 이윤의 마진이나 기존회사들의 생산을 공격하는 것이 아니라, 그들의 근본 혹은 그들의 생존방식을 공격하는 획기적인 가격 및 품질 우위를 갖고 있다. 이런 경쟁의 위력은 기존의 것에 비하면 너무나 효과적이어서 비유적으로 말하자면 소총과 포탄의 차이라고 할 수 있다. 이런 종류의 경쟁은 너무나 중요해서 기존의 일상적 경쟁이 신속하게 작동하는지 여부는 이제 관심 밖으로 밀려난다. 장기적으로 생산을 확대하고 가격을 인하시키는 힘센 지렛대는 아예 다른 재료로 만들어진다."[3)]

---

2) Joseph A. Schumpeter[이종인 역](2016), 『자본주의 사회주의 민주주의』, 북길드, pp.125-126.
3) Joseph A. Schumpeter(2016), pp.127-128.

조셉 슘페터가 언급한 혁신의 원천을 요약하면, 사업 아이디어를 발굴하는 조합은 기술과 시장의 결합만이 아니라, 생산방식이나 판매방식 등 다양한 요소의 「신결합」이 중요하다는 것입니다.

▌혁신의 원천: 다양한 요소의 신결합▐

No.	혁신의 원천
①	새로운 제품의 개발
②	새로운 생산방식의 도입
③	새로운 판매처(거래처, 시장)의 개척
④	원재료나 반제품을 제공하는 새로운 공급업자의 획득
⑤	새로운 조직의 모색

세상에는 다양한 기술, 수단, 인프라가 존재합니다. 이러한 것들은 어느 특정한 용도에 사용되고 있지만, 기존의 것을 다른 용도로 적용함으로써 새로운 사업 아이템으로 연결시킬 수 있습니다.

사업 아이디어를 검토할 때 요소 간 1대 1로 결합시키는 것을 포함하여 다양한 요소를 결합시킬 수도 있습니다. 기업 간 경쟁과 모방이 치열한 시장에서는 오히려 1대 1의 요소를 결합하는 것만으로는 충분하지 않습니다.

대신에 특정시장이나 특정고객에게 어떤 제품을 제공할 것인지, 생산기술이나 조달방식을 개선하여 품질이나 생산속도를 향상시킬 수 없는지, 새로운 마케팅 방식은 없는지 등을 모색해야만 합니다. 이러한 요소들을 효율적으로 결합하여 경쟁력 있는 사업 아이템을 발굴할 수 있게 됩니다.

4-3 「혁신의 7가지 원천」

피터 드러커(Peter Drucker)는 『미래사회를 이끌어가는 기업가정신』에서 사업기회를 제공하는 혁신의 7가지 원천을 제시하였습니다.[4)]

「혁신의 7가지 원천」은 무작위로 나열된 것이 아니라, 낮은 번호의 원천이 혁신의 신뢰성과 확실성이 높고, 리드타임(lead time)도 짧다는 특징을 가지고 있습니다. 그리고 ①~④는 기업, 산업계, 시장과 관련된 내부환경과 관련된 요인이고, ⑤~⑦ 항목은 기업과 산업계를 둘러싸고 있는 외부환경과 관련된 요인입니다.

사업 아이템을 찾을 때에는 우선 우리 주변에 가까운 곳에 있는 ① 예상치 못했던 일부터 검토합니다.

① 예상치 못했던 일

우리 주변과 가장 가까운 혁신의 단서는 예상치 못했던 사건에서 찾을 수 있습니다. 혁신의 기회를 발견하기 위해서는 이 예상치 못했던 일, 예상치 못했던 성공, 예상치 못했던 실패, 예상치 못했던 외부환경의 변화로 구분하여 검토합니다.

② 기대와 현실과의 불일치

불일치한 것이란 기대와 현실 사이에 커다란 갭이 발생하고 있다는 현상을 말합니다. 즉 이상과 현실과의 갭이라고 생각하면 됩니다.

③ 프로세스상의 필요성

이것은 성과를 내기 위한 프로세스 중에 내재되어 있는 니즈에 대한 대처를 말합니다. 즉 프로세스에 내재되어 있는 결함을 개선하겠다고 하는 니즈를 의미합니다.

④ 산업구조와 시장구조의 변화

산업 또는 시장의 구조가 시간과 함께 변화하는 것에 대응하기 위해서 과거와는 다른 새로운 업무의 진행방법을 모색합니다.

---

4) Peter F. Drucker[이재규 역](2004), 『미래사회를 이끌어가는 기업가정신』, 한국경제신문, p.54.

⑤ 인구구조의 변화

인구구조의 변화는 가장 역전되기 어렵다는 특징을 가지고 있습니다. 또한 리드타임이 확실하기 때문에 미래를 예측하기도 용이합니다.

⑥ 인식의 변화와 지각상의 변화

이것은 사회에 대한 가치관이나 문화의 변화를 말합니다. 인식의 변화는 인구구조의 변화보다 리드타임이 길고, 신뢰성이나 확실성도 비교적 떨어집니다.

⑦ 새로운 지식

새로운 지식은 혁신까지의 기간이 가장 길다는 특징을 가지고 있습니다. 전기에 대한 존재는 기원전 4세기에 알려져 있었지만, 실제로 전기를 응용한 것은 19세기 초에 볼트(Volt)가 전지를 발명한 이후부터였습니다.

▌혁신의 7가지 원천▐

혁신의 원천	환경요인
① 예상치 못했던 일(성공, 실패, 사건)	내부 환경요인
② 기대와 현실과의 불일치(갭의 존재)	
③ 프로세스상의 필요성(니즈의 존재)	
④ 산업구조와 시장구조의 변화	
⑤ 인구구조의 변화	외부 환경요인
⑥ 인식과 지각상의 변화	
⑦ 새로운 지식	

4-4 사업기회를 발견할 수 있는 곳

하버드 경영대학원에서 제시하는 사업기회를 발견할 수 있는 장소는 사물이 변화하는 곳, 그리고 크고 강력한 기업들의 레이더에 포착되지 않는 곳을 찾아야 한다는 것입니다.[5)]

① 새로운 지식과 과학기술의 변화

기업은 증가하는 지식과 과학·기술의 변화 자취를 따라갑니다. 예를 들면 미생물학 분야의 새로운 지식으로부터 생물공학 기업과 그런 기업에게 납품하는 수백 개의 회사가 생겨났습니다.

② 규제변화

1980년대 미국에서의 전화산업의 규제철폐, 즉 AT&T와 벨이 독점에 대해서 법정이 분리를 명령한 것은 규제변화가 어떻게 사업기회를 창출하는지 보여주는 훌륭한 예입니다.

③ 사회혼란과 시민불안

사람들은 자기 자신과 자녀들에게 가장 좋은 것을 주기를 원합니다. 공공부문이 책임을 다하지 못하면, 사람들은 자신을 도와줄 수 있는 기업을 활용합니다.

④ 변화하는 고객의 욕구

대기업은 기존제품에 너무 많은 투자를 하고 운영 세부사항에 너무 열중한 나머지 고객의 욕구 변화에 반응하는 것이 느린 경우가 많습니다. 대기업의 더딘 반응에 의해 충족되지 않은 고객의 욕구를 이용할 수 있습니다.

⑤ 편리한 해결책 찾기

현대의 도시생활은 많은 가구에게 상당한 소득을 가져다줬지만 동시에 여유 있는 시간을 빼앗아갔습니다. 특히 휴가일수가 적고 출·퇴근과 잡일이 여가시간을 잡아먹는 선진국에서는 생활에서의 성가신 일들을 대신해주는 편리한 해결책을 찾는 사람들이 많습니다.

---

5) 하버드 경영대학원[송택순 역](2008), 『위대한 비전의 탄생: 기업창업』, 웅진윙스, pp.43-50.

⑥ 대기업의 레이더에 포착되지 않는 곳

대기업은 자신들이 보기에 작은 사업기회들을 다루는 데 약합니다. 그들의 인적·물적자원은 큰 시장을 공략하도록 구성되어 있습니다. 기각되는 프로젝트 중에 가치 있는 것들이 많습니다. 이런 기회들이 중소기업 창업에 금광이 될 수 있습니다.

▌사업기회의 평가▐

◉ 사업기회를 찾아내면, 다음과 같은 특성들의 측면에서 사업기회를 평가하라.
❑ 고객에게 득이 되는 가치를—고객들이 대가를, 그것도 가능하면 높은 가격을 기꺼이 지불할 만한 가치를—창출하는가?
❑ 제품이나 서비스를 판매하면서 수익을 낼 수 있는가?
❑ 잠재적인 수익성이 사업에 따르는 리스크에 상응하는가?
❑ 당신과 당신 팀의 능력이 기회에 어울리는가?
❑ 당신이 활용할 수 있도록 충분히 오랫동안 기회의 창이 열려 있겠는가? 단기간에 증발해버릴 상황은 피해야 한다. 또 경쟁사들이 해당 분야에 빠르게 진입할 수 있는 상황도 피해야 한다.
❑ 당신의 아이디어에 대해 자금조달이 쉬운가?
더 진행하기에 앞서서, 하이브리드 자동차관리센터 아이디어가 이런 믿을만한 기회의 정의들에 얼마나 잘 맞는지 자문해보라. 당신이 고려중인 다른 기회들이 있으면 그 기회들에 대해서도 마찬가지로 평가해보라.

4-5 신제품개발을 위한 아이디어 원천

신제품 마케팅 분야의 세계적인 권위자인 MIT 대학의 글렌 어반(Glen Uban)과 존 하우저(John Hauser) 교수는 『신상품 마케팅』에서 신제품에 대한 아이디어 원천에 대해서 7가지를 제시하고 있습니다.[6)]

① 신기술

신기술은 고객의 니즈를 충족시키고 이전에 보이지 않았던 니즈를 충족시킬 수 있는 새로운 기회를 제공합니다. 기술과 관련된 아이디어의 중요한 원천으로 회사 내의 연구개발과 엔진니어링 부서뿐만 아니라, 아이디어에 대한 외부원천 역시 간과해서는 안됩니다.

② 고객니즈와 사용자에 의한 해결방안

고객의 니즈와 사용자가 개발한 해결방안은 소비재의 중요한 아이디어 원천이 될 수 있습니다. 고객이 완벽한 아이디어를 가지고 제조업자를 찾아오는 경우는 드물지만, 신제품개발에 중요한 단서가 되는 해결방안을 제공할 수는 있습니다.

③ 생산과 서비스

혁신의 원천으로서 생산 역시 무시할 수 없습니다. 아이디어 원천으로서 생산은 전 세계적으로 공정기술에 보다 많은 관심이 모아지면서 점차 그 중요성이 높아질 것입니다.

④ 경쟁사와 타 기업들

기업이 산업계에서 선두 위치를 차지하고 있다 하더라도, 먼저 혁신을 꾀하고 경쟁상의 신제품보다 개선된 제품을 개발하여 경쟁사에 대한 방어준비를 갖추어야 합니다. 그리고 다른 산업에 있는 기업 역시 신제품 아이디어 원천이 될 수 있습니다. 혁신이란 종종 한 산업에서 다른 산업으로 확산하기 때문입니다.

---

6) Glen L. Urban·John R. Hauser[이유재·박찬수 편역](1993), 『신상품 마케팅』, 시그마 프레스, pp.147-154.

⑤ 유통경로 구성원

유통경로 구성원들도 아이디어를 제공할 수 있습니다. 그리고 유통경로 구성원들은 자신의 니즈나 최종고객의 니즈를 충족시키기 위해 PB제품(Private Brand)을 만들기도 합니다. 유통경로 구성원의 니즈 및 의사결정규칙을 이해하면 신제품에 대한 아이디어를 얻을 수 있습니다.

⑥ 경영관리자와 종업원

창의성에 대한 조직의 잠재력은 상당히 높습니다. 신제품개발에 직접 관여하지 않은 경영관리자와 종업원이 중요한 아이디어와 통찰력을 가지고 있을 수 있습니다. 이러한 혁신의 내부 원천은 연구개발팀의 창의적인 노력을 배가시킬 수 있습니다.

⑦ 환경변화

인구통계적, 경제적, 정치적 환경변화도 제품에 대한 많은 신선한 아이디어를 제공할 수 있습니다. 부모 모두가 맞벌이하는 생활패턴 추세에 따라 식품회사에서는 부모가 집에 없을 때에도 어린이들이 간단하게 준비해서 먹을 수 있는 식사대용 시리즈를 내놓았습니다.

4-6 제품·시장의 「4분면 분석」

앤소프(Ansoff)가 제안했던 「제품·시장 확장 그리드(Product·Market Expansion Grid, PMEG)」의 분석기법은 새로운 사업 아이템을 발굴할 때 종종 사용되고 있습니다.

일본 기업의 부활을 상징하는 후지필름 코모리 시게타카(Komori Shigetaka) 회장 겸 CEO는 후지필름의 대역전 스토리를 이끌어낸 주인공입니다. 그 성공 스토리는 '조선 위클리 비즈'에 소개되어 많은 사람에게 알려져 공감대를 형성하고 있습니다.[7]

고모리 시게타카 회장이 사장에 취임한 2000년 후지필름은 주력 사업이었던 사진 필름의 매출액은 역대 최대를 기록하였고, 경쟁사인 코닥마저 따돌린 그야말로 최고의 전성기였습니다. 그러나 전성기를 누리는 순간에 위기가 찾아왔습니다. 디지털 보급으로 필름이 필요 없게 되었고, 그 영향으로 코닥은 도산했습니다.

후지필름이 디지털 카메라의 등장으로 위기를 맞았던 2000년대 초에 사업개편전략을 구상하면서 사용했던 「4분면 분석」은 다음과 같은 내용입니다.

필름시장을 대신할 신규시장을 찾기 위해 우선 자사가 어떤 기술을 보유하고 있는지를 전부 꺼내 놓고 분석하였습니다. 가로축에는 기존시장과 신규시장으로 구분하고, 세로축에는 기존기술과 신규기술로 구분하여 4분면을 만듭니다. 이 4분면에 어떤 기술을 적용해 어떤 제품을 만들어낼 것인지를 철저히 연구했습니다.

그리고 4분면 분석을 통해 다음 4가지 질문을 스스로 던졌습니다.

① 기존기술 중에서 기존시장에서 자사가 적용하지 않은 것은 없는가?
② 신규기술로 기존시장에 적용할 것은 없는가?
③ 기존기술로 신규시장에 적용할 것은 없는가?
④ 신규기술로 신규시장에 적용할 것은 없는가?

이러한 「4분면 분석」을 통해 후지필름은 충분히 활용되지 않은 숨겨진 자산을 찾아내었고, 아울러 어떻게 시장에 대응해야 하고, 부족한 것은 무엇인지를 명확히 파악할 수가 있었습니다.

그리고 최종적으로 4분면 각각에서 주력 제품군을 선정했습니다. 필름제조로 축적한 기술

---

7) 조선일보(2014-06-28). 위클리 비즈.

을 화장품과 의약품 등 다른 사업분야에 응용하고, 신규시장을 개척해 위기를 극복하여 지난해 매출이 2000년에 비해 오히려 70배가 늘게 되었습니다.

▌후지필름의 제품 · 시장의 4분면 분석▐

		시장	
		기존시장	신규시장
제품	기존 기술	① 기존기술 중 기존시장에서 적용하지 않은 것은 없는가? (레이저 내시경, 의료용 화상정보시스템, 다기능 복사기, 고급 디지털 카메라, 컴퓨터용 초고정밀 백업 테이프	③ 기존기술로 신규시장에 적용할 것은 없는가? (콤팩트 디지털 카메라, 복사기, 복합기, X선 디지털 화상 진단시스템, 공학렌즈, 사진필름, 뢴트겐 필름)
	신규 기술	② 신규기술로 기존시장에 적용할 것은 없는가? (초음파 진단장치, 의약품, 반도체용 재료, 화장품, 의료용 재료)	④ 신규기술로 기존시장에 적용할 것은 없는가? (전도성 필름, 열차단필름, 태양전지 용기판, LCD용 필름, 휴대전화용 플라스틱 전지)

4-7 「브레인스토밍」으로 사업 아이디어 찾기

사업 아이디어를 발굴할 때에는 많은 아이디어를 도출하기 위해 브레인스토밍 기법을 활용합니다.

「브레인스토밍(Brain Storming)」이란 알렉스 오즈번(Alex Osborn)이 제안한 기법으로, 여러 사람이 모여 문제해결을 위한 다양한 아이디어를 자유롭게 제시하고, 이러한 아이디어를 취합·수정·보완해서 정상적인 사고방식으로는 생각해낼 수 없는 독창적인 아이디어를 얻어내는 기법을 말합니다.

브레인스토밍의 주목적은 최대한 많은 아이디어를 도출하는 것입니다. 따라서 사업 아이디어에 대한 평가와 결정은 나중으로 돌리고, 우선 아이디어를 최대한 많이 도출하는 것에 집중해야 합니다.

브레인스토밍의 진행은 아래 절차에 따라 실시합니다.

▣ 1단계: 목표, 문제, 기회 또는 대상의 정의

브레인스토밍에 들어가기에 앞서 왜 브레인스토밍을 하고, 어떤 결과를 도출할 것인지를 확인합니다. 목적의 정의 없이는 많은 시간을 브레인스토밍에 쏟아 부어도 별다른 성과를 얻을 수 없습니다.

그리고 목표, 문제, 기회 또는 대상을 정의할 때는 명확하게 제시하는 것이 중요합니다. 예를 들면 제조업체에서 '신제품을 위한 아이디어 개발'을 목표로 정한 경우에는 다음과 같은 질문을 할 수 있습니다.

- ❑ 필요하거나 원하는 신제품의 형태나 종류는 무엇인가?
- ❑ 중요한 제품의 특징이나 기능은 무엇인가?
- ❑ 고객은 누구인가?
- ❑ 고객의 어떤 욕구를 충족시킬 것인가?
- ❑ 고객이 요구하는 것 중에서 어떤 것을 신제품에 반영할 것인가?
- ❑ 공략할 시장은 어디인가?

▣ 2단계: 시작하기 전에 답해야 할 질문

브레인스토밍을 시작하기 전에 다음 질문에 대한 답을 적어봅니다.[8)] 답을 이미 알고 있다는 생각이 들어도 브레인스토밍을 시작할 때마다 반드시 이 과정을 거치도록 합니다.

▌브레인스토밍을 시작하기 전에 답해야 할 질문들▐

① 브레인스토밍의 주된 목표는 무엇인가? →
② 해결하려는 문제는 무엇인가? →
③ 어떤 결과물이 나오기를 원하는가? →
④ 목표를 달성하기 위해 어떤 브레인스토밍 과정을 사용할 것인가? →
⑤ 활용할 수 있는 창의적인 활동이나 실습과제는 무엇인가? →
⑥ 어떤 도구를 사용할 것인가? →
⑦ 브레인스토밍 활동에 누구를 참석시킬 것인가? 그들이 제공할 수 있는 독특한 기술, 경험, 지식은 무엇인가? 그들이 참석해야 하는 이유는 무엇인가? →

8) Jason R. Rich[정명진 역](2006), 『브레인스토밍 100배 잘하기』, 21세기북스, p.61.

▣ 3단계: 브레인스토밍의 규칙

브레인스토밍을 진행할 때 참가자가 지켜야할 규칙은 다음과 같습니다.

① 판단보류(Deferment-of-Judgement)

판단보류의 규칙은 참석자는 아이디어를 내놓은 것에만 전념하고, 판단은 나중에 하면 된다는 규칙입니다. 자신이 내놓은 아이디어를 놓고 다른 사람으로부터 질문이나 반론이 나온다면, 참석자는 자기주장을 설명하기 위해 하나하나의 아이디어에 집중해야 하여 새로운 발상을 할 수 없기 때문입니다.

② 자유분방(Free-Wheeling)

판단보류의 규칙은 이것저것 비판하는 것을 멈춘다는 의미입니다. 그러면 누구나 자유롭게 생각나는 대로 말할 수가 있습니다. 참석자의 발언이 활성화되며, 어떤 것이라도 자유롭게 말해도 되는 자유로운 분위기를 만들 수가 있습니다. 그것이 자유분방의 규칙입니다.

진행자는 브레인스토밍을 진행하면서 자유로운 분위기 속에서 참석자로 하여금 '이런 것을 말하면 웃음거리가 된다'고 하는 자기규제를 벗어버리게 하고, 보다 많은 아이디어가 나올 수 있도록 유도합니다.

③ 질보다 양(Quantity Yield Quality)

어떤 아이디어라도 비판이나 평가를 하지 않고, 아이디어만을 대량으로 내놓는 것이 중요합니다. 선택과 평가는 나중에 해도 괜찮습니다. '서당 개 3년이면 풍월을 읊는다'는 마음으로, '다다익선'이라는 생각이 기본입니다.

④ 결합 또는 개선(Combination and Improvement)

결합 또는 개선은 내 아이디어를 다른 누군가가 개선시키고 더 연구하여 더 나은 아이디어로 발전시켜가는 것을 의미합니다. 제시한 아이디어는 어떤 것이든 우리 모두의 것이라고 생각하면서 아이디어의 질을 높여가는 것은 브레인스토밍이 본래 집단기법이라는 특징을 잘 나타냅니다.

▌브레인스토밍의 12가지 규칙▐

① 브레인스토밍의 목적을 정하고 문제를 정의하라.
② 규칙을 마련하고 엄수하라.
③ 목표치를 정하라.
④ 어떤 아이디어이든 상관없이 말하라.
⑤ 서두르지 마라.
⑥ 자신의 아이디어를 일찍 판단하지 마라.
⑦ 흥분과 열정에 찬 분위기를 조성하라.
⑧ 다른 사람의 아이디어를 개량하라.
⑨ 아이디어를 많이 만들어라.
⑩ 두려워하지 마라.
⑪ 사물을 다른 시각으로 바라보라.
⑫ 일이 잘 풀리지 않을 때에는 브레인스토밍의 자극제를 활용하라.

4-8 기술과 시장의 결합: 「제품과 시장의 적합도(PMF)」

사업 아이디어를 발굴하는 여러 방식 중에서 가장 많이 사용하는 것은 자사의 기술과 시장의 니즈를 적합시키는 것입니다. 이 방식은 제조업, 서비스, IT 사업 등을 포함하여 다양한 업종에서 높은 성과를 얻고 있습니다.

기술과 시장을 적합시키는 것은 상당히 힘든 일입니다. 첨단기술이나 제품을 보유하고 있는 기업은 시장에 어떤 고객니즈가 존재하고 있는지를 잘 알지 못하는 경우가 있습니다. 이러한 문제점을 해결하기 위한 접근방식이 제품지향방식과 시장지향방식을 결합하는 것입니다. 이것을 제품과 시장의 적합도라고 합니다.

「제품과 시장의 적합도(Product and Market Fit, PMF)」란 네스카페(Netscape)의 창업자 마크 앤드레샌(Marc Andreessen)에 따르면 "최적의 제품을 최적의 시장에 제공하고 있는 상황"이라고 정의할 수 있습니다. 즉 고객이 안고 있는 문제를 해결하는 제품을 제공하여, 그 제품이 적합한 시장에 수용되고 있는 상태를 의미합니다.

① 제품지향방식(Product out)

「제품지향방식」이란 자사가 보유하고 있는 기술(Seeds)을 활용하여 제품을 개발하는 접근법입니다.

신제품개발을 추진하다 보면 그 과정에서 예상치 못한 신규기술을 획득하는 경우가 있습니다. 이 기술을 더욱 발전시키게 되면 시장에서 강력한 경쟁우위를 획득할 수 있게 됩니다. 그러나 이 기술을 어떤 시장에 적용하면 좋을지를 알지 못하면 수익을 예상할 수 없기 때문에 추가 투자하는 일에 주저하게 됩니다.

이러한 경우에는 새로운 시장을 발견하기 위해 제품의 용도개발이 아주 중요해집니다. 용도개발을 위해서는 고객니즈를 이해하거나 또는 고객니즈의 이해를 토대로 신결합에 의한 발상력이 필요합니다. 즉 기존기술이나 신규기술을 현재 자사의 사업영역에서뿐만 아니라, 그것을 활용할 수 있는 시장을 탐색하는 것이 중요합니다.

② 시장지향방식(Market in)

「시장지향방식」이란 기업이 고객의 니즈에 맞는 제품을 개발하는 접근법입니다.

시장지향방식을 채택하여 고객의 생생한 목소리를 많이 듣고 그 시장을 목표시장으로 삼

았을 때에, 경쟁이 치열한 시장에서는 동일한 사업기회를 다른 경쟁사도 이미 알고 있을 수 있습니다. 고객니즈가 즉시 해결될 수 있는 정도의 제품이라면 경쟁사가 제품출시를 지연하는 경우가 있습니다.

어정쩡한 고객니즈의 이해 또는 평범한 기술수준으로는 일반적인 제품만을 생산할 수밖에 없습니다. 따라서 고객니즈를 정확하게 이해하고, 그 니즈에 맞는 제품을 제공해야만 시장에서 강력한 경쟁우위를 획득할 수가 있습니다,

▌제품과 시장의 적합도(PMF)▐

	① 제품지향방식 (Product out)	② 시장지향방식 (Market in)
장 점	경쟁사가 쉽게 모방할 수 없는 제품을 생산함	고객니즈에 적합한 제품을 생산함
단 점	자사만의 예측으로 결국 제품이 판매되지 않는 상황에 직면할 수 있음	모두가 원하는 평범한 제품을 생산하는 경향이 있음
방향성	PMF 제품과 시장을 최종적으로 적합시키는 것이 중요함	

제품지향과 시장지향 2가지 방식 중에 어떤 방식을 우선시해야 할까요? 결론적으로 말하면, 이 2가지 방식 중에서 어떤 것을 우선시하든, 최종적으로 제품과 시장이 일치하면 됩니다. 다양한 기술이나 구조를 결합하여 지금까지 세상에 존재하지 않는 제품으로 고객을 깜짝 놀라게 하는 것, 이것이야말로 스타트업(Start-up)의 핵심이라고 할 수 있습니다.

제품과 시장의 적합도(PMF)를 달성하기 위한 절차는 다음과 같습니다.

① 고객니즈의 확인

PMF를 달성하기 위해서 가장 중요한 것은 고객니즈를 확인하는 것입니다.

고객이 어떠한 제품을 원하고 있는지를 알 수 있다면 자사의 기술력과 어느 정도 일치하는지를 판단할 수가 있습니다. 사업이 시작단계라면 고객니즈에 맞춰 변경할 수도 있습니다.

고객니즈를 확인할 때에는 주요고객의 의견이 매우 중요합니다. 고객의견을 직접 듣고 반

응을 파악할 수 있다면 고객니즈는 더욱 명확해질 것입니다.

② 해결책 제시

고객이 안고 있는 문제를 정의하고, 고객이 제품을 사용함으로써 그들이 안고 있는 문제들이 해결될 수 있다고 강조할 수 있어야 합니다.

자사가 제공하는 제품이 고객이 안고 있는 문제를 해결할 수 있다는 것을 강조하게 되면 수요를 광범위하게 인식할 수가 있습니다. 이것은 시장에 더 나은 적합한 상태를 촉진하여 안정된 제품을 공급할 수 있게 됩니다.

③ 비용 대비 효과에 대한 검증

장기적인 관점에서 비용 대비 효과를 검증해야 합니다. 불필요한 기능은 줄이고, 그 비용을 고객니즈에 맞춘 기능에 집중하게 되면 고객에게 더욱 적합한 제품을 제공할 수가 있습니다.

또한 고객이 어느 정도의 가격을 지불할 것인지를 예상하는 것도 중요한 지표가 됩니다. 사전에 고객이 지불할 수 있는 가격을 알 수 있다면 제품 컨셉을 수정하거나 개선할 수 있게 됩니다.

▌제품과 시장의 적합도 구조▐

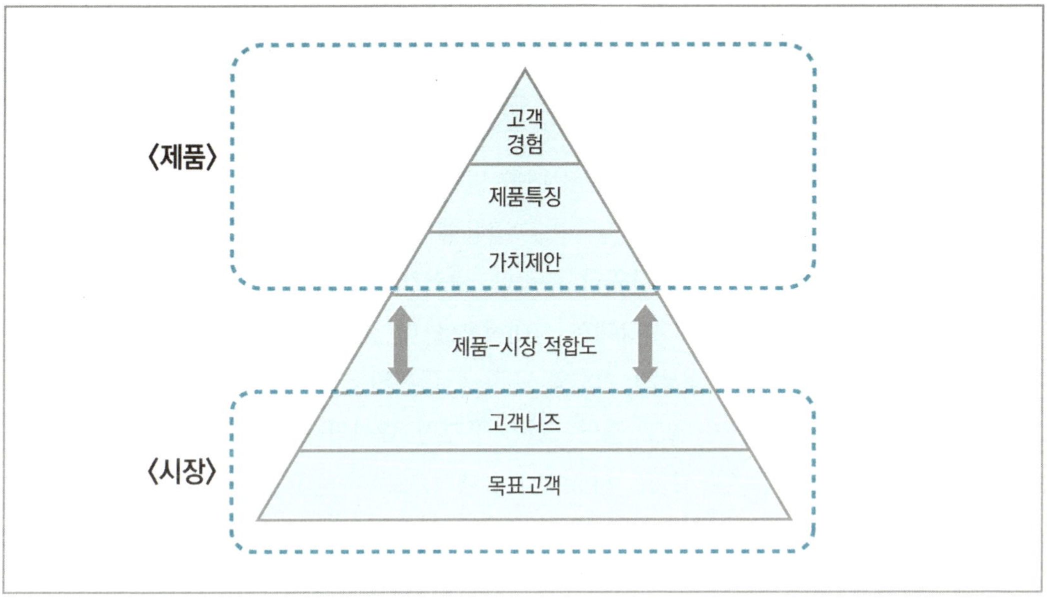

4-9 사업 아이디어의 발상과 제안: 「니즈-시즈 매트릭스」

「제품과 시장의 적합도(PMF)」는 고객이 안고 있는 문제를 해결할 수 있는 제품을 제공하고, 그것이 적절한 시장에 수용되고 있는 상태를 말합니다.

제품지향방식은 기업 내부의 자원과 역량을 활용해 사업 아이템을 개발하는 방식을 말합니다. 특히 사업범위가 좁고, 경영자원이 부족한 중소기업에게 유리합니다. 기술지향적이거나, 제품수명주기가 길거나, B2B 시장에서 상대적으로 더 중요한 접근방식입니다.

반면, 시장지향방식은 기업 외부의 기회와 동향을 활용해서 사업 아이템을 발굴하는 방식을 말합니다. 특히 사업범위가 넓고 경영자원이 풍부한 대기업에게 유리합니다. 고객지향적이거나, 제품수명주기가 짧거나, B2C 시장에서 상대적으로 더 중요한 접근방식입니다.

결론적으로, 사업 아이템이 성공하기 위해서는 '고객이 안고 있는 문제를 해결할 수 있는 제품'과 '적절한 시장의 선택 및 수용' 이 2가지가 중요하며, 어느 한쪽이 결여되면 성공하기 어렵다는 것을 의미합니다.

니즈와 시즈를 파악했다면, 이 니즈와 시즈를 종합적으로 검토하기 위해서 「니즈-시즈 매트릭스(Need-Seed Metrics)」를 활용합니다. 이것은 가로축에 니즈를 세로축에 시즈를 결합시켜 셀을 만들고, 기회와 강점을 중심으로 분석합니다.

실제로 니즈-시즈 매트릭스를 이해하기 위해서 『비즈니스 모델 4.0』에서 예시된 GE 사례를 소개하면 다음과 같습니다.[9)]

GE는 2000년대에 다양한 신사업을 환경과 헬스케어의 두 방향으로 정비하고, 개도국으로의 진출을 가속화했습니다. 이러한 방향을 설정한 논리는 고령화, 자원보전 등의 니즈와 연구개발, 네트워크 등의 시즈를 결합한 것입니다.

특히 GE는 전자와 IT역량의 보완이 향후 비즈니스 전개에 중요하다고 판단했습니다. 이러한 전략의 일환으로 GE 헬스케어가 인도(India) 시장을 목표로 2002년에 휴대용 심전도계 Mac400, 2010년에 휴대폰 크기의 초음파진단기 Vscan을 출시하였습니다.

---

9) 박대순(2019), 『비즈니스 모델 4.0』, KMAC, pp.168-169.

니즈-시즈 매트릭스

<table>
<tr><td colspan="2" rowspan="2"></td><td colspan="3">니즈(N)</td><td rowspan="2">시즈
시사점</td></tr>
<tr><td>N1</td><td>N2</td><td>N3</td></tr>
<tr><td rowspan="3">시즈
(S)</td><td>S1</td><td rowspan="3"></td><td rowspan="3"></td><td rowspan="3"></td><td rowspan="3"></td></tr>
<tr><td>S2</td></tr>
<tr><td>S3</td></tr>
<tr><td colspan="2">니즈
시사점</td><td></td><td></td><td></td><td></td></tr>
</table>

GE의 니즈-시즈 매트릭스

<table>
<tr><td colspan="2" rowspan="2"></td><td colspan="3">니즈(N)</td><td rowspan="2">시즈
시사점</td></tr>
<tr><td>웰빙 고령화</td><td>개도국 부상</td><td>환경·자원보전</td></tr>
<tr><td rowspan="3">시즈
(S)</td><td>연구개발
역량</td><td rowspan="3">• 의료장비사업
• 고령친화사업</td><td rowspan="3">• 저비용 혁신에 의한 제품개발</td><td rowspan="3">• 신재생 에너지 및 수처리 사업</td><td rowspan="3">• 전자·IT 역량보완</td></tr>
<tr><td>기계제조
기술</td></tr>
<tr><td>글로벌
네트워크</td></tr>
<tr><td colspan="2">니즈
시사점</td><td>헬시매지네이션</td><td>BOP시장</td><td>에코매지네이션</td><td></td></tr>
</table>

4-10 사업 아이디어의 평가와 선정: 「BMO 매트릭스」

사업 아이디어를 도출한 후에는 도출된 아이디어에 대해서 평가하고, 그 평가에 근거하여 사업 아이템을 선정하게 됩니다.

사업 아이디어의 평가와 선정은 매우 중요한 작업이기 때문에, 사업 아이디어를 발상할 때와는 전혀 다른 사람으로 변신하여 사업 아이디어의 평가와 선정과업에 임해야 합니다.

사업 아이디어를 평가할 때는 주로 「BMO 매트릭스」를 활용합니다.

「BMO 매트릭스(Bruce Merrifield & Ohe Metrics)」는 사업 아이디어를 신규사업으로서 사업화할 것인지, 그 성공가능성을 정량적으로 판단하기 위한 평가도구입니다. 이것을 개발한 브루스 메리필드(Bruce Merrifield)와 오에 타케루(Ohe Takeru)의 이름에서 따온 것입니다.10)

첫째, 가로축은 시즈 관점의 자사 적합도를, 세로축은 니즈 관점의 사업 매력도를 이용하여 사업 아이디어를 평가합니다. 사업 매력도는 매출과 이익가능성을 포함하여 6개 요소로 60점, 자사 적합도는 자금력을 포함하여 6개 요소로 60점, 합계 120점으로 평가합니다.

둘째, 사업도 분석은 다음과 같은 기준으로 평가합니다.

평가기준	판 단
① 사업 매력도가 35점 이상이고, 총점이 80점 이상	사업 성공확률 80% 이상으로 〈통과〉
② 사업 매력도가 35점 이상이고, 총점이 60~80점 사이	〈재검토〉
③ 사업 매력도가 35점 미만이거나, 총점이 60점 미만	〈기각〉

10) 박대순(2019), 『비즈니스모델 4.0』, KMAC, pp.169-171.

▌BMO 매트릭스의 평가요소▐

구분		점수	평가요소	구분		점수	평가요소
사업매력도	매출과 이익 가능성	10	- 5년 후 매출이 기존의 3배 - 5년 영업이익률이 20%	자사적합도	자금력	10	- 투자 및 운영자금의 조달능력 - 신사업 실패의 영향정도
	시장의 성장성	10	- 5년간 시장성장률이 20% - 5년 후 시장점유율이 20%		마케팅력	10	- 제품, 가격, 유통, 판촉의 능력 - 유통 채널로의 접근성
	경쟁 상황	10	- 경쟁사, 수명주기, 대체품 - 특허 및 상표의 보유 여부		제조 능력	10	- 제조를 위한설비. 인력, 기술 및 관리의 능력
	리스크의 분산도	10	- 세분시장 및 응용분야의 다양성		기술 능력	10	- 제품개발을 위한 기술력
	업무재구축의 가능성	10	- 업계 재편 유발 가능성		원재료 조달 능력	10	- 원료 및 부품의 조달능력 - 정보획득의 능력
	특별한 사회적 상황	10	- 사회정책적으로 유리 또는 불리한 요인		경영 지원	10	- 기업 비전, 경영자, 추진 주체
	소계	60			소계	60	

▌BMO 매트릭스에 의한 사업도 분석▐

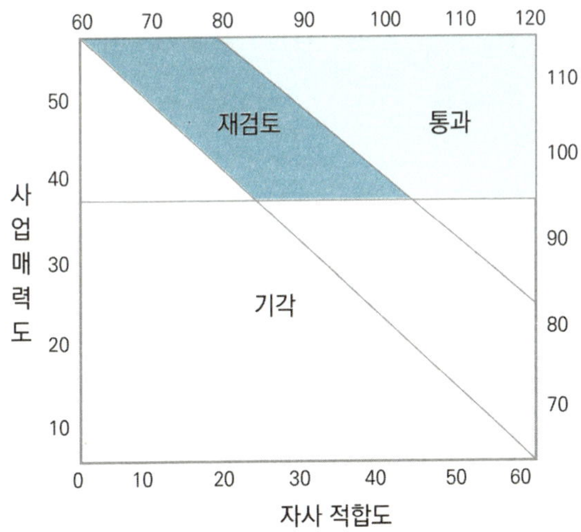

1. 사업기회를 가져오는 「제품의 특징」에는 어떤 것들이 있는가?

2. 조셉 슘페터(Joseph Schumpeter)가 주창한 다양한 요소의 「신결합」을 활용하여 새로운 사업 아이템 발굴하기.

3. 피터 드러커(Peter Drucker)가 제안하는 혁신의 원천을 활용하여 사업 아이템 발굴하기.

4. 제품·기술 「4분면 분석」을 활용하여 사업 아이템 발굴하기.

5. 「니즈-시즈 매트릭스」를 활용하여 사업 아이템 제안하기.

6. 「BMO 매트릭스」를 활용하여 사업 아이템 평가하기.

05

고객가치의 제안

CHAPTER

05

5-1 고객에게 제공할 「가치제안」의 설계

사업내용을 구체화할 때 가장 우선적으로 검토해야 할 것은 '누구에게'와 '무엇을' 제공할 것인지를 검토해야 합니다.

피터 드러커(Peter Drucker)는 『피터 드러커의 최고의 질문』에서 단순해 보이지만 필수적이고 유의미한 5가지 질문을 제시하였습니다.[1]

① 질문 1: 미션은 무엇인가?(미션)
② 질문 2: 고객은 누구인가?(고객)
③ 질문 3: 고객가치는 무엇인가?(고객가치)
④ 질문 4: 결과는 무엇인가?(결과)
⑤ 질문 5: 계획은 무엇인가?(계획)

② 고객은 누구인가? 그리고 ③ 고객가치는 무엇인가? 이 2가지 질문은 사업을 구상하는 데 있어서 가장 중요한 기초가 됩니다. 먼저 '고객은 누구인가?'는 고객 없이는 어떤 사업도 성립할 수 없다는 것을 의미합니다. 그리고 '고객가치는 무엇인가?'는 고객이 제품을 구매하는 이유를 발견했다는 것을 의미합니다.

고객은 누구인가, 그리고 고객가치는 무엇인가? 이 2가지 질문을 고객 측면에서 보면, 고객이 제품을 통해 획득하는 가치, 즉 가치제안으로 요약할 수가 있습니다.

가치제안에 대해서 알렉스 오스터왈더(Alex Osterwalder)는 다음과 같이 정의하고 있습니다. 즉 "「가치제안(Value Proposition)」이란 고객이 제품과 서비스에서 기대할 수 있는 이점들을 요약 기술한 것이다."[2]

이 정의를 다르게 표현한다면, 고객이 제품을 통해 획득하게 되는 가치 때문에 가격을 지불하여 구매한다는 것을 의미합니다. 예를 들면 고객이 제품을 구매하여 사용함으로써 어떤 문제가 해결되거나, 편리해지거나, 안심하게 되거나, 즐거워하게 됩니다. 제품이 제공하는 이러한 가치에 고객은 가격을 지불하는 것입니다.

---

1) Peter Drucker·Frances Hesselbein·Joan Snyder Kuhl[유정식 역](2019), 『세계 최고 리더들의 인생을 바꾼 피터 드러커의 최고의 질문』, 다산북스.
2) Alex Osterwalder·Yves Pigneur·Greg Bermarda·Alan Smith(2018), 『Value Proposition Design (밸류 프로포지션 디자인)』, 생각정리연구소, p.6.

사업의 시작단계에서는 대체적으로 ② 고객은 누구인가와 ③ 고객가치는 무엇인가, 이 2가지 질문 중에 적어도 1가지 질문에 대해서는 아직 확정되지 않은 상태에 놓여 있을 것입니다.

먼저 고객을 정확하게 이해하게 되면 고객의 니즈에 적합한 제품을 구체화할 수 있게 됩니다. 한편 제품을 구체화할 수 있다면 제품을 구매할 고객을 구체화할 수 있게 됩니다. 이 2가지 질문은 불가분 관계에 놓여있다고 할 수 있습니다.

또한 고객가치는 무엇인가?라고 질문하고, 단지 제품의 기능만을 정의하는 것만으로는 매우 부족합니다. 고객에 대한 가치제안이 무엇인지를 구체적으로 검토하고, 그 가치제안을 고객에게 제공할 수 있는 구조를 만들어야 합니다.

「비즈니스 모델 캔버스」를 개발한 알렉스 오스터왈더(Osterwalder)와 그의 핵심 팀은 사업에 필요한 고객의 핵심가치를 비즈니스로 창조하기 위한 방법으로 가치제안 캔버스를 개발하였습니다.

「가치제안 캔버스(Value Proposition Canvas)」는 「비즈니스 모델 캔버스(Business Model Canvas)」의 2가지 구성요소, 즉 고객 프로필(고객 세그먼트)과 가치 맵(가치제안)을 보다 구체적으로 설명한 것으로, 고객에게 적합한 가치를 창출하는 데 도움을 주기 위해서 개발되었습니다.[3]

---

3) Alex Osterwalder·Yves Pigneur·Greg Bermarda·Alan Smith(2018), pp.10-63.

5-2 「가치제안 캔버스」

알렉스 오스터왈더(Osterwalder)와 그의 핵심 팀이 개발한 「가치제안 캔버스(Value Proposition Canvas)」는 「비즈니스 모델 캔버스」의 고객 프로필(고객 세그먼트)과 가치 맵(가치제안)을 보다 구체적으로 분석하여 고객에게 적합한 가치를 창출하는 데 도움을 줄 것입니다.[4]

「고객 프로필」은 고객에 대해 명확한 이해를 돕는 부분이고, 「가치 맵」에서는 고객에게 부합하는 가치를 어떤 식으로 창조할 것인지를 제시합니다. 그리고 이 두 부분이 교차하는 중간지점에서 제품의 적합성에 도달하게 됩니다.

(1) 고객 프로필(Customer Profile)

① 고객활동

고객활동이란 고객이 업무나 생활 속에서 수행하려고 하는 일을 말합니다. 그들이 수행하거나 완수하고 싶어 하는 업무, 해결하려고 시도하는 문제, 충족시키려고 애쓰는 욕구, 이 모두 고객활동에 포함됩니다.

- 기능적 활동
- 사회적 활동
- 개인적, 정서적 활동
- 부차적 활동
- 활동 맥락

② 고객불만

고객이 어떤 활동을 수행하기 전, 수행하는 동안, 수행한 후 고객을 짜증나게 하거나, 단순히 활동 자체를 방해하는 것이 있다면 그것이 무엇이든 고객불만에 포함됩니다. 또한 활동을 형편없이 수행하거나, 활동을 전혀 수행하지 못하는 것과 관련된 위험부담, 즉 안 좋은 결과가 일어날 가능성도 고객불만에 해당됩니다.

- 원치 않은 결과, 문제, 특성

4) Alex Osterwalder·Yves Pigneur·Greg Bermarda·Alan Smith(2018), pp.10-63.

• 장애물
• 위험부담

③ 고객혜택

고객혜택이란 고객이 원하는 결과와 이점을 의미합니다. 고객이 요구하거나 기대하거나 간절히 원하는 혜택이 있는가 하면, 어떤 혜택은 고객을 깜짝 놀라게 만들기도 합니다. 기능성, 유용성, 사회적 혜택, 긍정적 감정유발, 비용절감, 이 모두 혜택에 해당됩니다.

• 요구 혜택
• 기대 혜택
• 희망 혜택
• 예상치 못한 혜택

▌고객 프로필▐

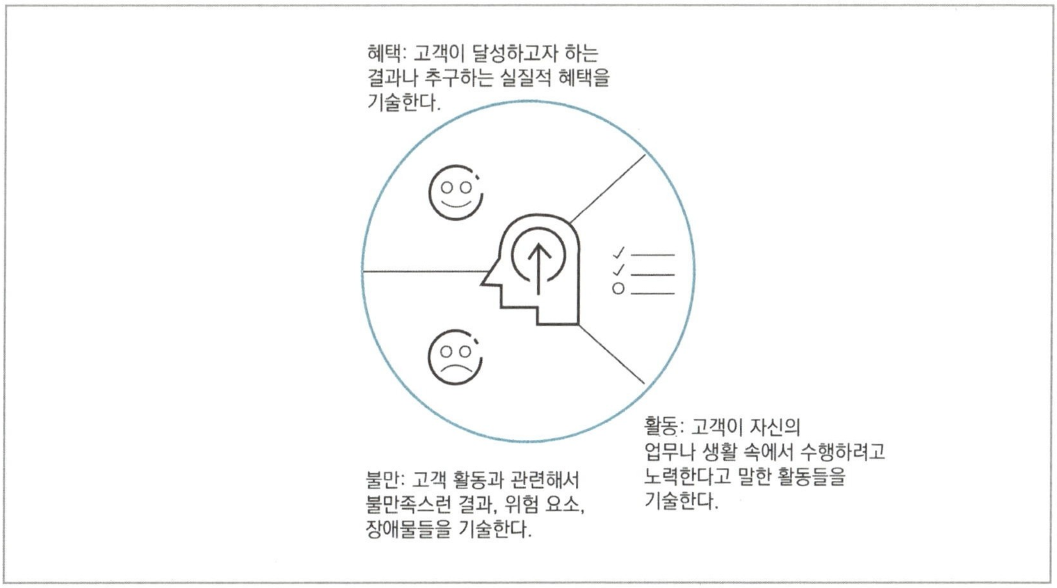

(2) 가치 맵(Value Map)

① 제품과 서비스

기업이 제공하는 것들의 목록이라고 할 수 있습니다. 가치제안의 근간을 이루고 있는 제품과 서비스를 모두 열거합니다. 이런 일련의 제품과 서비스는 고객이 기능적, 사회적, 정서적 활동을 수행하거나 그들의 기본적 욕구를 충족시킬 수 있게 도와줍니다.

② 고객불만의 해결방안

제품과 서비스가 특정고객의 불만을 정확히 어떤 식으로 경감시켜주는지를 설명하는 부분입니다. 어떤 활동을 수행하기 전, 수행하는 동안, 수행한 후에 고객을 괴롭히는 문제, 혹은 그런 활동수행을 방해하는 문제들을 어떻게 제거하거나 감소시키려고 하는지를 설명하는 것입니다.

③ 고객혜택의 창출방안

제품과 서비스가 고객혜택을 어떤 방식으로 창출하는지를 기술하는 부분입니다. 고객이 기대하고 갈망하는 것이나, 고객을 깜짝 놀라게 만들 결과와 이점을 어떤 식으로 만들려고 하는지를 설명합니다.

▌가치 맵▌

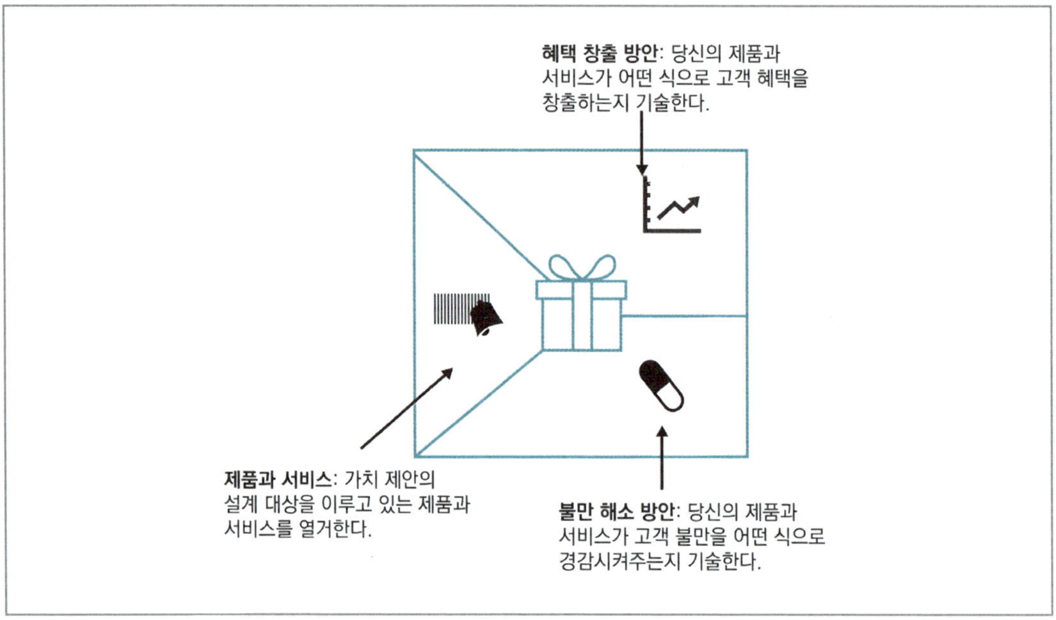

(3) 적합성(Fit)

적합성은 고객이 가치제안을 무척 반기고 기뻐할 때 도달할 수가 있습니다. 적합성을 찾아내는 활동은 고객이 정말 중요시하는 활동, 불만, 혜택에 부합하는 제품과 서비스를 중심으로 가치제안을 설계하는 것입니다. 자사가 제공하는 것과 고객이 원하는 것 간의 적합성은 성공적인 가치제안을 만드는데 가장 중요한 요건입니다.

적합성의 종류와 각각의 적합성이 일어나는 조건은 다음과 같습니다.

① 문제-해결 적합성

- 고객이 특정 활동, 불만, 혜택을 중요시한다는 증거를 확보했을 때
- 그런 활동, 불만, 혜택을 해결해주는 가치제안을 설계했을 때

② 제품-시장 적합성

- 제품과 서비스, 고객불만 해결방안, 고객혜택 창출방안이 실제로 고객가치를 창출하고, 시장의 관심을 끌고 있다는 증거를 확보했을 때

③ 비즈니스 모델 적합성

- 가치제안을 수익성 높고 측정 가능한 비즈니스 모델 속에 끼워 넣을 수 있다는 증거를 확보했을 때

▌적합성▐

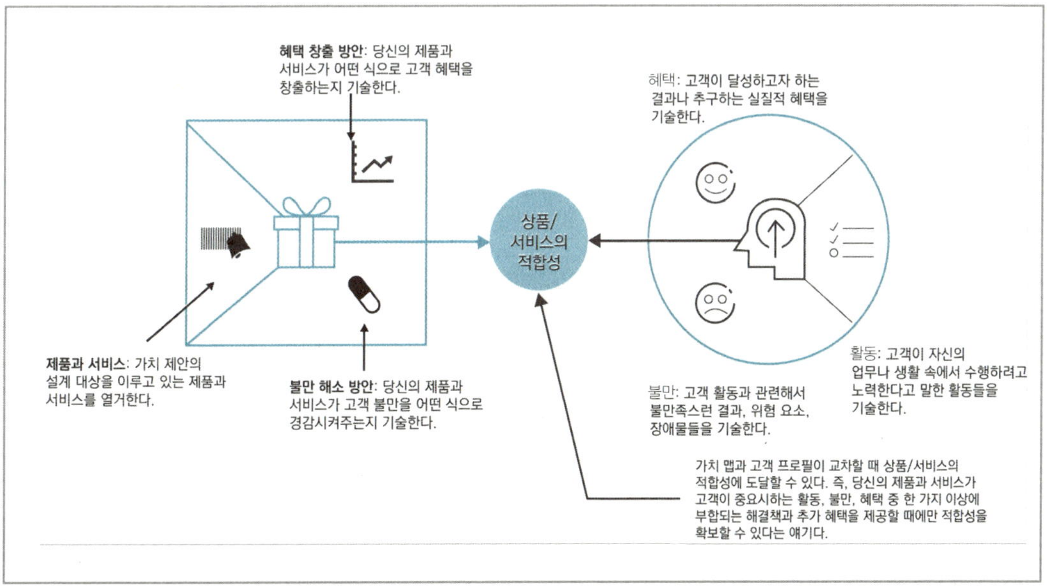

5-3 가치제안의 유형

「고객가치(Customer Value)」란 제품으로부터 고객이 얻게 될 모든 편익과, 이것을 얻기 위해 지불해야 할 모든 비용 간의 차이를 경쟁사제품과 비교·평가한 것을 말합니다.

보다 실질적으로 표현한다면, 고객은 제품이 가지고 있는 장점(이점)에 가격을 지불한다는 것입니다. 예를 들면 고객이 제품을 구매하고 사용함으로써 어떤 문제를 해결했다든지, 편리해졌다든지, 즐거웠다든지 해야 하는 것입니다. 구매한 제품이 제공하는 이러한 가치에 대해 고객은 가격을 지불하게 됩니다.

고객이 제품을 통해 획득하는 가치에는 기능적 가치, 경제적 가치, 심리적 가치를 포함하고 있습니다.

① 기능적 가치

「기능적 가치」는 제품의 기능이나 스펙으로 인해 얻게 되는 기능적 가치를 말합니다. 예를 들면 스포츠카의 최고속도가 250km라는 가치입니다.

② 경제적 가치

「경제적 가치」는 제품을 이용함으로써 얻게 되는 경제적인 절약 효과(비용절약)를 말합니다. 즉 고객이 가성비가 높은 제품을 구매하는 경우를 말합니다. 대부분의 고객은 금전적인 이득을 좋아하기 때문에 경제적 가치가 고객에게 미치는 영향은 크다고 할 수 있습니다.

③ 심리적 가치

「심리적 가치」는 제품이 제공하는 심리적이나 감성적인 만족감이나 우월감을 말합니다. 예를 들면 우리나라에서 시속 250km로 달릴 수 있는 도로는 없습니다. 만약 250km로 달리게 되면 벌금을 받기 때문에 스포츠카가 시속 250km로 달릴 수 있다는 기능적 가치는 그다지 높지 않습니다.

그럼에도 불구하고 고객이 고가의 스포츠카를 구매하는 이유는 제품이 제공하는 만족감이나 우월감 때문일 것입니다. 시속 250km의 기능이 실질적인 가치를 가지고 있지 않지라도 고가의 스포츠카를 타는 사람에 대해서 많은 사람은 '성공한 사람일 것이다!' '멋지다!'라고 부러워합니다. 이러한 경우 고객은 스포츠카를 소유함으로 얻게 되는 만족감, 우월감, 그 어떤 자아실현이 충족되었다는 것에 가치를 느끼게 됩니다.

이 3개의 가치제안 중에서 최근에는 기능적 가치보다는 경제적 가치와 심리적 가치가 점점 중요해지고 있습니다. 왜냐하면 고객이 경제적 가치나 심리적 가치를 느끼고 제품을 구매하고 있기 때문입니다. 따라서 제품을 생산하고 판매할 때에는 고객이 제품의 기능이나 스펙 뒤에 내재되어 있는 경제적 가치나 심리적 가치를 확실하게 느낄 수 있도록 다양한 방법을 강구하도록 합니다.

▌가치제안의 유형▐

가치 유형	구체적 내용
① 기능적 가치	제품의 기능이나 품질로 인해 얻게 되는 가치
② 경제적 가치	제품을 이용함으로써 얻게 되는 경제적인 절약 효과
③ 심리적 가치	제품이 제공하는 심리적이나 감성적인 만족감이나 우월감

5-4 고객의 「니즈」와 「원츠」

고객의 가치제안을 검토할 때에는 서로 다른 두 개의 답이 필요합니다. 하나는 제품의 구체적 내용입니다. 예를 들어 전동 드릴을 판매한다고 하는 것입니다. 다른 하나는 전동 드릴로 뚫는 구멍이라는 가치(편익)를 판다(구매한다)고 하는 것입니다.

마케팅 교과서에 자주 등장하는 예시처럼, 제조업자는 '전동 드릴'을 판매하지만, 고객은 전동 드릴로 뚫은 '구멍'에 대해서 돈을 지불하는 것입니다. 즉 고객은 전동 드릴을 구매하는 것이 아니라, 구멍을 뚫을 수 있는 전동 드릴이 가지고 있는 가치를 구매한다고 하는 것입니다.

먼저, 고객의 가치제안을 제공하기 위해서 니즈(Needs)와 욕구(Wants)에 대한 이해가 필요합니다.

(1) 고객의 「니즈」(Needs)

사업의 출발점이 되는 가장 기초적인 개념이 인간의 욕구입니다. 인간의 본원적 「니즈(Needs, 필요)」란 인간이 결핍을 느끼는 상태를 말합니다.

이 니즈는 일찍이 아브라함 매슬로우(Abraham Maslow)의 「욕구 단계설(Hierarchy of Needs)」에서 제창했던 것처럼 ① 의·식·주에 대한 생리적 욕구, ② 장래 신분이나 생활에 대한 안전 욕구, ③ 동료, 상사, 조직 전체에 대한 소속감과 애정을 원하는 애정과 공감 욕구, ④ 인정, 존중, 신망을 받으려는 존경 욕구, ⑤ 자기실현과 자기완성의 자아실현 욕구에 이르기까지 다양한 형태를 가지고 있습니다.5)

니즈(Needs)는 모든 사람에게서 공통적으로 발생하는 욕구입니다. 즉 아침에 일어나서 갈증이 나면 마실 음료를 찾게 되고, 배가 고프면 먹을 것을 찾게 되고, 직장에 출근하기 위해서 옷을 입어야 하는 등 다양한 니즈가 발생합니다.

---

5) Abraham Maslow(1943), A Theory of Human Motivation, *Psychological Review*, Vol.5, No.4, pp.370-396.

▌매슬로우의 욕구단계설▐

자아실현 욕구	(자아실현, 완성의 욕구)
존경 욕구	(인정, 존중, 신망을 받으려는 욕구)
애정과 공감 욕구	(동료, 상사, 조직 전체에 대한 욕구)
안전 욕구	(장래 신분이나 생활에 대한 안전 욕구)
생리적 욕구	(의식주와 건강애 대한 욕구)

고객의 니즈는 현재적 니즈와 잠재적 니즈로 분류합니다.

① 현재적 니즈(Actualized Needs)

「현재적 니즈」란 이미 시장에 존재하고 있는 니즈를 말합니다. 이러한 니즈에 대응하기 위해서 많은 경쟁사가 존재하기 때문에 가격경쟁으로 치달릴 수 있는 측면을 가지고 있습니다.

② 잠재적 니즈(Potential Needs)

「잠재적 니즈」란 아직 고객 자신이 필요하다고 인식하지 못한 니즈를 말합니다. 이 니즈를 충족시킬 제품은 아직 시장에 출시되어 있지 않기 때문에 경쟁사가 거의 존재하지 않습니다. 이 니즈를 고객이 인식하도록 할 수만 있다면 높은 이익을 확보할 수 있습니다.

현재적 니즈와 잠재적 니즈 중에서 어느 쪽을 우선적으로 추구해야 할지는 일률적으로 단정할 수 없습니다. 현재적 니즈는 이미 시장에 출시되어 있기 때문에 발견하기가 비교적 용이하지만, 잠재적 니즈를 발견하기 위해서는 많은 시간과 노력이 필요합니다. 그러나 일단 잠재적 니즈를 찾아내기만 하면 당분간 독점적으로 시장을 지배할 수 있고 선점효과를 누릴 수 있습니다.

현재적 니즈와 잠재적 니즈

현재적 니즈	잠재적 니즈
현재화하고 있음	잠재적
기존제품이나 서비스가 이미 존재함	기존제품이나 서비스가 아직 존재하지 않음
고객이 이미 구매하고 싶다는 니즈를 가지고 있음	다른 사람을 보거나 사용한 후에 인식함
경쟁이 이미 존재하거나 많음	경쟁이 거의 없거나 적음
가격경쟁에 근거하여 구매함	제품의 특징에 근거하여 구매함
장점: 발굴하기 쉬움	경쟁사가 없기 때문에 독점적으로 시장을 지배할 수 있음
단점: 경쟁사가 많음	발굴하기 어려움

(2) 고객의 「욕구」(Wants)

「욕구(Wants)」란 고객의 니즈를 충족시킬 구체적 수단을 말합니다. 예를 들어 운동을 하면서 갈증이 나면 물이나 이온음료를 찾는 것처럼, 갈증을 해소하기 위해 고객이 찾는 욕구를 구체적(수단적) 욕구라고 합니다.

이 구체적 욕구는 니즈와 달리 사람 개인에 따라 또는 지역에 따라 다르게 나타납니다. 즉 갈증을 해결하기 위해서 어떤 사람은 물을, 어떤 사람은 이온음료를, 어떤 사람은 주스를 원하는 것처럼 개인마다 차이가 있습니다.

▌니즈와 원츠의 차이점▐

니즈(Needs)	원츠(Wants)
사람이 생활하면서 또는 충족 상태가 부족해서 반드시 필요한 것	니즈를 충족시키기 위해서 특정한 제품이나 서비스를 원하는 욕구
• 배가 고프다. → 먹을 것이 필요하다.	• 같은 식사라면... → 맛있는 생선요리를 원한다.
• 목이 마르다. → 음료가 필요하다.	• 같은 물이라면... → 몸에 좋은 미네랄워터를 원한다.
• 날씨가 추워졌다. → 옷이 필요하다.	• 같은 옷이라면... → 활동성이 좋고 현재 유행하는 기모 청바지를 원한다.
• 직장에 출근해야 한다. → 자동차가 필요하다.	• 같은 자동차라면... → 안전성이 뛰어난 고급차를 원한다.
• 푹 자고 싶다. → 이불이 필요하다.	• 같은 이불이라면... → 가볍고 따뜻한 극세사 이불을 원한다.

5-5 잠재적 니즈의 발견: 「커스터마이징」

가치제안을 제공하기 위해서 우선적으로 고객을 이해해야 합니다. 고객을 이해하는데 있어서 중요한 항목은 다음과 같습니다.

- ❑ 어떤 고객이 어떤 니즈를 가지고 있는가?
- ❑ 현재, 고객은 그 니즈를 어떻게 해결하고 있는가?
- ❑ 그러한 고객의 구매행동은 어떻게 이루어져 있는가?

고객니즈를 파악하려고 할 때 어려운 점은 「현재적 니즈」만을 파악하는 것으로는 부족하다는 것입니다. 왜냐하면 현재적 니즈에 대응하는 제품을 제공하고 있는 경쟁사가 이미 많기 때문입니다.

그래서 고객 자신도 인식하지 못한 「잠재적 니즈」를 파악하는 것이 중요합니다. 잠재적 니즈의 유무는 사업 성패에 크게 영향을 미치기 때문에 다양한 각도로 분석하여 정확하게 고객니즈를 찾아내야 합니다.

고객의 잠재적 니즈를 탐색할 때 활용하는 수법이 커스터마이징입니다.

「커스터마이징(Customizing)」이란 고객이 제품을 구매하고, 소비하고, 그리고 종료할 때까지의 고객의 행동과, 그 단계별로 고객이 인식하는 느낌을 정리하는 것을 말합니다.

커스터마이징의 분석 절차는 다음과 같이 진행합니다.6)

① 고객의 구매과정의 정리

먼저, 제품에 대한 고객의 구매과정을 시계열로 정리합니다. 책을 구매하는 과정을 예로 들면, 먼저 집을 나선다 → 서점을 방문한다 → 서점에서 책을 찾는다 → 구매한다 → 귀가한다 → 책을 읽는다 → 책 내용을 다른 사람에게 전한다 → 다음번의 책에 대한 니즈가 생겼다의 순이 됩니다.

② 구매과정에서의 문제점 파악

새로운 기술이나 인프라, 타 업계에서의 성공사례, 환경변화 등을 토대로 고객이 구매과정

6) Hata Mitsuhiro(2017), 『성공하는 사업계획서 작성법』, 나쯔메사, pp.132-136.

에서 겪는 문제점을 찾아냅니다. 즉 "이러한 신기술이나 인프라를 보급시키면 고객이 얼마나 편리해질까?"라고 생각하는 것입니다. 이것을 고객이 원하는 이상형으로서 기준점으로 잡고, 현재 상황에서 고객의 구매과정과 비교합니다. 그러면 현재 상황에서 고객이 안고 있는 문제점을 찾아낼 수 있게 됩니다.

③ 고객가치의 제안

고객이 안고 있는 문제점을 파악한 후에는 구매과정의 각 단계에서 어떤 제품 또는 어떤 가치를 제공하면 고객이 더욱 만족할 것인지를 확인하면서 잠재적인 니즈를 찾아냅니다.

커스터마이징의 작성법(아마존의 경우)

① 구매과정 정리	② 문제점 파악	③ 가치제안
• 집을 나선다	시간이 없고 귀찮다	집에서 책 구매가 가능
• 서점을 방문한다	좋은 서점이 집근처에 없다	인터넷을 통해 접속 가능
• 서점에서 책을 찾는다	책을 찾기 어렵다	풍부한 상품구성, 검색, 추천
• 구매한다	가격이 비싸다	파격적인 가격할인
• 귀가한다	책이 무거워 들고 다니기가 귀찮다	택배배송
• 책을 읽는다		
• 책 내용을 다른 사람에게 전해주고 싶다	이야기해줄 상대나 장소가 없다	서평 코너 운영
• 새로운 책에 대한 니즈가 생겼다	어떤 책이 출간되었는지 본인이 찾아야 한다	신간 알리미
커스터마이징을 통해 구매과정에서 타협점을 발견하게 되면 이 타협점이 잠재적 니즈가 됨!!		

5-6 잠재적 니즈의 검증:「린 스타트업」

잠재적 니즈를 찾았다고 해서 그 잠재적 니즈를 가설단계에서 바로 사업화로 연결할 수는 없습니다. 고객을 이해하는 과정을 통해서 발굴된 고객의 잠재적 니즈라 할지라도 검증을 통과될 때까지는 아직 가설단계에 불과합니다. 먼저 잠재적 니즈에 대한 가설에 대해서 반복적으로 검증하여 확신단계에 이르러야 사업화로 추진할 수 있게 됩니다.

고객의 잠재적 니즈를 검증할 때 활용할 수 있는 것이 린 스타트업입니다.

「린 스타트업(Lean Startup)」이란 제품을 짧은 시간에 제작하여 그 성과를 측정해서, 다음번의 제품개선에 반영하는 과정을 반복적으로 실시하여 성공가능성을 높여가는 기법을 말합니다. 즉 린 스타트업을 통해서 가설의 구축과 검증을 반복적으로 실시하여 고객니즈를 확신단계로 끌어올릴 수가 있습니다.

린 스타트업에서는 시제품이라고 하는 MVP를 고객에게 제시하고 그 결과를 검증합니다.

「MVP(Minimum Viable Product, 최소기능제품)」라는 용어는 2000년 이후로 제품개발에 대한 다양한 접근법의 일부로 쓰여 왔으며, 최소기능제품 또는 최소요건제품으로 정의하고 있습니다.[7] 즉 최소한의 비용과 단축 사이클로 검증가능한 시제품을 말합니다.

가설을 검증하기 위해서 고객이 제품을 실제로 만져보거나 사용하는 장면을 이미지화할 수 있도록 시제품을 고객에게 보여주고, 그 반응을 본 후, 이 반응을 근거로 가설을 수정해 나갑니다.

린 스타트업을 활용함으로써 얻게 되는 이점은 다음과 같습니다.

- 완전제품을 개발하기 위해서 방대한 자원을 투입하지 않아도 제품이 필요할지 그 여부를 조사할 수 있다.
- 제품제공을 신속하게 반복함으로써 실제적인 고객의 니즈와 욕구에 대한 학습이 빨라진다.
- 최소한의 기능에 집중함으로써 개발시간을 최소한으로 줄일 수 있다.
- 시장에 제품을 신속하게 출시함으로써 판매 수익을 조기에 획득할 수 있다.

린 스타트업에서 MVP는 고객의 니즈만을 검증하면 되기 때문에 다음 원칙에 맞게 제작합니다.[8]

---

7) Eric Ries[이창수·송우일 역](2012), 『린 스타트업』, 인사이트, p.89.
8) Hata Mitsuhiro(2017), 『성공하는 사업계획서 작성법』, 나쯔메사, pp.138-141.

① 고객에게 제품에 대한 이미지를 구체적으로 전달한다

이를 위해서는 반드시 완성된 제품을 제공하지 않아도 됩니다. 예를 들어 3D 프린터로 작성한 모형으로 사용장면을 촬영하여 그 동영상을 고객에게 보여줄 수 있습니다.

② 제품을 구매하는데 있어서 고객이 부담을 느끼도록 한다

설문지조사에서 시제품을 보여주면 구매할 의사가 없는 고객도 "네...좋은데요"라고 긍정적으로 대답하는 경우가 많습니다. 이것을 방지하기 위해서 예를 들면 클라우딩 펀드처럼 가등록이나 요금을 지불하도록 하여 고객이 부담을 느끼도록 실제의 구매상황과 비슷하게 설정하여 고객반응을 측정할 수 있습니다.

③ 시제품 제작에 시간과 비용을 최대한 절약한다

제품개발에는 시행착오가 따르기 때문에 최대한 비용과 노력을 줄여서 여러 번 반복해서 검증하도록 합니다.

1. 사업 아이템에 대해서 고객에게 제공할 「가치제안」 설계하기.

2. 사업 아이템에 대한 고객의 「니즈(needs)」와 「원츠(wants)」는 무엇인가?

3. 사업 아이템의 기능적 가치, 경제적 가치, 심리적 가치는 무엇인가?

4. 「잠재적 니즈」를 발견하는 방법에는 어떤 것이 있는가?

5. 사업 아이템에 대해서 「커스터마이징」 작성하기.

6. 사업 아이템에 대해서 「린 스타트업」을 활용하여 최소기능제품 제작하기.

06

비즈니스 모델의 혁신

CHAPTER

06

6-1 「비즈니스 모델」이란?

신규사업을 구상할 때에는 누구에게, 무엇을, 어떻게 제공할 것인지에 대해 검토하면서 사업 아이디어를 완성시켜 나갑니다. 그러나 사업 아이디어를 생각해낸 것만으로 곧바로 사업화로 이어지는 것은 아닙니다. 사업 아이디어를 실제로 사업화로 연결하기 위해서는 비즈니스 모델을 작성해야 합니다.

비즈니스 모델을 작성해야 하는 이유는 다음과 같습니다.

"스타트업의 성공 방정식에 대한 해답은 비즈니스 모델에 있다. 더 나아가 이 비즈니스 모델을 움직이는 핵심은 새로움과 혁신에 존재한다. 많은 스타트업이 새로움과 혁신에 기반한 비즈니스 모델로 끊임없이 피벗팅하면서 사업 고도화에 여념이 없는 것도 바로 이 때문이다."[1]

「비즈니스 모델(Business Model)」이란 무엇일까요?

비즈니스 모델이라는 단어를 오늘날과 같은 의미로 처음 사용한 폴 티머스(Paul Timmers)는 비즈니스 모델에 대해서 다음과 같이 정의하고 있습니다.

"비즈니스 모델이란 상품, 서비스, 정보의 흐름 등을 엮어내는 사고의 틀이며, 이러한 사고의 틀에는 사업을 영위하는 광범위한 이해관계자의 역할과 잠재적 이익가능성, 매출의 원천 등이 담긴다."[2]

또한 헨리 체스브로(Henry Chesbrough)는 비즈니스 모델에 대해서 다음과 같이 정의하고 있습니다.

"비즈니스 모델은 아이디어 및 기술과 경제적 성과를 연결하는 유용한 프레임워크이다. 이 용어는 주로 창업기업을 대상으로 사용되어 왔으나, 또한 규모에 관계없이 기업이 어떻게 기술잠재력을 경제적 가치로 변화시킬 수 있는지를 이해하는 데 도움이 된다."[3]

이어서 헨리 체스브로는 "비즈니스 모델은 가치창출과 가치획득이라는 2가지 기능을 수행한다. 첫째, 비즈니스 모델은 기업이 순가치를 창출하는 새로운 제품 혹은 서비스를 만들어내는 일련의 활동들을 정의한다. 둘째, 비즈니스 모델은 기업이 이러한 모델을 개발하는 활동으로부터 발생하는 가치를 획득한다."

---

1) 남대일 외(2020), 『101가지 비즈니스 모델 이야기』, 한스미디어, p.10.
2) 남대일 외(2020), p.10.
3) Henry Chesbrough[서진영·김병조 역](2009), 『오픈 비즈니스 모델』, p.198.

최근에 비즈니스 모델 캔버스를 개발한 알렉산더 오스터왈더(Alexander Osterwalder)와 예스 피그누어(Yves Pigneur)는 다음과 같이 정의하고 있습니다.

"비즈니스 모델이란 하나의 조직이 어떻게 가치를 포착하고, 창조하고 전파하는지, 그 방법을 논리적으로 설명한 것이다. 즉 사업 아이디어나 기술을 사업화하기 위한 구조, 즉 어떤 제품을, 어떻게 생산하고, 어떻게 판매하고, 어느 정도의 수익을 확보할 것인지에 대한 사업 전체의 계획을 시각화로 제시하는 것이다."[4)]

「비즈니스 모델」이라는 용어를 처음 듣고 바로 이해하는 사람은 그리 많지 않을 것입니다. 여러 연구자의 정의를 요약하면, 비즈니스 모델이란 기업이 어떻게 가치를 창출하고 어떻게 고객에게 전달하는지를 논리적으로 도식화한 것이라고 정의할 수 있습니다.

비즈니스 모델에는 사업에 대한 전략과 전술을 구체화하기 위해 기본적으로 사업전략, 운영, 이익이라는 3가지 내용을 포함하고 있습니다.

비즈니스 모델

항 목	내 용
① 사업전략	자사의 경영자원과 사업활동을 통해 고객에게 어떤 가치를 제공할 것인가?
② 운 영	자사의 경영자원을 어떻게 조달하고, 어떤 업무 프로세스를 통해 고객에게 제공할 것인가?
③ 이 익	사업활동을 통해 확보할 수 있는 이익의 발생원천은 무엇인가? 어떻게 이익을 확보할 것인가?

4) Alexander Osterwalder·Yves Pigneur[유효상 역](2018), 『비즈니스 모델의 탄생』, 타임비즈, p.20.

6-2 비즈니스 모델의 방법론

비즈니스 모델에 대해서 학계와 재계의 관심이 높아지면서 비즈니스 모델에 대한 이론적 틀도 다양하게 개발되고 있습니다. 그 중에서도 가치사슬 분석, 전략 포지셔닝 맵, 전략 캔버스, 비즈니스 모델 캔버스가 이정표적인 평가를 받고 있습니다.

(1) 가치사슬

마이클 포터가 『경쟁우위』에서 제시한 「가치사슬(Value Chain)」은 기업이 고객에게 가치를 제공하기 위한 구조로서, 자사의 경영활동을 기능적으로 분해하여 고객에게 제품을 도달할 때까지 일련의 경영활동과, 그 기능을 담당할 주체를 포함하고 있는 모델입니다.

가치사슬은 먼저 전반적인 경영활동 본원적활동과 지원활동으로 구분한 후, 판매할 제품을 정하고 → 원재료를 사입하고 → 생산하고(조달, 생산) → 출하하고(유통) → 광고하고(광고, 판매) → 사후서비스(AS)를 실시하는 흐름으로 되어 있습니다.

(2) 전략 포지셔닝 맵

콘스탄티노스 마르키데스(Constantinos Markides)의 『전략적 혁신』에서 제시한 「전략 포지셔닝 맵(Strategic Positioning Map)」은 Who(목표고객), What(가치제안), How(운영방식)의 결합을 재편함으로써 후발기업이 선발기업이 점유하지 않은 틈새시장을 발견하거나, 도전기업이 선도기업과 다른 사업영역을 개발하기 위한 모델입니다.[5)]

마르키데스는 3가지 기본적 질문을 통해 전략적 혁신의 방향을 가늠하는 방법론을 제시하였습니다.

① Who(목표고객): 당신의 고객은 누구인가?
② What(가치제안): 그들에게 어떤 제품을 제공해야 하는가?
③ How(운영방식): 제품을 어떻게 제공해야 하는가?

그의 설명에 따르면 업계에서 통용되고 있는 게임의 규칙을 바꾸기 위해서는 사업의 본질

5) Constantinos Markides(1997), Strategic Innovation, *Sloan Management Review*, Vol.25, No.2, pp.43-44.

을 재규정하거나, 고객을 재규정하거나, 제품을 재규정하거나, 사업방식을 재규정하거나, 전략적 사고 프로세스를 다른 지점(조직의 고유역량)에서 시작할 수 있다는 것입니다.

▌전략 포지셔닝 맵▐

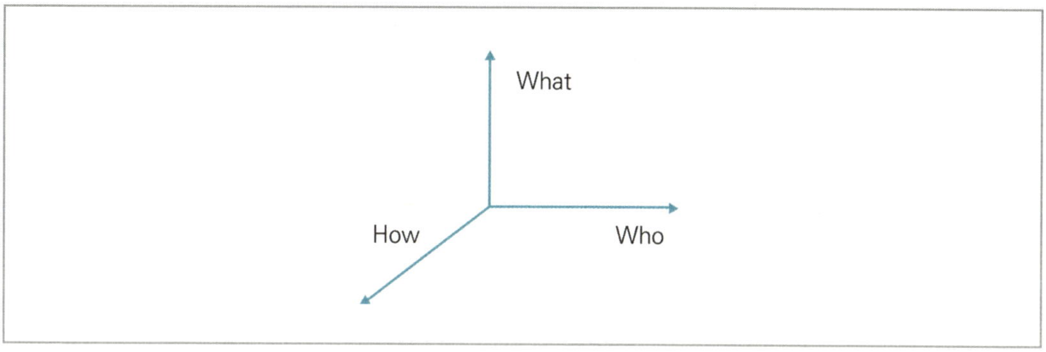

(3) 전략 캔버스

김위찬과 르네 마보안(Kim, W Chan·Renee Mauborgne)의 『블루오션 전략』에서 제시한 「전략 캔버스(Strategy Canvas)」는 가치혁신을 통해 가치제고와 비용절감을 동시에 추구함으로써 경쟁이 없는 새로운 시장과 업태를 창출하기 위한 모델입니다.6)

이것은 2가지 용도로 활용할 수 있습니다.

첫째, 이미 알려진 시장공간에서 업계 참가자들의 현 상황을 파악해 일목요연하게 보여줍니다. 때문에 전략 캔버스는 경쟁사가 지금 어디에 투자를 하며, 업계가 제품과 서비스, 유통에서 경쟁하는 요소가 무엇인지를 이해할 수 있게 합니다.

둘째, 고객이 기존시장의 경쟁사제품으로부터 얻는 것이 무엇인지를 보여줍니다.

그림은 이 모든 정보를 그래프 형태로 보여줍니다. 가로축은 업계가 경쟁하고 투자하는 요소 범위입니다.

6) Kim, W Chan·Renee Mauborgne[강혜구 역](2005), 『블루오션 전략』, 교보문고, p.34-49.

▌사우스웨스트 항공사의 전략 캔버스▐

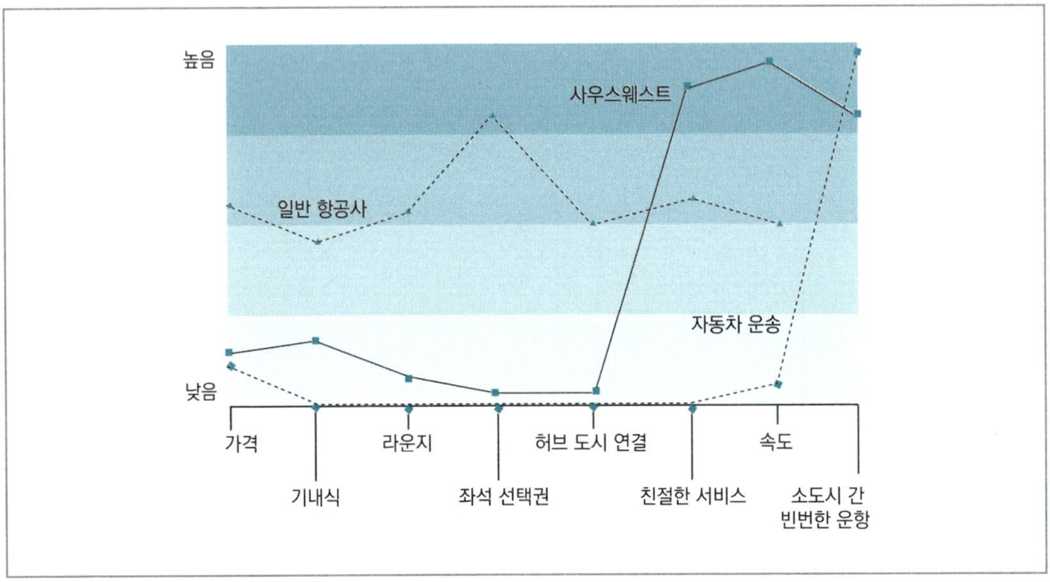

두 교수는 새로운 가치곡선 도출에 필요한 고객가치 요소의 재구축을 위해 4가지 실행 프레임워크를 개발했습니다. 차별화와 원가우위의 상쇄관계를 깨고 새로운 가치곡선을 창출하기 위해서는 업계의 전략적 논리와 비즈니스 모델에 도전하는 4가지 중요한 질문을 해야 합니다.

① 제거(Eliminate): 요소들 가운데 제거할 요소는 무엇인가?

첫 번째 질문은, 오랫동안 업계가 경쟁을 해온 요소들 가운데 제거해야 할 것에 대해 검토합니다.

② 감소(Reduce): 업계의 표준 이하로 내려야 할 요소는 무엇인가?

두 번째 질문은, 경쟁사보다 잘하겠다는 싸움에 몰입돼 제품이나 서비스가 너무 과하게 기획된 것은 아닌지를 검토합니다.

③ 증가(Raise): 업계의 표준 이상으로 올려야 할 요소는 무엇인가?

세 번째 질문은, 업계가 고객에게 적절한 가치를 제공하지 못해 현 상태 수준의 것을 받아들이도록 강요하는 요소를 찾아내 가치를 증가시켜야 합니다.

④ 창조(Create): 창조해야 할 요소는 무엇인가?

네 번째 질문은, 고객을 위해 전혀 새로운 가치의 원천을 발견해 새로운 수요를 창출하고 업계의 전략적 가격책정을 돕는다.

(4) 비즈니스 모델 캔버스

오스터왈더(Osterwalder)와 피그누어(Pigneur)의 『비즈니스 모델의 탄생』에서 제시한 「비즈니스 모델 캔버스(Business Model Canvas)」는 기업이 가치를 창출하고 전달하고 획득하는 통합적 메커니즘을 9가지 요소로 구성된 캔버스로 분석하고 설계하는 모델입니다.

이 9가지 구성요소는 고객세그먼트, 가치제안, 유통경로, 고객관계, 수익흐름, 핵심자원, 핵심활동, 핵심 파트너, 비용구조를 포함하고 있습니다.

6-3 비즈니스 모델의 유형

비즈니스 모델에서 가장 중요한 부분은 사업을 통해 이익발생의 원천과, 이익을 어떻게 지속적으로 발생시킬 수 있는지에 대해 명확하게 제시하는 것입니다.

현재까지 비즈니스 모델의 유형이 다양하게 제시되었지만, 그 중에서 비즈니스 모델 캔버스의 요소와 연계해서 9가지 유형으로 분류할 수 있습니다.[7)]

① 플랫폼 비즈니스 모델(Platform Business Model)

공통적이고 반복적으로 사용하는 기반 모듈을 구축해 다양한 이해관계자가 편리하게 상호작용하도록 연결하는 유형입니다.

② 공유경제 비즈니스 모델(Sharing Economy Business Model)

소유가 아닌 사용의 개념에 입각해 다수의 고객이 제품을 협업해 소비할 수 있도록 지원하는 유형입니다.

③ 롱테일 비즈니스 모델(Tail Business Model)

구매 비중이 낮은 수많은 소액 고객이나 판매빈도가 낮은 수많은 틈새제품의 거래에 주력하는 유형입니다.

④ 융합형 비즈니스 모델(Convergence Business Model)

상이한 가치사슬, 상이한 사업, 상이한 산업 등 이질적 영역의 융합을 바탕으로 새로운 비즈니스를 창출하는 유형입니다.

⑤ 개방형 비즈니스 모델(Open Business Model)

많은 외부 파트너와의 체계적 협력을 통한 개방형 혁신을 바탕으로 제품이나 서비스의 연구와 개발을 추진하는 유형입니다.

7) 박대순(2019), 『비즈니스 모델 4.0』, KMAC, p.104.

⑥ 네트워크 비즈니스 모델(Network Business Model)

네트워크 중심 기업이 글로벌 차원의 많은 업체나 개인을 제품이나 서비스의 조달 및 생산에 참여시키는 유형입니다.

⑦ PSS 비즈니스 모델(Product-Service System Business Model)

제품에 서비스를 결합하거나, 제품 판매를 서비스 제공으로 전환해 고객생애가치를 최대화하는 유형입니다.

⑧ 무료형 비즈니스 모델(Free Business Model)

어떤 고객에게는 제품 또는 서비스를 무상 또는 염가로 제공하고, 다른 고객이나 제품 또는 서비스에서 수익을 확보하는 유형입니다.

⑨ TBL 비즈니스 모델(Triple Bottom Line Business Model)

경제적 수지와 함께 사회적·환경적 비용과 편익을 중시하여 공동체와 사업의 지속가능성을 조화시키는 유형입니다.

▌새로운 비즈니스 모델의 9가지 유형▐

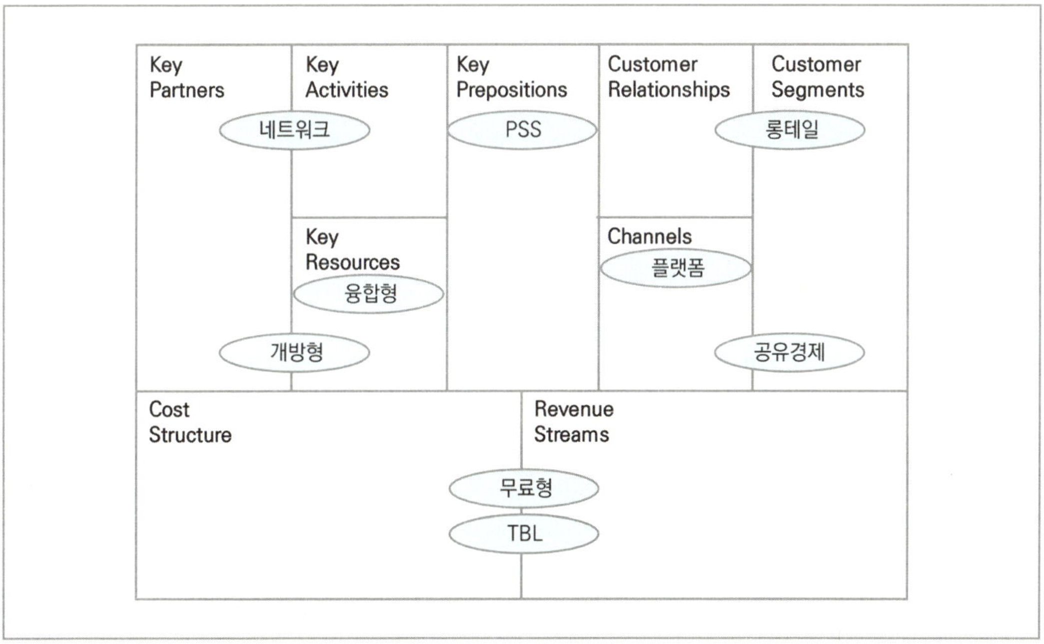

6-4 비즈니스 모델의 가시화: 「비즈니스 모델 캔버스」

비즈니스 모델을 구체적으로 작성할 때 활용하는 도구가 비즈니스 모델 캔버스입니다. 「비즈니스 모델 캔버스(The Business Model Canvas, BMC)」는 오스터왈더(Osterwalder)와 피그누어(Pigneur)가 공동으로 개발한 것으로, 자사가 추진하고자 하는 비즈니스 모델을 정리하기 위해 만들어진 분석 틀입니다.[8)]

예스 피그누어는 공과대학에서 교편을 잡으며 창업을 희망하는 많은 학생들로부터 상담을 받고 조언을 하고 있었습니다. 그 과정에서 거의 모든 케이스에서 공통된 질문이 존재했고, 그 질문에 대해서 주로 조언해주고 있다는 사실을 깨달았다고 합니다.

즉 사업을 구상하는 단계부터 핵심요소를 간추리면 정형화된 체크리스트를 작성할 수 있다는 생각을 하게 되었고, 그 후 체크리스트를 발전시켜 누구나 알기 쉽고 시각화할 수 있도록 완성시킨 것이 비즈니스 모델 캔버스입니다.

비즈니스 모델 캔버스의 장점은 다음과 같습니다.

첫째, 캔버스를 공통언어로 사용하면 비즈니스 모델의 기술, 분석, 디자인을 쉽게 공유할 수 있기 때문에 새로운 전략을 세우기도 수월해집니다.

둘째, 캔버스로 표현된 비즈니스 모델은 조직의 구조, 프로세스, 시스템을 통해 실행될 전략의 청사진으로 그대로 사용할 수 있게 됩니다.

비즈니스 모델 캔버스(Business Model Canvas)는 9가지 빌딩 블록(구성요소)으로 구성되어 있습니다.

비즈니스 모델 캔버스에서 사업을 추진하는데 필요한 9가지 빌딩 블록(The 9 Building Blocks)을 보면, 고객은 누구이며, 어떤 가치를 제공하며, 어떤 유통경로를 활용하며, 고객과는 어떤 관계를 맺으며, 이를 통해 수익을 어떻게 창출하며, 중요한 경영자원은 무엇이며, 중요한 핵심활동은 무엇이며, 핵심활동을 지원해줄 파트너는 누구이며, 이를 위해 어떤 비용이 발생 하는지라는 구조로 되어 있습니다.

---

8) Alexander Osterwalder·Yves Pigneur[유효상 역](2018), 『비즈니스 모델의 탄생』, 타임비즈, p.24-25.

① 고객 세그먼트(CS, Customer Segments)

하나 이상의 고객 세그먼트에게 제품이나 서비스를 제공한다.

② 가치제안(VA, Value Propositions)

자사는 고객이 안고 있는 문제를 해결해주고 욕구를 충족시켜주는 특정한 가치를 제공한다.

③ 유통경로(CH, Channels)

자사가 제공하는 가치는 커뮤니케이션, 물류, 판매경로 등을 통해 고객에게 전달한다.

④ 고객관계(CR, Customer Relationship)

고객과의 관계는 각각의 세그먼트별로 특징적으로 확립되고 유지된다.

⑤ 수익원(RS, Revenue Streams)

자사는 고객에게 전달하고자 하는 가치를 성공적으로 제공했을 때 수익을 얻게 된다.

⑥ 핵심자원(KR, Key Resources)

앞의 5가지를 실현하려면 자산으로서 핵심자원이 필요하다.

⑦ 핵심활동(KA, Key Activities)

앞의 5가지를 실현하려면 여러 유형의 핵심활동을 수행해야만 한다.

⑧ 핵심 파트너십(KP, Key Partner)

특정한 활동은 외부의 파트너십을 통해 수행하며(아웃소싱), 일부 자원 역시 외부로부터 획득해야 한다.

⑨ 비용구조(CS, Cost Structure)

비즈니스 모델의 여러 요소를 수행하려면 비용이 필요하다.

비즈니스 모델 캔버스를 구체적으로 보면, 캔버스의 정중앙에 ② 가치제안이 위치합니다. ② 가치제안을 중심으로 왼쪽은 사업자 측의 체계를, 오른쪽은 고객과의 관계를 나타내고 있습니다.

오른쪽의 ① 자사의 고객은 누구인가, ③ 고객에게 어떤 프로로션을 제공하여 관계를 구축할 것인가, ④ 제품을 어떤 유통망을 통해 실제로 고객에게 전달할 것인가, 어떤 광고와 영업활동으로 고객에게 접근할 것인가에 대해 작성합니다. 그리고 이러한 활동을 통해 ⑤ 어떤 방식으로 수익을 획득할 것인가에 대해 작성합니다.

한편, 왼쪽에는 ⑥ 어떤 경영자원을 투입할 것인가, ⑦ 어떤 가치를 가진 제품을 제공할 것인가, ⑧ 어떤 파트너의 협조를 얻을 것인가에 대해 작성합니다. 그리고 이러한 활동에 필요한 ⑨ 비용을 어떻게 관리할 것인가에 대해 작성합니다.

비즈니스 모델 캔버스

[사업체계] [고객관계]

<table>
<tr><td colspan="2">⑧ KP
(핵심 파트너십)</td><td colspan="2">⑦ KA
(핵심활동)</td><td colspan="2">② VP
(가치제안)</td><td colspan="2">③ CR
(고객관계)</td><td colspan="2">① CS
(고객 세그먼트)</td></tr>
<tr><td colspan="2" rowspan="3">조직의 활동에서 빠뜨릴 수 없는 파트너를 기술한다.</td><td colspan="2">고객에게 가치를 제공하는 원천이 되는 중요 활동을 기술한다.</td><td colspan="2" rowspan="3">고객이 당면하고 있는 문제를 해결하고 니즈를 만족시키기 위해 제품이나 서비스를 제공한다.</td><td colspan="2">기업이 특정 고객 세그먼트와 어떤 관계를 맺을지 기술한다.</td><td colspan="2" rowspan="3">조직 존재 이유의 근간이 되는 가장 중요한 요소. 타겟으로 삼을 고객그룹을 설정한다.</td></tr>
<tr><td colspan="2">⑥ KR
(핵심자원)</td><td colspan="2">④ CH
(유통경로)</td></tr>
<tr><td colspan="2">비즈니스 모델을 실행하는데 필요한 자산을 기술한다. 물적자산뿐만 아니라 지적재산이나 인적자원도 포함한다.</td><td colspan="2">고객 세그먼트와 어떻게 소통하고 가치를 전달할지를 기술한다.</td></tr>
<tr><td colspan="5">⑨ CS
(비용구조)</td><td colspan="5">⑤ RS
(수익원)</td></tr>
<tr><td colspan="5">비즈니스를 운영할 때 특별히 필요한 비용을 기재한다.</td><td colspan="5">조직이 고객 세그먼트로부터 창출한 수익원을 기술한다. 비영리단체나 무료 서비스의 경우 제로나 마이너스로 표현될 수도 있다.</td></tr>
</table>

[비용관리] [매출회수]

6-5 비즈니스 모델 캔버스의 구성요소

비즈니스 모델 캔버스의 9가지 빌딩 블록을 기술하기 위해서는 이 구성요소에 대한 개념과 내용을 이해해야 합니다.

① 고객 세그먼트(CS, Customer Segments)

이 블록에는 자사가 목표로 삼을 고객 세그먼트를 정의합니다. 목표고객을 만족시키기 위해 우선 공통된 고객의 니즈, 행동, 태도에 따라 고객을 그룹핑하게 되면 파악하기가 쉬워집니다. 그렇게 함으로써 자사가 집중해야 할 고객이 어떤 세그먼트인지, 우선순위를 후순위로 돌려도 좋을 고객이 어떤 세그먼트인지를 쉽게 확인할 수 있습니다.

비즈니스 모델을 설계할 때는 우선 고객 세그먼트를 결정하고, 고객의 입장에서 고객니즈를 심도 있게 분석하도록 합니다.

② 가치제안(VA, Value Propositions)

이 블록에는 고객 세그먼트가 어떤 문제를 해결해주기를 바라는지를 명확하게 기입합니다. 고객이 자사제품을 선택하는 이유를 파악하고, 고객에게 제공할 수 있는 가치를 생각합니다. 완전히 새롭고 혁신적인 가치를 제안할 수도 있고, 기존제품에 특별한 기능을 추가하는 것만으로도 충분히 의미를 갖는 경우도 있습니다.

최근에는 기업이 애초에 제공하려는 가치와 다른 가치를 고객이 찾아냄으로써 높은 성과를 올리는 경우도 있습니다. 이러한 잠재적인 고객니즈를 빠르게 포착해서 가치로써 제공할 수 있는지가 핵심이 됩니다.

③ 유통경로(CH, Channels)

이 블록에는 고객이 원하는 가치를 제공하고 있다는 사실을 알리는 방법과, 그 고객가치를 전달하는 다양한 유통경로를 기입합니다. 이른바 고객의 구매의사과정에 따른 인지, 평가, 구입, 제공, AS의 5단계를 포함합니다.

이는 유통, 판매경로, 커뮤니케이션, 사후관리를 통한 고객과의 연결고리를 의미합니다. 고객과 제품의 접점으로 고객의 경험에 중요한 역할을 합니다.

④ 고객관계(CR, Customer Relationship)

이 블록에는 고객 세그먼트가 어떤 관계를 구축하고 유지하기를 기대하는지, 이미 어떤 관계를 구축했는지, 어느 정도의 비용이 필요한지, 비즈니스 모델 이외의 요소와 어떻게 통합시킬지 등을 검토합니다.

고객관계를 유지하는 방법은 직접 대면, 전화, 온라인 등 다양합니다. 고객을 확보·유지·확대하기 위해 어떠한 조치를 취하면 좋을지를 생각합니다.

⑤ 수익원(RS, Revenue Streams)

이 블록에는 기업이 고객 세그먼트로부터 창출할 현금의 흐름을 기입합니다. 수입에서 비용을 빼면 이익이므로, 자사의 재정상태가 건전한지를 파악할 수 있습니다. 수익 공식의 3가지 요소(매출액, 가격, 비용)는 트레이드오프(trade off) 관계에 있습니다. 즉 저비용으로 제품을 제공하려면 품질이 낮아 높은 가격을 설정하기 어렵고, 반대로 고가격으로 제품을 제공하려면 매출액이 떨어지게 됩니다.

⑥ 핵심자원(KR, Key Resources)

이 블록에는 비즈니스 모델을 실행하는 데 필요한 자산을 기입합니다. 대부분의 기업에서 인적, 물적, 자금, 정보 등의 경영자원이 필요한 이유를 새삼 언급할 필요는 없지만, 그 중에서도 특별한 핵심자원에 집중해서 기입합니다. 여기에는 물적자원 외에도 인적자원, 재무적 자원, 지적재산권 등 다양한 것이 포함됩니다.

동일한 제조업일지라도 저가로 고품질의 제품을 생산하는 경우에는 효율적인 대량생산 체제나 생산라인이 중요할 것이고, 디자인에 차별화를 두는 기업에서는 유명한 디자이너 등의 인적자원이 중요합니다. 어떤 자원이 필요한지 비즈니스 모델의 유형에 따라 달라지고, 그에 따라 핵심자원으로 기입할 내용도 달라집니다.

⑦ 핵심활동(KA, Key Activities)

이 블록에는 비즈니스 모델이 제 역할을 다하기 위해서 자사가 집중해야 할 중요한 핵심활동을 기입합니다. 이 블록은 사업을 성공시키기 위해 반드시 실행해야 할 활동에 초점을 둡니다. ⑥ 핵심자원 블록과 마찬가지로 가치를 제안하고, 시장을 조사하고, 고객과의 관계를 유지해서 수익을 높이는 데 공헌하는 활동입니다.

핵심자원과 마찬가지로 동일한 업종일지라도 비즈니스 모델의 유형에 따라 핵심활동도 달라집니다. 가치제안을 차별화하는 데 있어서 가장 핵심적인 활동에 초점을 맞춘다면 이해하기 쉬울 것입니다.

⑧ 핵심 파트너십(KP, Key Partner)

이 블록에는 비즈니스 모델을 구축할 때 필요한 공급자와 파트너에 대해서 기입합니다. 외부에 아웃소싱할 활동과 외부로부터 조달할 자원을 검토합니다. 비즈니스 모델을 최적화하면서 리스크를 줄이고 부족한 자원을 얻기 위해 제휴를 맺을 수도 있습니다.

⑨ 비용구조(CS, Cost Structure)

비즈니스 모델을 실행하면서 발생하는 중요한 비용을 기입합니다. 핵심자원, 핵심활동, 파트너 등을 정의한 후에 따져보면 파악하기가 용이합니다.

비즈니스 모델 캔버스의 아래 부분에 위치한 ⑤ 수익원과 ⑨ 비용구조가 사업의 근간이 됩니다.

비즈니스 모델 캔버스 작성 방법

구성요소	구체적인 내용
① CS: 고객 세그먼트	• 누구를 위해서 가치를 창조하는가? • 가장 중요한 고객은 누구인가?
② VP: 가치제안	• 고객에게 어떤 가치를 제공할 것인가? • 어떤 문제를 해결하는데 도움을 주는 것인가? • 고객의 어떤 니즈를 충족시키는가? • 목표고객에게 어떤 제품을 제공할 것인가?
③ CH: 유통경로	• 어떤 유통경로를 통해 목표고객에게 제공할 것인가? • 현재는 어떤 방식으로 제공하고 있는가? • 유통경로를 어떻게 통합할 것인가? • 어떤 유통경로가 잘 될 것인가? • 어떤 유통경로가 가장 비용 대비 성과가 높을 것인가? • 유통경로를 고객의 일상과 어떻게 통합하면 좋을 것인가?
④ CR: 고객관계	• 목표고객이 어떤 관계를 구축하고, 유지하길 기대하는가? • 어떤 관계를 이미 구축하였는가? • 어느 정도의 비용이 필요한가? • 비즈니스 모델의 다른 요소와 어떻게 통합할 것인가?
⑤ RS: 수익원	• 고객은 어떤 가치에 돈을 지불하는가? • 현재는 어디에 돈을 지불하고 있는가? • 어느 정도 돈을 지불하고 있는가? • 어떻게 지불하기를 원하는가? • 전체 수익에 대해서 각각의 수익의 흐름이 어떻게 공헌하고 있는가?
⑥ KR: 핵심자원	• 가치제안을 위해 필요한 경영자원은 무엇인가? • 유통경로, 고객과의 관계, 수익흐름에 대해서는 어떠한가?
⑦ KA: 핵심활동	• 가치제안을 위해 필요한 핵심활동은 무엇인가? • 유통경로는? • 고객과의 관계는? • 수익의 흐름은?
⑧ KP: 핵심 파트너십	• 주요 협력사는 누구인가? • 주요 공급업자는 누구인가? • 어떤 경영자원을 협력사로부터 얻을 수 있는가? • 어떤 주요 활동을 협력사가 실행하고 있는가?
⑨ RS: 비용구조	• 비즈니스 모델에서 가장 중요한 비용은 무엇인가? • 어떤 경영자원이 가장 고가인가? • 어떤 핵심활동이 가장 고가인가?

6-6 비즈니스 모델 캔버스 사례(1): 구글

「비즈니스 모델 캔버스」를 작성하는데 있어서 독자의 이해를 돕기 위해서 『비즈니스 모델의 탄생』에서 소개하고 있는 〈구글의 비즈니스 모델 캔버스〉를 살펴보겠습니다.[9)]

〈구글의 비즈니스 모델〉에서의 가치제안은 '웹을 통해 전 세계를 무대로 최적화된 타깃 맞춤형 텍스트 광고를 제공하겠다'는 것입니다. 애드워즈(Adwords)라고 불리는 서비스를 통해 광고주들은 구글의 검색 페이지에 광고와 스폰서 링크를 게재할 수 있습니다. 이 광고는 사용자들이 구글의 검색엔진을 사용할 때 검색결과와 동시에 노출됩니다.

구글은 검색어와 관련된 광고만 보이도록 합니다. 이 서비스는 광고주들이 특정 검색어별 혹은 인구통계에 따른 특별한 목표고객에 맞춰 광고의 대상과 범위를 조정할 수 있기 때문에 상당히 매력적입니다. 그러나 이 모델은 '많은 사람들이 구글의 검색엔진을 사용한다'는 전제가 있을 때만 유효합니다. 많은 사람들이 구글에 접속할수록 더 많은 광고가 노출되며 광고주들을 위한 더 큰 가치가 창조됩니다.

광고주들에 대한 구글의 가치제안은 '사이트 이용자 수'에 크게 의존합니다. 따라서 구글은 목표고객에게 강력한 검색엔진과 더불어 G메일, 구글맵스, 피카스(Picase) 등 점점 더 많은 무료도구들을 제공합니다. 영역을 더욱 확장하기 위해 구글은 자사의 광고가 구글 외의 다른 사이트에도 보이도록 하는 제3의 서비스를 설계했습니다.

애드센스(AdSense)라고 불리는 이 서비스를 통해 제3자가 자신의 사이트에 구글 광고를 게재하고 구글의 광고 수익 중에서 일부를 받습니다. 애드센스는 참여 웹사이트의 컨텐츠를 자동으로 분석한 다음 방문자들에게 관련 텍스트와 이미지를 보여줍니다. 구글의 세 번째 고객 세그먼트인 이 '제3의 웹사이트 소유자'들을 위한 가치제안으로 인해 그들은 새로운 수익원을 창출했습니다.

멀티사이드 플랫폼으로서 구글은 아주 뚜렷한 수익모델을 갖고 있습니다. 구글은 특정한 목표고객, 즉 광고주로부터 수익을 얻으며, 한편으로 웹서퍼와 컨텐츠 소유자라는 다른 두 세그먼트에 무료서비스를 제공합니다. 구글이 웹서퍼에게 더 많은 광고를 보여줄수록 광고주들로부터 더욱 많은 수익을 얻기 때문에 가능한 일입니다. 광고수익이 증가하면 더 많은 컨텐츠 소유자들이 애드센스의 파트너가 됩니다.

광고주들은 광고 공간을 구글로부터 직접 구매하지 않습니다. 그들은 제3의 웹사이트상의

9) Alexander Osterwalder·Yves Pigneur[유효상 역](2018), 『비즈니스 모델의 탄생』, 타임비즈, p.86.

검색어 또는 컨텐츠와 연관된 광고 관련 키워드에 입찰합니다. 경매는 애드워즈 옥션 서비스를 통해 이루어지며, 인기 키워드일수록 광고주는 더 많은 비용을 지불합니다. 애드워즈로부터 얻는 수입으로 인해 구글은 검색엔진과 애드센스 유저들에게 제공하는 무료서비스를 지속적으로 개선시켜 나갈 수 있습니다.

구글의 3가지 서로 다른 서비스 즉, 검색, 광고, 제3자 컨텐츠 광고를 가능하게 하는 핵심자원은 검색 플랫폼입니다. 각각의 서비스는 대규모 IT 인프라가 필요한 아주 복잡한 검색과 네트워크 알고리즘을 기반으로 합니다.

구글의 3가지 핵심활동은 검색 인프라를 구축하고 유지하는 것, 3가지 핵심 서비스를 관리하는 것, 신규 사용자와 컨텐츠 보유자와 광고주들에게 플랫폼을 홍보하는 것으로 정의할 수 있습니다.

구글의 비즈니스 모델

<table>
<tr><th>⑧ KP</th><th>⑦ KA</th><th>② VP</th><th>③ CR</th><th>① CS</th></tr>
<tr><td rowspan="3"></td><td>[플랫폼 관리, 관리서비스, 범위확장]</td><td rowspan="3">[타깃에 맞춘 광고]
[무료 검색]
[컨텐츠 유료화]</td><td></td><td rowspan="3">[광고주]
[웹서퍼들]
[컨텐츠 창조자들]</td></tr>
<tr><td>⑥ KR</td><td>④ CH</td></tr>
<tr><td>[검색 플랫폼]</td><td></td></tr>
<tr><th colspan="2">⑨ CS</th><th colspan="3">⑤ RS</th></tr>
<tr><td colspan="2">[플랫폼 비용]</td><td colspan="3">[키워드 경매]
[무료]</td></tr>
</table>

6-7 비즈니스 모델 캔버스 사례(2): 꽃배달 쇼핑몰

비즈니스 모델 캔버스의 또 하나의 사례(2)로서 여기서는 『비즈니스 모델 제너레이션 워크북』에서 소개하고 있는 〈꽃배달 서비스를 제공하는 인터넷 쇼핑몰〉을 살펴보겠습니다.[10)]

대형 꽃집 체인점에서 근무 경험이 있는 M씨는 꽃을 인터넷으로 판매하는 서비스를 기획했습니다. M씨가 다닌 회사는 꽃배달 서비스 체인 중에서도 규모가 큰 회사로 국내에 점포를 다수 보유하고 있고, 통신판매는 했지만 인터넷판매에는 크게 관심을 보이지 않았습니다. 그래서 M씨는 인터넷판매를 본격적으로 시행하는 사업을 기획했습니다.

M씨는 이미 꽃 판매에 대한 노하우는 있었지만, 인터넷판매는 경험이 부족했고 자금조달 등에서도 사업을 추진하는 과정에서 이 비즈니스 모델이 실효성이 있다는 것을 명확하게 설명해야 했습니다.

그런 이유로 누구나 쉽게 이해할 수 있도록 비즈니스 모델 캔버스를 작성하였고, 이 캔버스를 바탕으로 신규사업에 대해 조언을 해줄만한 동료나 지인에게 의견을 물었습니다.

꽃배달 서비스에서의 경험을 바탕으로 선물용 꽃다발과 꽃꽂이를 주력상품으로 객단가를 높이는 전략을 세웠습니다. 인터넷 예약판매나 전국 어디서든 지정장소로 배달해주는 서비스 등의 요소를 검토했습니다.

그러다가 꽃배달 서비스의 가치를 상품 자체가 아니라 선물 받는 사람의 기쁨과 놀라움 등의 부가가치에 집중하려고 하니, 배달시간이 매우 중요하다는 것을 알게 되었습니다.

즉 고객이 소중한 사람에게 선물을 하는 기념일이나 상황이라는 타이밍 자체가 꽃을 판매하는 적기라는 것입니다. 여기에 1대1 마케팅 기법을 적용하여 일단 한 번이라도 구입한 고객에게는 기념일 맞춤 추천시스템을 도입하는 방식으로, 고객 수의 증가뿐 아니라 VIP 고객 육성을 목표로 고객관리에 역점을 두기로 했습니다.

신규사업을 추진하면서 제일 처음 부딪치는 난관은 사업자금을 조달하는 것이었습니다. 당초 M씨는 퇴직 후에 창업하려고 했지만, 인터넷 판매를 위한 틀을 짜고 고객관리에 차별을 두겠다고 결심을 하고 보니, 시스템 구축에 필요한 자금을 자기자금만으로 조달하기는 벅찰 것 같다는 생각이 들었습니다.

그래서 이번에는 근무회사에서 출자를 받을 방법은 없는지 검토하기 시작했습니다. 회사는 아직 인터넷 판매에서 눈에 띄는 실적을 올리지 못했기 때문에 회사내 신규사업으로 출

10) Imazu Maki[김혜영 역](2016), 『비즈니스 모델 제너레이션 워크북』, 아르고나인미디어그룹, p.98-101.

자를 받을 수 있는지 제안하기로 결정했습니다.

한편 M씨는 꽃배달 서비스를 이용하는 고객은 반복구매율은 높지만, 신규고객을 개척하기 어렵다는 것도 알게 되었습니다. 기존점포에서도 사람들이 브랜드를 보고 선물용으로 꽃을 구매한다는 사실을 알고 나서, 기존점포와 결합하면 시너지효과를 얻을 수 있으리라고 생각하였습니다.

M씨는 이처럼 자기 리스크를 최소화하면서 신규사업을 진행시키는데 성공했습니다.

▌꽃배달 서비스 인터넷 쇼핑몰의 사례▐

<table>
<tr><th>⑧ KP</th><th>⑦ KA</th><th>② VP</th><th>③ CR</th><th>① CS</th></tr>
<tr><td rowspan="3">[인터넷 쇼핑몰 노하우를 가진 추천 시스템 개발회사]</td><td>[적절한 타이밍판매(추천시스템 운용)
[선물용 생화 판매]</td><td rowspan="3">[감사의 마음을 전하고 싶다]
[기쁨을 주고 싶다(서프라이즈, 감동)]
[부담이 되지 않게 직접 자택까지 배달해준다]</td><td>[온라인(홈페이지, 이메일)]</td><td rowspan="3">[선물을 하고 싶은 사람]
[자신을 위해 구입]</td></tr>
<tr><td>⑥ KR</td><td>④ CH</td></tr>
<tr><td>[추천 시스템(판매촉진과 고객관리)]
[브랜드 가치]</td><td>[인터넷]
[기존점포]</td></tr>
<tr><td colspan="3">⑨ CS</td><td colspan="2">⑤ RS</td></tr>
<tr><td colspan="3">[시스템 구축]
[광고비]</td><td colspan="2">[꽃값]</td></tr>
</table>

6-8 비즈니스 모델 캔버스의 설계

비즈니스 모델 캔버스를 설계하는 과정은 5개의 단계로 구성됩니다.11)

① 결집단계(Mobilize)

결집단계에서는 프로젝트의 목표를 세우고, 예비 아이디어를 테스트하며, 프로젝트를 계획하고 팀을 조직하는 것입니다.

② 이해단계(Understand)

이해단계에서는 비즈니스 모델의 환경을 검토하기 위해서 시장조사, 고객조사, 전문가와의 대화, 경쟁사의 비즈니스 모델의 파악 같은 활동이 필요합니다.

③ 디자인단계(Design)

디자인단계에서는 과감한 새로운 모델을 고수하고 발전시키는 것입니다. 이 과정에서 사고의 확장이 필수적입니다.

④ 실행단계(Implement)

실행단계에서는 모든 프로젝트를 규정하고, 주요 단계를 구체화하며, 법적 체계를 마련하고, 세부적인 예산과 프로젝트의 로드맵을 준비하는 등의 작업이 포함됩니다.

⑤ 관리단계(Manage)

관리단계에서는 지속적으로 모델을 평가하고 환경을 검토합니다. 장기적 관점에서 비즈니스 모델이 외부요인으로부터 어떤 영향을 받는지 이해하기 위해서입니다.

---

11) Alexander Osterwalder·Yves Pigneur[유효상 역](2018), 『비즈니스 모델의 탄생』, 타임비즈, pp.254-265.

비즈니스 모델 캔버스의 설계과정

단 계	목 표	내 용
① 결 집	성공적으로 비즈니스 모델 디자인을 할 수 있도록 프로젝트를 준비한다.	성공적인 비즈니스 모델 디자인을 위한 모든 요소를 집결시킨다. 새로운 비즈니스 모델의 필요성을 이해시키고 충분히 동기부여를 하며, 비즈니스 모델을 설명, 디자인, 분석, 토론할 공통의 언어를 준비한다.
② 이 해	비즈니스 모델 디자인에 필요한 요소들을 조사하고 분석한다.	비즈니스 모델 디자인 팀은 고객, 기술, 환경 등 관련 지식 등을 탐구한다. 정보를 수집하고 전문가와 대화하며 잠재고객을 조사해 니즈와 문제점을 확인한다.
③ 디자인	실행가능한 비즈니스 모델안을 만들고 테스트하고 최선의 것을 선정한다.	이전 단계의 정보와 아이디어를 탐구하고 테스트할 수 있도록 프로토타입으로 변형시킨다. 비즈니스 모델에 대한 집중적인 연구 후에 가장 만족스런 비즈니스 모델 디자인을 선정한다.
④ 실 행	비즈니스 모델 프로토타입을 현장에서 실행한다.	선택된 비즈니스 모델 디자인을 실행한다.
⑤ 관 리	시장 반응에 따라 비즈니스 모델을 개조하고 수정한다.	관리체계를 확립하고 비즈니스 모델을 지속적으로 관찰, 평가, 수정한다.

6-9 비즈니스 모델 캔버스의 개량: 「BASE 보드」

스티븐 피셔(Steven Fisher)와 쟈네 듀언스(Ja-Nae Duane)는 「비즈니스 모델 캔버스」를 구체적으로 연구한 결과, 캔버스의 구성요소 일부에서 개선의 필요성과 많은 항목이 누락되어 있다는 것을 느끼고, 스타트업의 창업자가 현재 고려해야 할 항목을 전체적으로 검토할 수 있는 「비즈니스 어프로치 & 구성요소(Business Approach & Structure Elements, BASE) 보드」를 개발하였습니다.

「BASE 보드」는 사업과 관련된 제품이나 해결책을 발전시키기 위해 고안된 것으로 구상, 기회의 평가, 전략전개, 운영이라는 4가지 영역에서 다양한 구성요소를 포함하고 있습니다.12)

1 구상

(1) 창업자 본인

- 나(본인)의 동기와 흥미는 무엇인가?
- 나(본인)의 장점과 단점은 무엇인가?
- 이것이 사업계획에 있어서 어떤 역할을 하는가?
- 5년 후에 나는 기업가로서 어떤 위치에 있을 것인가?

(2) 아이디어

- 나의 아이디어는 무엇인가?
- 어떻게 이 아이디어를 얻었는가?
- 나의 열정을 계속 유지시킬 수 있는 아이디어인가?
- 회사의 이름은?
- 사람들에게 어떤 회사로 기억되고 싶은가?
- 5년 후에 회사는 어떻게 되어 있을까?

---

12) Steven Fisher·Ja-Nae Duane(2015), *The Startup Equation: A Visual Guidebook for Building Your Startup*, McGraw-Hill, pp.109-116.

2 기회의 평가

(3) 기회

- 나의 비즈니스는 어떤 것을 하는가?
- 나는 어떻게 수익을 창출할 것인가?(우리의 제품·서비스는 무엇인가?)
- 나의 비즈니스를 지지해주는 시대적 경향은 있는가?
- 이 아이디어에 대해서 다른 사람은 어떻게 생각하는가?

(4) 시장

- 잠재적인 기회가 어느 정도 큰 시장인가?
- 먼저 전체시장 중에 어떤 시장에 집중할 것인가?
- 고객은 누구인가?
- 고객에 대해서 우리가 알고 있는 것은 무엇인가?
- 고객이 자사제품을 구매하는 이유는 무엇인가?(특징, 이점, 가치)
- 어떻게 고객을 움직일 것인가?
- 다른 시장 세그먼트는? 수익원은 있는가?

(5) 강점과 약점

- 자사의 강점은? 인재는? 주요 수익원은? 특별한 매력은?
- 자사의 약점은? 지식이나 기술의 부족한 점은? 자원은?
  부정적인 측면은? 업계에서의 순위는?

(6) 기회와 위협

- 인기 있는 시장인가? 유행인가? 시장에서 독자적인 틈새시장인가?
  경기상황이나 고객니즈의 변화는?
- 시기적절한가? 연구개발기간은? 자금은? 경쟁은? 시장상황은?
  법률이나 정부정책의 변경은?

(7) 필요한 자원

- 어떤 기술·인재가 필요한가?

- 어떤 파트너가 필요한가?
- 어느 정도의 자금, 설비, 장치가 필요한가?
- 어떤 분야의 전략에 지원이 필요한가?(마케팅, 금융, 기타)

3 전략전개

(8) 회사의 목적

- 어떤 성과를 이루려고 하는가? 그 이유는? 어떻게? 누구를 위해서?
- 사명 선언문은 무엇인가?
- 이 목적은 가치제안에 있어서 어떤 역할을 할 것인가?
  비즈니스 경영에 있어서는?

(9) 가치제안

- 고객에 있어서 우리는 어떤 가치를 가지고 있는가?
- 우리가 공표할 가치제안은 무엇인가?
- 우리의 목적이나 사명이 어떤 형태로 이 가치를 지지하고 있는가?

(10) 마케팅과 판매, 시장진입전략

- 고객의 시상세그먼트는? 고객을 어떻게 움직일 것인가?
- 고객과 어떤 관계를 원하는가?
- 마케팅과 판매사업은 사업목적과 목표고객과의 관계를 어떻게 지지할 것인가?

(11) 운영, 금융

- 회사는 어디에 기반을 두어야 할 것인가?
- 경영은 어떻게 구성해야 할 것인가?
- 어떤 허가나 면허가 필요한가?
- 어디에서 수입을 얻을 것인가?
- 사업을 시작하기 위해서 어느 정도의 자금이 필요한가?
- 최소필요량을 달성하기 위해서 어느 정도의 자금이 필요한가?
- 자금흐름은 어떻게 될 것인가?

- 비용센터는 어디이며, 이익센터는 어디인가?
- 사업을 시작하는 단계이지만, 출구전략은 있는가?
  주식구매, 인수합병, 신규 주식공개?

4 운영

(12) 주 활동, 주 플레이어

- 회사의 핵심인재는 누구인가? 그들의 강점은?
- 주요 파트너는 누구인가? 회사에 어떤 가치를 가져다 줄 것인가?
- 고객에게 가치를 어떻게 제공할 것인가?
- 어떤 활동을 통해 회사의 목적이 달성될 것인가?
  개발인가(크리에이티브, 연구개발)? 생산인가? 판매촉진인가?
- 이 활동은 일상적으로 하는가? 가끔? 계절에 한 번?

(13) 시장세그먼트, 고객관계

- 제품으로 즉시 붙잡을 수 있는 고객이 있는가?
- 대량소비시장에 소구할 수 있는가? 시장이 너무 작지는 않은가?
  전국인가? 지역인가?
- 고객과 어떤 형태의 관계를 원하는가?
- 회사를 어떻게 운영하면 달성할 수 있는가?

(14) 유통경로

- 어떻게 고객을 움직일 수 있는가?
- 어떤 메시지를 전달할 것인가?
  메시지는 시간과 함께 어떻게 변화시킬 것인가?
- 고객에게 어떻게 자기 자신을 소개할 것인가?
  어떻게 하면 판매 후에도 관계를 유지할 수 있을까?
- 판매를 시작하기 위해서 점포가 필요한가, 아니면 일시적인 점포로 충분한가?
- 판매의 핵심이 되는 것은 물리적인 제품인가? 만약 그렇다면 제품 컨셉을 테스트하고, 이익을 창출하기 위해서 가장 효율적인 생산방식은 무엇인가?

• 자신의 비즈니스 모델은 쉽게 재현한다거나 판매할 수 있는 것인가?
• 수익을 창출하기 위해서 온라인에서의 존재감은 절대로 필요한가?
• 시작할 때부터 모바일 앱이 반드시 필요한가? 아니면 사업 아이디어를 다른 형태로 시험해볼 수는 없는가?

(15) 성장

• 회사의 목적, 사명, 가치제안은 성장이라는 관점에서 어떻게 변환할 수가 있는가?
• 회사는 어떻게 성장할 것인가? 왜 그런가? 어느 정도의 속도감으로, 어디에서?
• 성장하기 위해 좋은 기회가 있는가?
• 이 성장을 어떻게 실현할 것인가?

(16) 평가와 조정

• 회사가 실행한 것을 어떻게 검사하고 평가할 것인가?
• 주요 활동에 대해서 어떤 측정기준을 이용할 것인가?
• 고객의 문제를 어떻게 다룰 것인가? 문의는? 불만사항은?
• 문제를 어떻게 다룰 것인가? 홍보는? 주주와의 커뮤니케이션은?
• 회사의 업적을 어떤 빈도로 재검토할 것인가?

▌스타트업 방정식의 비즈니스 모델 캔버스: BASE 보드▐

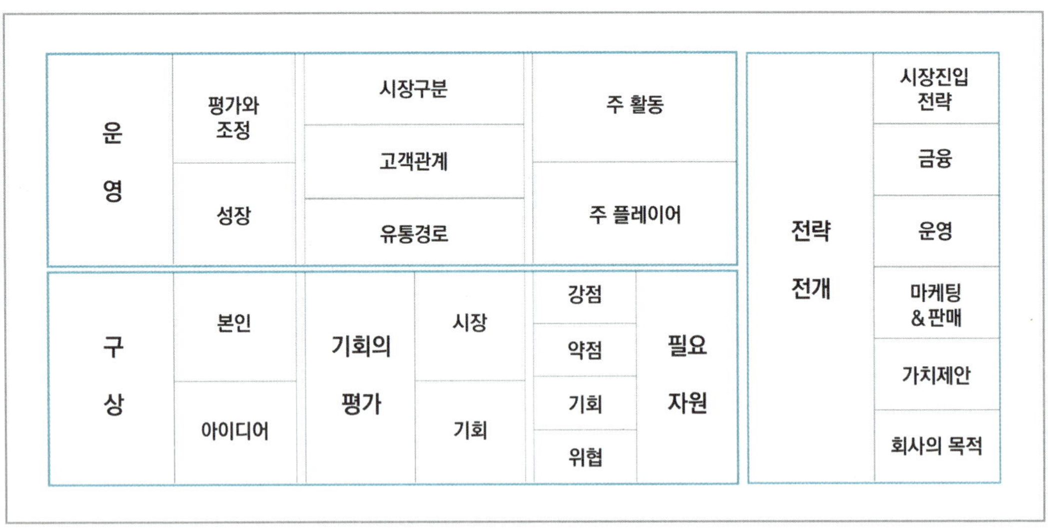

1. 사업 아이템의 「비즈니스 모델 캔버스」 작성하기.

<table>
<tr><td>⑧ KP</td><td>⑦ KA</td><td>② VP</td><td>③ CR</td><td>① CS</td></tr>
<tr><td rowspan="3"></td><td></td><td rowspan="3"></td><td></td><td rowspan="3"></td></tr>
<tr><td>⑥ KR</td><td>④ CH</td></tr>
<tr><td></td><td></td></tr>
</table>

⑨ CS	⑤ RS

2. 사업 아이템의 「① 고객 세그먼트」와 「② 가치제안」 작성하기.

3. 사업 아이템의 「⑤ 이익창출원천」 작성하기.

4. 사업 아이템의 「⑥ 핵심자원」과 「⑦ 핵심활동」 작성하기.

5. 사업 아이템의 「⑨ 비용」 작성하기.

6. 「비즈니스 모델 캔버스」에서 다루지 않은 중요한 구성요소가 있는가?

Memo

07

시장의 선택과 포지셔닝(STP)

CHAPTER

07

7-1 고객은 누구인가?:「표적 마케팅」

사업을 시작하면서 높은 매출액을 달성하고 싶은 것은 모두의 바람일 것입니다. 그래서 매출액을 늘리기 위해서 시장을 작게 세분하지 않고 전체시장을 대상으로 삼으면 시장이 커지고, 그로 인해 매출액도 증가할 것이라고 생각할 수 있습니다.

그러나 기업은 시장 내 모든 고객에게 소구할 수 없거나, 적어도 모든 고객을 동일한 방식으로 소구할 수 없다는 것을 인식하고 있습니다. 그래서 많은 기업이 대량 마케팅에서 표적 마케팅으로 이동하게 되었습니다.

「표적 마케팅(Target Marketing)」이란 하나의 전체시장을 동질적인 고객니즈를 가지고 있는 시장으로 세분화하고, 이것 중에서 하나 혹은 그 이상의 목표시장을 정하고, 각 목표시장에 맞는 제품 및 마케팅 프로그램을 개발하여 제공하는 것을 말합니다. 즉 기업의 마케팅 노력을 분산시키는 대신(산발탄 방식), 자사가 가장 잘 제공할 수 있는 가치에 많은 관심을 보이는 고객에게 집중해야 하는 전략입니다(엽총 방식).[1)]

표적 마케팅을 수행하는 이유는 2가지입니다.

① 제품에 대한 고객니즈가 서로 다르기 때문입니다.

만약 모든 고객이 똑같은 니즈를 가지고 있다면 시장을 굳이 구분할 필요가 없습니다. 그러나 현실적으로 고객은 다양한 니즈를 가지고 있기 때문에 전체시장을 두리뭉실하게 정의하게 되면 고객니즈에 적합하지 않는 제품을 개발하게 되고, 그로 인해 결국 예상매출액을 달성하기가 어려워집니다.

② 기업이 보유하고 있는 경영자원이 한정되어 있기 때문입니다.

다양한 고객니즈에 대응하려면 그에 맞춰 경영자원을 늘려야 합니다. 그러나 기업이 보유하고 있는 능력은 제한적이기 때문에 경영자원을 추가적으로 늘리기가 어렵습니다.

이러한 이유로 전체시장을 여러 개의 세분시장으로 구분하고, 그 세분시장 중에서 몇 개의 세분시장을 집중적으로 선택하고, 각각의 목표시장에 맞는 마케팅 믹스를 제공하게 됩니다.

표적 마케팅의 주요 단계는 STP의 순으로 진행합니다.

---

1) Philip Kotler·Gary Armstrong[안광호·유창조·전승우 역](2017), 『코틀러의 마케팅 원리 16판』, 시그마프레스, p.207.

「STP」란 시장세분화(Segmentation), 목표고객선정(Targeting), 포지셔닝(Positioning)이라는 3개의 과정을 포함한 것으로, 이 3개의 앞 글자를 취한 용어입니다.

① 시장세분화(Market Segmentation)

하나의 전체시장을 어떤 변수를 이용하여 여러 개의 세분시장으로 구분합니다.

② 목표시장의 선정(Market Targeting)

여러 개의 세분시장에 대해서 각각의 시장 매력도를 평가하고, 그 중에서 하나 또는 몇 개의 세분시장을 목표시장으로 선정합니다.

③ 포지셔닝(Positioning)

목표시장에 속한 고객에게 경쟁사제품과 비교하여 상대적으로 명확하고 독특하며 바람직한 위치를 차지할 수 있도록 마케팅 믹스(제품, 가격, 유통경로, 프로모션)를 설계합니다.

▌STP의 단계▐

시장세분화(S)	목표시장 선정(T)	포지셔닝(P)
전체시장을 동일한 니즈로 시장을 세분함	세분화된 시장에서 목표시장을 선정함	경쟁사와 차별화된 새로운 고객가치를 소구함

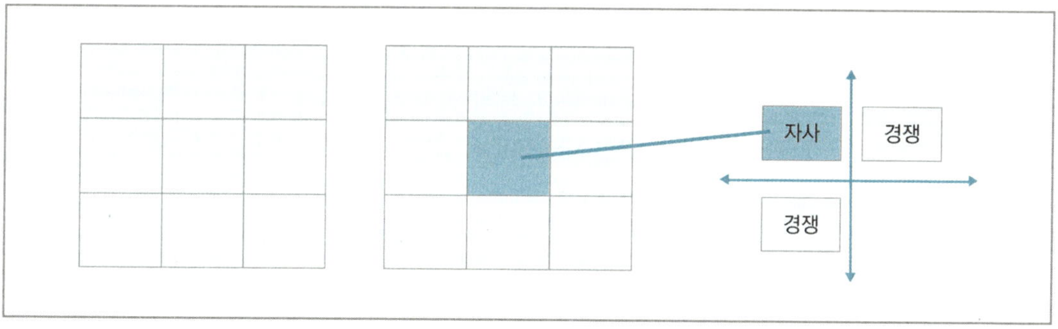

7-2 「시장세분화」(1): 시장세분화 변수

어떤 시장에서도 제품에 대한 고객의 니즈는 다양합니다. 따라서 전체시장을 이질적으로 다른 여러 개의 세분시장으로 구분하고, 각 세분시장에 적합한 마케팅 믹스를 제공해야 합니다.

「시장세분화(Market Segmentation)」란 하나의 전체시장을 동질적인 고객니즈를 가지고 있는 세분시장으로 구분하는 과정을 말합니다. 시장을 서로 다른 제품과 마케팅 믹스를 요구하는 독특한 욕구, 특징, 행동을 가지고 있는 보다 작은 고객집단으로 나누는 것을 포함합니다. 이 시장세분화를 통해서 제품에 대해 고객이 가지고 있는 니즈를 보다 명확하게 파악할 수 있게 됩니다.

시장세분화를 통해 얻을 수 있는 장점은 다음과 같습니다.

① 고객의 니즈, 의사결정의 기준, 이 프로세스에 대한 이해가 깊어진다.
② 시장기회를 발견할 수 있는 능력이 향상되고, 경쟁에 대한 우위성이 높아진다.
③ 마케팅전략과 실행계획의 작성으로 명확하게 고객에게 집중할 수 있다.

시장세분화할 때 사용하는 주요 변수는 다음과 같습니다.

① 지리적 변수

「지리적 변수」는 전체시장을 지역이나 도시 등과 관련된 특성을 근거로 세분합니다. 예를 들면 서울이나 부산, 강북이나 강남에서 사업을 할 것인지, 또는 사업을 전국적으로 아니면 특정지역으로 제한할 것인지를 결정합니다.

② 인구통계학적 변수

「인구통계학적 변수」는 전체시장을 성별, 연령, 가족구성원 수, 가족생애주기, 소득, 직업, 교육, 종교, 세대 등과 관련된 특성을 근거로 세분합니다.

③ 심리적 변수

「심리적 변수」는 전체시장을 고객의 개성, 라이프스타일, 사회계층 등과 관련된 특성을 근거로 세분합니다.

④ 행동적 변수

「행동적 변수」는 고객의 제품의 사용상황, 추구하는 편익, 사용자 상태, 구매량, 충성도에 대한 반응 등과 관련된 특성을 근거로 세분합니다.

시장세분화를 분석할 때는 하나의 변수를 이용하거나, 여러 변수를 결합하여 고객니즈를 선명하게 구분 지을 수 있는 변수를 찾아내야 합니다.

예를 들면 인구통계학적 변수를 이용하여 '젊은 여성'이라고 구분하게 되면 너무 막연하여 그 시장에 어떤 고객니즈가 존재하는지를 파악하기가 어렵습니다. 따라서 두 변수를 결합해서 좀 더 구체적으로 '직장에 다니고 있는 젊은 여성'으로 세분하면 고객니즈를 보다 명확하게 파악할 수 있게 됩니다.

▌시장세분화 변수▐

시장세분화 변수	예 시
① 지리적 변수	국가, 지역, 군, 시, 인구밀도, 기후
② 인구통계학적 변수	성별, 연령, 가족구성의 수, 직업, 소득, 교육, 종교, 인종, 세대
③ 심리적 변수	사회계층, 생활양식, 개성
④ 행동적 변수	사용상황, 추구하는 혜택, 사용자 상태, 사용률, 충성도 수준

7-3 「시장세분화」(2): 시장세분화를 위한 조건

시장세분화를 실행할 때 가장 우선적인 조건은 미시기준입니다.

「미시기준(Mutually Exclusive, Collectively Exhaustive, MECE)」이란 시장을 세분화할 때 사용하는 변수들이 서로 배타적이어야 하고, 변수들을 모두 합치면 전체를 포함해야 한다는 기준을 말합니다. 즉 시장세분화로 인해 시장이 중복되어서도 누락되어서도 안된다는 것을 의미합니다.

▌시장세분화의 미시기준▐

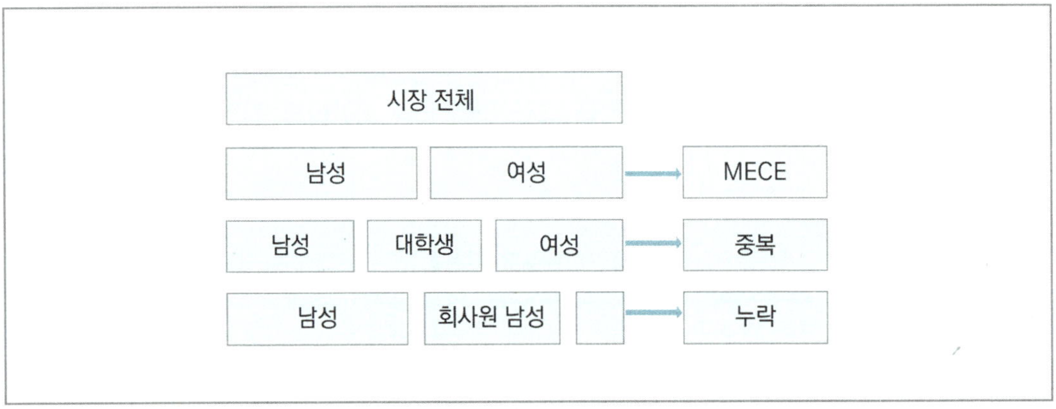

시장세분화가 미시기준을 통과하게 되면 시장세분화는 다음과 같은 기준에 맞는지 확인해야 합니다.2)

① 측정가능성(Measurable)

세분시장은 시장의 크기, 구매력, 프로파일을 측정할 수 있어야 합니다.

② 접근가능성(Accessible)

세분시장은 효과적으로 고객에 도달하고 만족시킬 수 있어야 합니다.

---

2) Philip Kotler·Gary Armstrong[안광호·유창조·전승우 역](2017), 『코틀러의 마케팅 원리 16판』, 시그마프레스, pp.218-219.

③ 규모의 적정성(Substantial)

세분시장은 충분한 시장규모와 수익가능성을 가지고 있어야 합니다.

④ 차별화가능성(Differentiable)

세분시장은 개념적으로 구별할 수 있고, 서로 다른 마케팅 믹스 프로그램에 대해 고객이 다르게 반응하여야 합니다.

⑤ 활동가능성(Actionable)

세분시장을 끌어들이고 이들에게 서비스하기 위해서 효과적인 마케팅 믹스 프로그램을 설계할 수 있어야 합니다.

▌시장세분화 기준▐

기 준	내 용
① 측정가능성	세분시장은 시장의 크기, 구매력, 프로파일을 측정할 수 있어야 함.
② 접근가능성	세분시장은 효과적으로 고객에 도달하고 만족시킬 수 있어야 함.
③ 규모의 적정성	시장으로 진입할 만한 충분한 시장규모와 수익가능성을 가지고 있어야 함.
④ 차별화가능성	개념적으로 구별할 수 있고, 서로 다른 마케팅 믹스 프로그램에 대해 다르게 반응하여야 함.
⑤ 활동가능성	세분시장을 끌어들이고 이들에게 서비스하기 위해서 효과적인 마케팅 믹스 프로그램이 설계되어야 함.

7-4 「목표시장의 선정」(1): 세분시장의 평가

시장세분화를 통해 전체시장을 이질적으로 다른 여러 세분시장으로 구분한 후에는, 여러 세분시장 중에서 자사에게 있어 가장 매력적인 목표시장을 선정하게 됩니다.

「목표시장의 선정(Target Market)」이란 여러 세분시장 중에서 각각의 세분시장에 대해 매력도를 평가하고, 어떤 세분시장을 선정할 것인지, 그리고 몇 개의 세분시장을 선정할 것인지를 결정하는 과정을 말합니다.

세분시장 중에서 목표시장을 선정하기 위해서 세분시장을 평가할 때는 「3C 분석」을 활용할 수 있습니다. 즉 사업의 성공은 고객, 경쟁사, 자사에 대한 깊은 이해를 바탕으로 경쟁사보다 우월한 가치를 고객에게 제공할 수 있는 능력에 있다고 할 수 있습니다. 따라서 고객, 경쟁사, 자사에 대해 여러 요인을 분석하고, 시장에서 생존할 수 있는 조건을 발견하고, 특히 자사가 높은 가치제안을 제공할 수 있는 세분시장을 우선적으로 선정합니다.

① 고객(Customer)

여러 개의 세분시장에 대해 시장규모, 시장의 성장성, 수익성 등을 검토합니다. 시장규모가 너무 작거나, 성장성이나 수익성이 너무 낮은 세분시장은 포기하고 다른 세분시장을 찾아야 합니다.

② 경쟁사(Competitor)

경쟁사로 인해 장기적으로 수익성을 확보할 수 없는 세분시장이 있습니다. 어떤 경쟁사가 있는지, 그 경쟁사 수가 어느 정도 있는지, 경쟁사의 경쟁우위가 자사와 비교해서 어느 정도 높은지 등을 검토합니다.

③ 자사(Company)

세분시장에서 사업을 시작하는 것이 자사의 경영목적과 일치하지 않는 경우가 있습니다. 자사의 경영목적, 자사전략의 일관성, 경영자원의 유무 등을 검토합니다.

표는 3개의 세분시장에 대한 3C 분석을 예시한 것입니다. 세분시장 A, B, C에 대해서 고객, 경쟁사, 자사에 대해 평가하고, 3개의 세분시장 중에서 평가가 높은 순으로 순위를 정합니다(세분시장 A>B>C).

▌3C 분석을 통한 세분시장의 평가▐

3C	평가항목	세분시장 A	세분시장 B	세분시장 C
① 고 객	• 시장규모 • 시장의 성장성 • 수익성	8	6	6
② 경쟁사	• 경쟁사의 수 • 경쟁우위의 정도	6	6	5
③ 자 사	• 경영목적 • 자사 전략의 일관성 • 경영자원의 유무	8	5	4
합 계		22	19	15

7-5 목표시장의 선정(2): 마케팅전략의 유형

여러 세분시장을 평가한 후에는 어떤 세분시장을 선정하고, 그리고 얼마나 많은 세분시장을 선정해야 할지를 결정합니다.

목표시장을 선정하는 방법에는 크게 비차별적 마케팅, 차별적 마케팅, 집중적 마케팅으로 구분할 수 있습니다.

① 비차별적 마케팅전략(Undifferentiated Marketing)

「비차별적 마케팅전략」은 세분시장 간의 차이를 무시하고, 전체시장에 대해 단일 마케팅 믹스 프로그램을 제공하는 전략입니다.

이 전략은 고객니즈의 차이점보다는 공통점에 초점을 맞춰 수행하는 전략으로, 전체 고객에게 소구할 수 있는 마케팅 믹스 프로그램을 제공합니다.

② 차별적 마케팅전략(Differentiated Marketing)

「차별적 마케팅전략」은 여러 세분시장을 공략하기로 하고, 세분시장별로 적합한 복수의 마케팅 믹스 프로그램을 제공하는 전략입니다.

세분시장에 따라 제품과 마케팅 믹스 프로그램을 변화시켜 제공함으로써 각 세분시장에서 더 높은 매출과 더 강력한 포지션을 기대할 수 있습니다.

③ 집중적 마케팅전략(Concentrated Marketing)

「집중적 마케팅전략」은 여러 세분시장 중에서 한 개의 세분시장만을 선정하여 마케팅 믹스 프로그램을 집중적으로 제공하는 전략입니다.

집중적 마케팅전략을 전개하면 시장규모가 큰 시장에서 낮은 시장점유율 대신에, 시장규모가 작은 시장 또는 틈새시장에서 높은 시장점유율을 차지할 수 있습니다.

그리고 틈새시장에서의 고객니즈에 대한 풍부한 지식과 축적된 특별한 명성을 이용하여 강력한 시장 포지션을 확보할 수 있습니다.

④ 미시 마케팅(Micromarketing)

「미시 마케팅」은 특정한 개인이나 지역의 니즈를 만족시키기 위하여 제품이나 마케팅 믹스 프로그램을 맞추는 전략입니다. 미시 마케팅은 지역 마케팅과 개인 마케팅을 포함합니다.

지역 마케팅은 도시, 인근지역, 그리고 특정지역매장 등과 같은 지역고객의 욕구에 제품과 마케팅 프로그램을 맞추는 것이고, 개인 마케팅은 개별 고객의 욕구와 선호에 제품과 마케팅 프로그램을 맞추는 것입니다.

▌목표시장의 전략의 장 · 단점▐

	장 점	단 점
① 비차별적 마케팅전략	• 세분시장의 고객을 쉽게 만날 수 있고, 호소력 있는 제품을 설계할 수 있음 • 적은 수의 경쟁사와 직면하고 경쟁사를 잘 알 수 있음 • 최고의 시장점유율과 이익 획득이 가능함	• 고객니즈가 변하게 되어 세분시장의 크기가 축소되거나, 너무 많은 경쟁사를 끌어들여 전체 이익이 감소할 수 있음
② 차별적 마케팅전략	• 하나의 세분시장에서 이익이 약화되더라도, 다른 세분시장에서 이익 확보가 가능함 • 규모의 경제와 범위의 경제를 누려 비용우위를 획득함	• 생산비용과 마케팅 비용이 증가함
③ 집중적 마케팅전략	• 고객을 잘 이해할 수 있음 • 경쟁사 수가 줄게 됨 • 고객만족→고가격→이익 확보	• 틈새시장이 약화되면 비차별적 마케팅전략과 유사한 위험에 직면할 수 있음

7-6 목표시장의 선정(3): 경쟁지위별 경쟁전략

목표시장이 선정되면 이 목표시장에 대해서 어떤 전략을 취해야 할 것인지를 검토해야 합니다. 이 때 자사의 경쟁지위에 따라서 목표시장에 대한 전략을 결정할 수 있습니다.

코틀러(Kotler)와 암스트롱(Armstrong)은 경쟁지위별 경쟁전략의 유형을 시장 선도자, 시장 도전자, 시장 추종자, 틈새시장 추구자로 구분하고 있습니다.3)

① 시장 선도자(Leader)

「시장 선도자」는 업계에서의 시장점유율이 1위인 제품 또는 기업을 말합니다. 선도기업의 전략은 풀(full) 커버리지 전략을 선택합니다. 이 전략은 전체시장에 일반적인 제품을 투입하여 경쟁사의 시장진입을 막는 방식입니다. 이 전략을 추진하기 위해서는 막대한 자금력, 제품개발력, 지명도, 창조력을 보유하고 있어야 합니다.

② 시장 도전자(Challenger)

「시장 도전자」는 시장 선도자를 위협하는 차별화 제품을 말합니다. 시장 선도자는 가격변경, 신제품개발, 유통경로에서의 커버력, 판매촉진 등에서 경쟁우위를 가지고 있지만, 시장 도전자는 이러한 경영자원이 부족합니다. 그래서 시장 도전자는 어떤 전략을, 즉 시장 선도자에게 정면으로 도전할 것인지, 아니면 경쟁사 중에서 경쟁우위가 약한 기업을 공격할 것인지를 분명히 해야 합니다.

③ 시장 추종자(Follower)

「시장 추종자」는 명칭 그대로 시장 선도자의 제품을 모방하여 시장점유율을 확보하는 기업을 말합니다. 시장 추종자는 시장 선도자와 달리 혁신제품을 개발하기가 어렵기 때문에 신제품개발에 막대한 비용을 투입할 수가 없습니다. 많은 기업이 이 시장 추종자에 해당합니다.

---

3) Philip Kotler·Gary Armstrong[안광호·유창조·전승우 역](2017), 『마케팅 원리 16판』, 시그마프레스, pp.581-589.

④ 틈새시장 추구자(Nicher)

「틈새시장 추구자」는 시장점유율은 낮지만 강력하고 안정된 지지자로부터 유지되는 제품을 말합니다. 틈새시장 추구자는 틈새시장에 경영자원을 집중하여 성공하는 전략을 선택합니다. 이 전략의 핵심적인 요소는 틈새시장에서 고도의 전문성을 보유하는 것입니다.

경쟁지위별 경쟁전략의 유형을 요약하면 다음과 같습니다.[4)]

▮ 경쟁지위별 경쟁전략의 유형 ▮

경쟁지위	시장목표	경쟁전략	목표시장
① 시장 선도자	• 최대 시장점유율 • 최대 이윤 • 명성 • 이미지	• 전방위전략	• 완전 커버리지
② 시장 도전자	• 시장점유율	• 차별화전략	• 세미 커버리지
③ 시장 추종자	• 생존이익	• 모방전략	• 경제성 세그먼트
④ 틈새시장 추구자	• 이윤 • 명성 • 이미지	• 집중전략	• 특정시장 세그먼트

4) Ogi Norichika(2002), 『마케팅전략』, 중앙경제사, p.46.

7-7 목표시장의 선정(4): 「고객 프로파일링」

기업은 누구나 가능한 한 많은 고객이 자사제품을 구매해주기를 바랄 것입니다. 그래서 고객의 범위를 최대한 넓게 잡고 싶은 것은 자연스러운 본능일 수 있습니다. 그러나 많은 고객에게 어필하기 위해서는 먼저 단 한 명의 고객에게 집중할 필요가 있습니다.

목표시장을 선정한 후에는 그 목표시장에 속해 있는 고객에 대한 특성을 파악하여 고객을 선명하게 그려낼 수 있어야 합니다.

목표시장의 고객을 선명하게 그려내기 위해서 「고객 프로파일링」을 활용합니다.

「고객 프로파일링(Customer Profiling)」이란 고객에 대해 알고 있는 것을 묘사하는 것을 말합니다. 그 안에는 특정제품 카테고리에 대한 욕구, 행동 및 습관, 가치 및 가격 인식, 언제 어디서 내 이야기를 가장 잘 들어주는지, 영향력을 끼치는 사람은 누구인지 등의 정보를 포함합니다.5)

고객 프로파일을 작성하기 위해서는 머릿속에 희미하게 보이는 고객의 성별, 연령, 거주지역, 직업, 소득, 라이프스타일, 취미 등의 항목을 이용하여 고객을 구체적으로 그려낼 수 있어야 합니다.

고객 프로파일을 구체적으로 작성하게 되면 고객에게 제품을 판매하기 위한 핵심 포인트나 최적의 마케팅 믹스 전략을 찾아낼 수가 있습니다.

목표고객을 좁고 구체적으로 정해서 그것에 집중함으로써 성공한 대표적 사례가 〈배달의 민족〉입니다. 김봉진 대표가 말한 배달의 민족의 목표고객은 다음과 같습니다. 즉 "20-30초반의 대학생 또는 사회초년생으로 조직의 막내로서 늘 어울리는 복학생 형이나 편안한 동네 형 같은 사람. 패러디, 키치, 짤방, 웹툰과 같은 B급 문화에 익숙하고, TV는 안 봐도 토요일 저녁 〈무한도전〉 본방은 사수한다."

『작아도 이기는 마케팅』에서는 가상의 베개 브랜드 〈꿀잠〉의 사장님이라고 가정하고, 〈꿀잠〉을 구매할 목표고객의 프로파일을 다음과 같이 제시하고 있습니다.

---

5) 전원태(2020), 『작아도 이기는 마케팅』, 베가북스, p.121-127.

<꿀잠>의 고객 프로파일

항 목	정 의	예 시
브랜드·고객명	해당 브랜드 및 대표 고객의 이름	〈꿀잠〉 대표 고객 민지하 씨
인구통계학 및 라이프스테이지 정보	연령, 거주지를 포함한 인구통계학 정보	37세, 기혼, 서울 마포구 거주, 회사원, 월 소득 500만원
욕구	제품·브랜드 선택·선호의 이유가 되는 감정적·기능적 동기	항상 수면 시간이 부족함. 아침에 여기저기 결리고 찌뿌둥한 경우가 많음. 조금만 자도 숙면을 하고 개운한 아침을 맞길 원함.
습관 및 행태	해당 카테고리를 탐색, 구매, 사용 할 때 보이는 고객 행동	평소에는 베개에 대해서 자주 생각하지 않음. 이불 커버나 베개 커버는 디자인이 예쁜 것들로 가끔 바꿔줌. 백화점에 침구 코너에서 맘에 드는 제품들을 살펴보고 온라인으로 구매하는 쇼루밍 행태를 자주 보임.
가격·가치 인식	가격 및 가치에 관련한 고객의 인식. 지불 의사가 있는 최소·최대 가격 및 가장 많이 구매하는 가격대를 포함	보통 3~5만 원 정도의 베개를 구매함. 기능성 베개라면 10만 원까지 지불 의향 있음.
태도 및 가치관	해당 카테고리에 연관된 고객의 삶에 대한태도 및 가치관	항상 바쁘게 살고 시간이 부족하다고 느낌. 적게 자고도 개운하고 에너지 넘치는 삶을 원하지만 수면의 질을 높이는 방법은 아직 적극적으로 탐구해보지 않았음. 검증된 효과만 있다면 그런 수면용품에 투자할 의사는 있음.
시간대 및 장소별 수용도	해당 브랜드 메시지에 언제, 어디서 가장 수용도가 높은지에 대한 정보	저녁 먹은 후 잠자기 전까지 스마트폰으로 SNS 및 웹서핑을 함. 필요한 생활용품들도 주로 그때 온라인 통해서 구매함. 그때 다양한 온라인 쇼핑 및 상품 정보를 가장 많이 탐색함.
이상적 고객 경험	해당제품·서비스 카테고리 관련 이상적인 이용 경험. 모든 브랜드 경험을 통틀어 어떻게 삶을 개선하는지를 서술. 브랜드의 차별점을 활용한다	잠이 달라지니 삶이 달라졌다.
주요 인플루언서	고객의 가치관 및 의사 결정에 영향을 주는 개인, 셀럽, 미디어	고등학교, 대학교 때 친한 친구들과 매일 단톡방에서 이런저런 이야기를 나누고 다양한 신상품에 대한 정보도 나눔. 친구들의 추천에 대한 신뢰도가 가장 높음.

7-8 「포지셔닝」(1): 포지셔닝의 유형

시장세분화(S)와 목표시장(T)을 선정한 후에는 포지셔닝(P) 단계로 들어갑니다.

경쟁사와 동일한 가치제안을 제공하게 되면 고객이 제품을 구매하지 않게 되고, 결국 가격경쟁으로 치닫는 힘든 상황에 직면하게 됩니다. 따라서 경쟁사제품과 차별화된 가치제안을 제공하여 자사제품이 목표시장에서 어떤 위치를 차지할 것인지를 결정해야 합니다. 이것을 포지셔닝이라고 합니다.

포지셔닝의 개념을 창안한 잭 트라우트(Jack Trout)와 앨 리스(Al Ries)는 포지셔닝에 대해서 다음과 같이 언급하고 있습니다.

"포지셔닝(Positioning)의 출발점은 제품이다. 하나의 제품이나 하나의 서비스, 하나의 회사, 하나의 단체 또는 한 개인으로부터 시작되는 것이다. 그러나 포지셔닝은 제품에 대해 어떤 행동을 취하는 것이 아니라, 고객의 마인드에 어떤 행동을 가하는 것이다. 즉 고객의 마인드에 해당제품의 위치를 잡아주는 것이다."[6)]

어떻게 해서 포지셔닝과 같은 적극적인 판매 컨셉이 창의성을 내세우는 비즈니스에서 이처럼 인기를 끌게 된 것일까에 대해서 잭 트라우트는, "우리가 커뮤니케이션 과잉사회에 살고 있기 때문이다. 커뮤니케이션 과잉사회에서 고객이 취하는 유일한 방어수단은 마인드를 단순화하는 것이다. 커뮤니케이션 과잉사회의 문제를 해결할 수 있는 유일한 해답은 바로 포지셔닝이다."라고 답하고 있습니다.

「제품의 포지셔닝(Product Positioning)」은 "제품의 주요 속성을 근거로 고객이 제품을 정의하는 방식이다. 즉 제품이 고객의 지각 속에서 경쟁사제품과 비교해서 상대적으로 차지하고 있는 위치를 말한다. 어느 포지셔닝 전문가는 제품은 공장에서 만들어지지만, 브랜드는 고객의 마음속에서 만들어진다."[7)]

고객은 제품에 대한 많은 정보에 치이고 있습니다. 고객은 제품을 구매할 때마다 제품을 평가하지도 평가할 수도 없습니다. 그 대신 고객은 구매과정을 단순화하기 위하여 제품, 서비스, 회사를 카테고리로 묶은 다음, 이를 자신의 마음속에 자리매김을 합니다. 제품 포지션은 경쟁사제품과 비교하여 어떤 제품에 대해 고객이 가지고 있는 지각, 인상, 그리고 느낌의

---

6) Jack Trout·Al Ries[안진환 역](2015), 『포지셔닝』, 을유문화사, p.19.
7) Philip Kotler·Gary Armstrong[안광호·유창조·전승우 역](2017), 『코틀러의 마케팅 원리 16판』, 시그마프레스, p.227.

복잡한 조합이라고 할 수 있습니다.

제품을 포지셔닝할 때에는 제품별, 고객별, 용도별로 분류하고, 다양한 가치제안 중에서 어떤 것으로 차별화할 것인지를 결정해야 합니다.8)

▌포지셔닝의 유형▐

구 분	가치제안	내 용	사 례
제품	① 제품 속성 (Attribute)	제품이 보유하고 있는 속성을 강조함	진통효과가 큰, 부작용이 없는
	② 제품 편익 (Benefit)	제품이 제공하는 차별화된 편익을 찾아 이것을 선점함	언제나, 어디서나, 속도가 빠른…애니콜
	③ 품질-가격 (Quality-Price)	가성비(가격 대비 품질)를 강조함	외제차는 품질, 경차는 가격을 강조
	④ 경쟁사 (Competitor)	경쟁사와 비교하여 더 좋은 강점을 강조함	코카 vs 펩시, 박카스 vs 비타500
고객	⑤ 고객 (User)	목표시장의 특정고객을 위한 제품임을 강조함	X세대, G세대, 성공한 1%가 타는 자동차
용도	⑥ 사용 및 적용 (Use·Application)	제품의 사용용도에서 우수성을 강조함	강력한 세제, 내구성과 쿠션이 뛰어난 스포츠화
	⑦ 제품 카테고리 (Category)	새로운 사용용도를 개발해서 이를 선점함	딤채, 비데, 불스원샷

8) 김진한(2008), 『전략적 포지셔닝: 이론과 실제』, 와이미디어, p.15.

7-9 포지셔닝(2): 「포지셔닝 맵」의 작성과 활용

목표시장에서 자사제품의 위치를 확인하고 경쟁사제품과의 차별점을 찾아내기 위해서 활용하는 것이 포지셔닝 맵입니다.

「포지셔닝 맵(Positioning Map)」이란 동일제품의 시장에서 서로 경쟁하고 있는 제품 간 주요 속성이나 특성을 기준으로 제품의 가치와 각 세분시장의 선호도를 시각적으로 나타낸 지도를 말합니다. 즉 자사제품이 경쟁사제품과 비교해 고객의 마음속에서 차지하고 있는 상대적 위치를 나타내는 것입니다.

포지셔닝 맵을 작성하는 방법은 다음과 같습니다.

① 1단계: 제품에 대한 고객의 구매결정요인을 추출한다

포지셔닝 맵에서 축의 이름을 명명하기 위해서 먼저, 제품을 구매할 때 고객이 이용하는 구매결정요인을 찾아야 합니다. 「구매결정요인(Key Buying Factor, KBF)」이란 고객이 제품을 구매할 때 결정적인 역할을 하는 요인을 말합니다. 예를 들면 제품의 품질, 가격, 광고, 지불방법, AS 등이 해당됩니다.

② 2단계: 가로축과 세로축을 교차시켜 포지셔닝 맵을 작성한다

두 개의 축을 결정한 후에 두 축을 교차시키면 4개의 공간이 만들어집니다.

③ 3단계: 포지셔닝 맵에서 자사와 경쟁사의 위치를 정한다

포지셔닝 맵에서 자사제품과 경쟁사제품의 위치를 배치합니다. 만약 자사제품과 경쟁사제품이 겹치게 되면 두 제품이 차별화되었다고 할 수 없고, 이 경우에는 두 제품이 겹쳐진 위치에서 자사제품을 분리시킬 수 있는 방법을 찾아야 합니다.

④ 4단계: 포지셔닝 맵을 검토하면서 자사의 새로운 포지션을 정한다

경쟁사의 위치를 파악한 후에는 자사제품의 강점을 활용할 수 있는 새로운 위치를 찾아내야 합니다.

아래 그림은 패션의류시장에서 시장세분화의 결과와 제품에 대한 평가를 포지셔닝 맵으로 보여주고 있습니다.[9]

이 그림에는 2개의 제품속성(유행과 착용감), 이 두 제품속성에 대한 5개의 제품(A, B, C, D, E), 2개의 제품속성에 대한 고객중시도에 따라 4개의 고객집단(멋쟁이, 일반대중, 활동형, 신속형)을 나타내고 있습니다. 그리고 각각의 고객집단이 선호하는 제품속성은 4개의 화살표로 나타내고 있습니다.

각 고객집단에서 가장 선호하는 제품은 각 제품에서 해당 고객집단 화살표에 수직이 되도록 선을 그어서 화살표 방향으로 가장 멀리 있는 제품이 됩니다. 멋쟁이는 제품 A를 가장 선호하고, 그 다음으로 B, D 순으로 선호합니다. 활동형은 B, C, A 순으로 선호합니다.

▌패션의류의 포지셔닝 맵▐

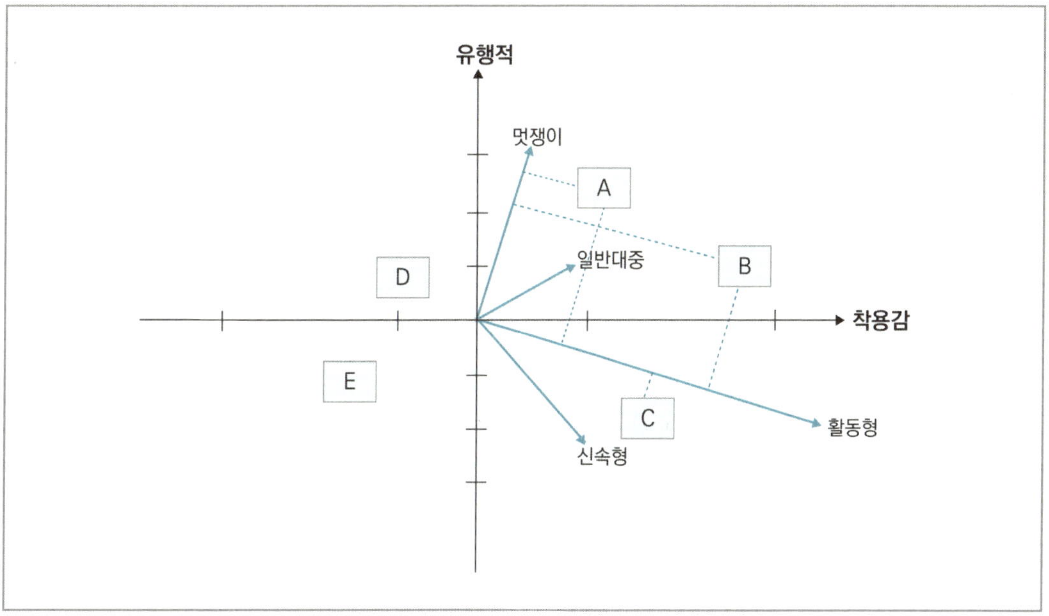

9) 김미정·김미현·박철주·손준상·이원일(2019), 『마케팅원론』, 형설출판사, pp.209-210.

7-10 「포지셔닝」(3): 차별화 전략과 포지셔닝 전략

차별화와 포지셔닝 작업은 3단계로 구성됩니다. 즉 ① 포지션 구축의 기반이 될 경쟁우위를 제공하는 차별적 고객가치의 조합을 파악하는 단계, ② 올바른 경쟁우위를 선택하는 단계, 그리고 ③ 전반적인 포지셔닝 전략을 선정하는 단계입니다.

① 차별적 고객가치와 경쟁우위의 확인

기업은 우수한 고객가치를 제공하여 자신을 차별화하고 포지션 할 수만 있다면 강력한 경쟁우위를 획득할 수 있게 됩니다.

차별화 요소를 찾기 위해서 기업은 자사제품에 대한 고객의 모든 경험을 분석합니다. 예를 들어 제품, 서비스, 유통경로, 사람, 혹은 이미지 등으로 차별화를 도모할 수 있습니다.

- ❍ 제품 차별화를 통하여 브랜드는 기능, 성능, 또는 스타일과 디자인 측면에서 차별화할 수 있습니다.
- ❍ 제품 차별화를 넘어 제품에 수반되는 서비스로도 차별화할 수 있습니다.
- ❍ 유통경로 차별화는 유통경로의 커버리지, 전문성, 그리고 성과를 설계하는 방식을 통해 경쟁우위를 획득합니다.
- ❍ 인적 차별화는 경쟁사보다 더 우수한 인력을 고용하고 훈련시키는 것을 통해 경쟁우위를 확보할 수 있습니다.
- ❍ 회사나 브랜드의 이미지 차별화에 근거하여 차이를 지각할 수 있습니다.

② 올바른 경쟁우위를 선택하는 단계

다음 단계는 얼마나 많은 차별점을 촉진할 것인지, 그리고 어떤 차별점을 촉진할 것인지를 결정합니다.

차별점은 다음과 같은 기준을 만족시킬 때 추진할 가치가 있습니다.[10]

10) Philip Kotler·Gary Armstrong[안광호·유창조·전승우 역](2017), 『코틀러의 마케팅 원리 16판』, pp.233-234.

▌차별점의 기준과 그 내용▐

차별점의 기준	내 용
① 중요성 (Important)	차별점은 목표고객에게 매우 중요한 편익을 제공해야 함.
② 독특성 (Distinctive)	경쟁사가 차별점을 제공하지 않거나 또는 자사가 경쟁사보다 더 독특한 방법으로 차별점을 제안할 수 있어야 함.
③ 우월성 (Superior)	차별점은 고객이 동일한 편익을 얻을 수 있는 다른 방법보다 우월해야 함.
④ 의사소통 가능성 (Communicable)	차별점은 고객과 의사소통될 수 있고 눈에 띌 수 있어야 함.
⑤ 선점가능성 (Preemptive)	경쟁사가 쉽게 차별점을 모방할 수 없어야 함.
⑥ 구매가능성 (Affordable)	고객은 차별점에 대해 가격을 지불할 수 있어야 함.
⑦ 수익가능성 (Profitable)	이익을 내면서 차별점을 소개할 수 있어야 함.

③ 전반적인 포지셔닝 전략을 선정하는 단계

제품의 포지셔닝 전략은 제품의 가치제안에 해당합니다. 이것은 제품이 차별화되고 포지셔닝하는 데 근간이 되는 편익의 조합을 말합니다. 바꿔 말하면, 고객이 왜 자사제품을 구매해야 하는지에 대한 회사의 대답이 되는 것입니다.

현대자동차의 제네시스 GV80의 가치제안은 자동차에 있어서 성능뿐만 아니라 고급감과 스타일도 포함합니다. 이로 인해 고객이 지불해야 하는 가격은 평균보다 높지만 이러한 편익의 조합을 고려하면 정당하다고 할 수 있습니다.

7-11 포지셔닝(4): 「포지셔닝 기술문」의 작성

기업, 회사, 그리고 제품의 포지셔닝은 포지셔닝 기술문으로 정리합니다.

「포지셔닝 기술문(Positioning Statement)」이란 제품과 서비스, 그리고 목표시장에 대해서 간략하게 진술한 것으로, 자사의 제품 또는 서비스가 목표시장의 특별한 요구를 충족시키는 방법을 진술한 것을 말합니다.

이것은 가치제안과 함께 마케팅 활동을 병행하기 위한 내부 도구로 사용됩니다. 즉 고객이 무엇을 원하고, 제품은 무엇으로 고객이 원하는 것을 해결해줄 수 있는지를 진술합니다.

포지셔닝 기술문은 다음과 같은 구조를 가지고 있습니다.

- 제품을 구매할 목표고객을 정의한다.
- 자사제품이 어떤 제품군에 속하는지를 정의한다.
- 경쟁사제품과의 차이점을 기술한다.
- 제품이 제공하는 가치를 정의한다.
- 고객이 믿게 되는 이유를 기술한다.

포지셔닝 기술문을 작성할 때는 다음 사항을 유의합니다.

- 심플하게 작성한다.
- 유니크하고 기억하기 쉽게 작성한다.
- 사업의 핵심가치를 포함한다.
- 고객에게 제품이 제공할 것을 신뢰감 있게 약속한다.
- 자사의 차별화가 경쟁사와 다른 자사만의 차별점을 제시한다.
- 사업에 대한 의사결정의 평가여부에 대해서 가이드라인으로 사용하기 위해 명확하게 작성한다.

일단 포지션이 선정되면, 목표고객에게 자사가 선정하는 바람직한 포지션을 전달하기 위하여 강력한 조치를 강구해야 합니다. 모든 마케팅 믹스 노력은 포지셔닝 전략을 지원해야 합니다.

기업은 종종 포지셔닝 전략을 실행에 옮기는 것보다 계획하는 것이 상대적으로 더 쉽다는 것을 알고 있습니다. 일단 원하는 포지션을 구축했다면 일관성 있는 성과와 커뮤니케이션을 통해 이를 유지하기 위해 주의를 기울여야 합니다. 그리고 고객의 니즈와 경쟁사의 전략변화에 대응하기 위해 지속적으로 포지션을 추적하고 적응시켜야 합니다.

▌포지셔닝 기술문의 예시▐

기 업	포지셔닝 기술문
나이키	"고품질의 세련된 운동복이 필요한 운동선수를 위해 나이키는 고객에게 최고 품질의 소재로 만든 최고 성능의 스포츠 의류와 신발을 제공합니다. 최신 기술에 대한 혁신과 투자에 대한 나이키의 노력으로 인해 본 제품은 운동복 업계에서 가장 앞선 제품입니다."
맥도널드	"탁월한 고객 경험을 제공하는 빠른 서비스 레스토랑을 찾는 개인을 위해 맥도널드는 수천 개의 편리한 위치에서 친절한 서비스와 일관성을 갖춘 패스트푸드 업계의 리더입니다. 맥도널드의 운영 및 고객 만족도 향상에 대한 헌신은 다른 패스트푸드 레스토랑과 차별화됩니다."
코카콜라	"고품질 음료를 찾는 개인을 위해 코카콜라는 가장 상쾌한 다양한 제품을 제공합니다. 각각의 제품은 고객이 코카콜라의 브랜드 음료를 즐길 때 긍정적인 경험을 제공합니다. 다른 음료와 달리 코카콜라 제품은 행복을 고취하고 고객의 삶에 긍정적인 변화를 가져오며 브랜드는 고객과 고객의 요구에 집중하고 있습니다."

1. 다양한 시장세분화 기준을 활용하여 전체시장을 세분화하기.

2. 시장세분화가 적합하게 분석되었는지를 어떻게 평가할 수 있는가?

3. 시장을 세분화한 후 「3C 분석」의 기준으로 평가하여 목표시장 선정하기.

4. 목표시장에 속한 「고객 프로파일링」을 선명하게 작성하기.

5. 「포지셔닝 맵」을 작성하여 자사와 경쟁사와의 차별점 찾아보기.

6. 사업 아이템에 대한 「포지셔닝 기술문」 작성하기.

08

마케팅 4P전략(1): 제품전략, 가격전략

CHAPTER
08

8-1 어떻게 판매할 것인가?: 「마케팅 믹스」 전략

「STP 분석」 후에는 이것을 근거로 고객에게 어떤 제품을, 어떤 가격으로, 어떤 유통경로를 통해서, 어떻게 프로모션할 것인지에 대한 마케팅 믹스 전략을 검토해야 합니다.

「마케팅 믹스(Marketing Mix)」란 제롬 맥카시(Jerome McCarthy)에 따르면, 목표시장에 속한 고객의 니즈를 충족시키기 위해서 기업이 사용할 수 있는 마케팅의 수단, 즉 제품(Product), 가격(Price), 유통경로(Place), 프로모션(Promotion)의 결합을 말합니다. 4개의 앞 글자 P를 따서 간략하게 4P라고 부릅니다.[1)]

① 제품(Product)

「제품」은 시장제공물(market offering)의 핵심 구성요소입니다. 자사제품을 경쟁사제품보다 더욱 차별화하여 고객이 자사제품을 선호하도록 하고, 아울러 고객이 높은 가격을 지불할 수 있도록 하는 것입니다.

② 가격(Price)

「가격」은 기업이 얻는 이익과 고객이 지불하는 비용을 포함한 숫자를 말합니다. 가격에 대한 결정은 이익을 확보해야만 하는 기업의 경영사정과, 제품을 저렴하게 구매하고자 하는 고객의 경제사정을 고려해서 적정한 가격을 결정해야 합니다.

③ 유통경로(Place)

「유통경로」는 제품을 고객이 사용하고 소비할 수 있도록 하는 조직의 일체를 말합니다.

여기에는 2가지 방법이 있습니다. 한 가지 방법은 제조업자가 직접 고객에게 제품을 판매하는 방식이고(직접유통), 다른 방법은 제조업자와 고객 사이에 유통업자를 개입시켜 제품을 판매하는 방식입니다(간접유통).

---

1) Jerome E. McCarthy(1960), *Basic Marketing: A Managerial Approach,* Homewood, Illinois, Richard D. Irwin, Inc.

④ 프로모션(Promotion)

「프로모션」은 고객에게 메시지를 전달할 수 있는 마케팅 커뮤니케이션 수단을 말합니다. 이 프로모션에는 광고, 인적판매, 판매촉진, 공중관계, 다이렉트 마케팅 등을 포함합니다.

▌마케팅 믹스에 대한 의사결정▐

① 제 품 (Product)	② 가 격 (Price)
· 무엇을 판매할 것인가?	· 가격을 얼마로 판매할 것인가?
③ 유통경로 (Place)	④ 프로모션 (Promotion)
· 제품을 어디서 판매할 것인가?	· 제품을 어떻게 판매할 것인가?

기업은 이 4가지 요소를 일관성 있게 결합하여 매출액을 증대시킬 수 있는 구조를 만드는 것이 중요합니다. 왜냐하면 4개의 P를 모두 한 축으로 연동시킴으로써 전체적으로 시너지 효과를 얻을 수 있고, 그 결과 매출액을 늘릴 수 있기 때문입니다.

▌마케팅 믹스 전략의 예시]

	제품 (Product)	가격 (Price)	유통 (Place)	프로모션 (Promotion)
높음				
중간				
낮음				

8-2 제품전략(1): 제품계획의 방법

매출목표를 달성하기 위해서는 고객이 원하는 제품을 제공할 수 있어야 합니다. 이것은 제조업자의 경우에는 제품을 생산하는 제품계획에 해당하고, 소매업자의 경우에는 제품을 구성하는 머천다이징에 해당됩니다.

제품은 제품의 기능, 품질, 성능, 디자인, 크기, 포장, 브랜드, 표시 등의 요소에 의해 특징지어집니다. 제품계획에서는 이러한 요인들에 대해 종합적으로 검토해야 합니다. 검토해야 할 내용은 기존제품의 지속적인 생산, 기존제품의 개량, 기존제품의 새로운 사용용도의 개발, 신제품개발로 구분할 수 있습니다.

① 기존제품의 지속적인 생산

이미 시장에 출시되고 있는 기존제품에 대해서 가격을 낮춰 저렴하게 판매하는 방법입니다. 이로 인해 시장의 수요를 지속시킬 수 있습니다. 또한 구형제품이지만 강력한 고객충성도의 니즈를 고려해서 계속 생산합니다.

② 기존제품의 개량

기존제품의 여러 요소들을 더욱 개선하는 방법입니다. 제품개량의 원칙은 기존제품에 대해 고객이 기대하는 제품의 특징이 있어야 하고, 새로운 기능을 추가해야 하고, 그리고 품질이나 성능이 개선되었다 할지라도 가격을 올리지 않아야 합니다.

③ 기존제품의 새로운 시장개척

기존제품에 대해서 현재의 사용용도 이외의 새로운 사용용도를 제안함으로써 신규시장을 개척할 수 있습니다. 이 경우 새로운 사용용도에 맞게 제품을 개선 또는 개량하는 경우도 있습니다. 제품의 새로운 사용용도를 찾기 위해서는 기존제품에 대한 고객의 사용실태를 철저하게 조사해야 합니다.

④ 신제품개발

사업을 시작한다는 것은 고객의 니즈에 적합한 제품을 개발하는 기술혁신에 대응한다는 것과 그 의미가 상통합니다. 그러한 이유에서 신제품개발은 제품개발에 있어서 가장 중요한 부분이라고 할 수 있습니다.

지금까지 시장에 존재하지 않는 신제품을 개발하여 시장이 긍정적으로 반응한 경우에는 시장 선발자로서 고이익을 획득할 수가 있습니다. 아울러 회사나 브랜드 이름이 마치 일반 명사처럼 사용되는 경우가 있습니다.

▌제품계획의 방법▌

제품계획	내 용	예 시
① 기존제품의 지속적인 생산	• 가격인하	• 30만원→10만원
	• 애용자의 편의를 제공함	• 세탁기→세탁기(짤순이)
② 기존제품의 개선	• 품질, 성능의 개량	• 디지털 카메라 화소 1000만→1억800만 화소
	• 스타일, 디자인 개량	• 폴더→스마트폰
	• 원재료 변경	• 나무→휴지 • 신문지→휴지
	• 제조 공정의 개량	• 사람→로봇
③ 기존제품의 신시장개척	• 새로운 사용용도의 개발	• Covid-19 백신 개발
	• 새로운 이용자의 개발	• 어린이 기저귀→노인
④ 신제품개발	• 현재까지 출시되지 않은 제품	• iPad→스마트폰

8-3 제품전략(2): 제품의 분류

오늘날 많은 제품이 표준화됨에 따라 기업은 새로운 고객가치를 제안하기 위해 새로운 제품에 관심을 가지고 있습니다. 제품의 차별화를 위해 기업은 단순히 제품을 제공하는 것뿐만 아니라, 더 나아가 제품에 대한 고객의 경험까지를 관리하고 있습니다.

「제품(Product)」이란 시장의 욕구를 충족시킬 수 있기 때문에 주의, 획득, 사용 혹은 소비해야 할 대상물을 말합니다. 제품은 유형재 이상을 포함하고 있고, 광의의 제품은 유형재, 서비스, 이벤트, 사람, 장소, 아이디어 혹은 이들의 결합물 등을 포함합니다.

제품은 제품의 가시성, 내구성, 사용목적, 구매행동에 따라 다양하게 분류할 수 있습니다.

첫째, 제품의 가시성에 따라 제품과 서비스로 구분합니다. 제품은 눈에 보이는 유형의 제품을, 서비스는 눈에 보이지 않는 무형의 제품을 말합니다.

둘째, 제품의 내구성에 따라 내구재와 비내구재로 구분합니다. 내구재는 제품의 내용연수가 긴 제품을, 비내구재는 내용연수가 짧은 제품을 말합니다.

셋째, 제품의 사용목적에 따라 산업재와 소비재로 구분합니다. 산업재는 이익창출을 위해 생산활동을 목적으로 구매하는 제품을, 소비재는 소비를 최종목적으로 구매하는 제품을 말합니다.

넷째, 소비재는 구매행동에 따라 편의품, 선매품, 전문품으로 구분합니다. 이 방법은 멜빈 코플란드(Melvin Copeland)의 분류법을 미국마케팅협회 정의위원회가 결정한 것으로 마케팅에서 자주 활용되는 분류법입니다.2)

① 편의품(Convenience Goods)

「편의품」은 고객의 구매빈도가 높고, 제품이 고객에게 즉시 인도되며, 제품의 비교나 구매에 최소한의 노력만을 지불하려는 제품을 말합니다. 이 제품은 일반적으로 저가격으로 판매되고, 고객이 필요로 할 때 쉽게 구매할 수 있도록 여러 장소에서 판매됩니다.

② 선매품(Shopping Goods)

「선매품」은 고객이 제품의 선택과 구매과정에서 품질, 가격, 적합성, 스타일 등을 비교하

---

2) Melvin T. Copeland(1923), The Relation of Consumers' Buying Habits to Marketing Methods, *Harvard Business Review*, 1(April), pp.282-289.

면서 구매하는 제품을 말합니다. 일반적으로 고객은 구매를 위해 상당한 노력과 시간을 투입합니다.

③ 전문품(Specialty Goods)

「전문품」은 고객이 제품을 구매하는데 각별한 노력을 기울이고, 독창적인 특징이나 유명 브랜드의 이름을 보유한 제품을 말합니다. 강한 브랜드 충성도로 인해 브랜드 간의 비교나 평가는 거의 하지 않습니다.

▌제품의 분류▐

분류기준	제품	내용	예시
가시성	유형재	눈에 보이는 유형의 제품	TV
	무형재	눈에 보이지 않는 무형의 서비스	금융 서비스
내구성	내구재	비교적 사용기간이 긴 제품	자동차
	비내구재	비교적 사용기간이 짧은 제품	화장품
사용목적	산업재	생산하기 위해 구매하는 제품	기계
	소비재	소비하기 위해 구매하는 제품	식품
구매행동	편의품	많은 탐색노력을 하지 않는 제품	문방구
	선매품	비교하면서 구매하는 제품	의류
	전문품	브랜드 충성도가 높은 제품	고급 카메라

8-4 제품전략(3): 제품의 특성 분석

마케팅에서는 제품을 어떻게 취급하고 있을까요? 가장 지지받고 있는 것이 「제품」을 '고객의 니즈나 욕구를 충족시키기 위해서 시장에 제공되는 편익의 다발(bundle of benefit)'로 정의하는 입장일 것입니다.

레브론의 창업자 찰스 레브론(Charles Revlon)은 "우리는 공장에서 화장품을 생산하지만 매장에서는 꿈을 판매하고 있다"라고 말한 적이 있습니다. 이것은 여성이 화장품을 구매하는 것은 단순히 화장품 그 자체를 원하는 것이 아니라, 아름다워지고 싶다고 하는 본원적 니즈를 해결하는 편익의 다발로서 간주하고 있다는 것을 의미합니다.

사업에서의 상거래란 제품이 제공하는 가치에 대한 반대급부로서, 고객이 대가를 지불하는 가치의 교환을 의미합니다.

「제품의 특성 분석」이란 제품이 고객에게 어떤 가치를 제공하고 있는가? 하는 가치구조를 명확하게 하는 것을 말합니다. 제품의 특성 분석에서 3계층 모델은 제품이 가지고 있는 가치를 3가지로 요약하고 있습니다.[3]

① 핵심편익(Core Benefit)

「핵심편익」이란 고객이 대가를 지불하여 구매하고자 하는 제품이 고객에게 제공하는 핵심적인 편익을 말합니다. 고객이 특정제품을 구매하는 중요한 목적이라고 할 수 있습니다.

② 실제제품(Actual Product)

「실제제품」이란 핵심편익을 보다 확대한 개념으로서 핵심편익을 실현하기 위해서 실제적으로 제품에 포함시키는 구성요소를 말합니다. 이 구성요소가 없다면 제품으로 성립할 수가 없습니다.

③ 확장제품(Augmented Product)

「확장제품」이란 제품의 핵심편익에 직접적으로 공헌하지는 않지만, 부가적인 요소를 포함한 개념을 말합니다. 이 부수기능의 제공 여부에 따라 제품에 대한 매력도가 올라가기도 하

---

3) Philip Kotler·Gary Armstrong[안광호·유창조·전승우 역](2017), 『코틀러의 마케팅 원리 16판』, pp.244-245.

고 떨어지기도 합니다. 그러나 이 기능이 없는 제품도 존재합니다.

먼저 제품에 의해 충족시켜야 할 핵심편익을 파악한 후, 편익의 묶음을 제공하기 위해 실제제품을 설계하고, 이를 확장시킬 방법을 강구해야 합니다.

▌제품이 제공하는 특성 분석▌

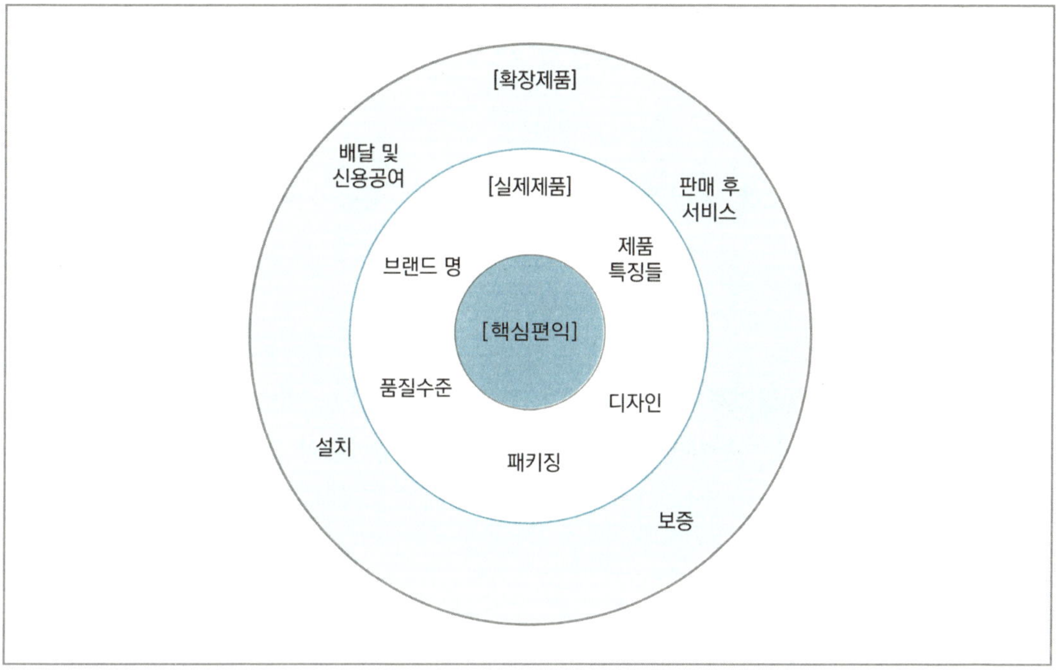

특성	내 용	구체적 특성	자동차의 경우
핵심 편익	고객이 대가를 지불하여 얻고자 하는 핵심적 편익	핵심 편익, 서비스	이동, 운송
실제 제품	제품의 핵심편익을 실현하기 위해 필요한 구성요소	품질, 기능, 색상, 디자인, 포장, 상표	배기량, 디자인, 연비
확장 제품	제품을 구매할 때 부수적인 기능. 존재 여부에 따라 제품의 핵심편익에 영향을 미침	보증, 배송, A/S, 설치, 신용판매	자동차 등록 대행, 블랙박스 제공

8-5 제품전략(4): 제품의 다양성

(1) 제품의 다양성

「제품의 다양성」이란 최근의 트렌드, 즉 고객니즈의 다양화, 개성화, 소비의 선택화, 라이프스타일의 다양화에 대응하기 위해서 기업이 제공할 제품의 종류(폭과 깊이)를 늘리는 것을 말합니다. 여기에는 수직적, 수평적, 이질적 다양화를 포함합니다.

① 수직적 다양화

「수직적 다양화」는 원료품, 부분품, 반제품, 2차 가공품 등을 기존의 제품라인에 추가하는 방법입니다.

② 수평적 다양화

「수평적 다양화」는 동일업종의 제품라인에 속해 있는 제품을 새로 추가하는 방법입니다. 예를 들면 자동차 회사가 아반떼에서 소나타나 그랜저를 생산하여 판매하는 것이 이에 해당합니다.

③ 이질적 다양화

「이질적 다양화」는 이업종의 제품라인에 속해 있는 제품을 새로 추가하는 방법입니다. 자동차 회사가 컴퓨터를 생산하여 판매하는 것이 이에 해당합니다. 단 이질적 다양화가 더욱 진행되어 그 제품이 자사의 주축이 될 정도로 성장한 경우는 이질적 다양화라기보다는 경영다각화에 해당합니다.

(2) 제품라인의 결정

「제품라인(Product line)」이란 서로 밀접하게 관련된 여러 제품의 집합을 말합니다. 제품라인에 속한 제품은 동일한 고객에게 판매하거나, 유사한 기능을 제공하거나, 비슷한 가격대에서 판매하거나, 동일한 유통경로를 통해 판매하기 때문에 하나의 제품라인에 포함시킬 수 있습니다.

제품라인에 대한 결정은 제품라인의 길이에 관한 것으로, 제품라인에 포함된 품목의 수를 말합니다.

제품라인의 길이가 짧을수록 고객의 선택폭은 줄어들고, 전문성은 올라갑니다. 반대로 제품라인의 길이가 길수록 고객의 선택폭은 올라가지만 전문성은 떨어집니다. 제품라인의 길이는 기업의 경영목표와 경영자원의 규모에 따라 크게 영향을 받습니다.

▌제품라인의 결정▐

제품라인의 길이	짧 다	중 간	길 다
장 점	전문성이 올라감	중간	고객의 선택 폭이 늘어남
단 점	고객의 선택 폭이 줄어듦	중간	전문성이 떨어짐

다음은 어떤 제품라인을 설정할 것인지를 검토합니다. 고객에게 다양한 제품을 제공하게 되면 고객의 선택폭은 올라가지만 기업에게는 불리합니다. 왜냐하면 여러 원재료를 구입하여 제품을 생산하게 되면 그만큼 많은 인적, 물적, 자금을 투입해야 하기 때문입니다. 또한 기대한 만큼 매출을 달성하지 못하면 불량재고로 전락될 수 있습니다.

제품라인에 대한 결정은 「3C 분석」을 기준으로 결정합니다.

① 고객 관점

먼저, 고객니즈를 충족시킬 수 있는 제품라인을 결정해야 합니다. 사전에 고객에게 제공하고자 하는 가치가 무엇인지를 검토한 후 그 가치를 제공할 수 있는 제품라인을 결정합니다.

② 경쟁사 관점

경쟁사의 제품라인과 비교해서 더욱 확대할 것인지 또는 축소할 것인지를 결정합니다. 경쟁사의 제품라인과 비교하여 자사의 제품라인이 너무 열세일 경우에는 경쟁에서 불리해집니다.

③ 자사 관점

제품라인이 늘어날수록 원재료 구입과 재고관리 측면에서 비용이 증가합니다. 따라서 자사의 능력에 맞춰 제품라인을 결정합니다.

▌제품믹스의 결정▐

3C	구체적인 내용
① 고 객	• 고객니즈를 충족시킬 수 있는 제품이 준비되었는가? • 폭 넓은 고객니즈에 대응할 수 있을 만큼 많게 할 것인가? • 목표고객으로 한정시켜 좁게 할 것인가?
② 경쟁사	• 경쟁에서 불리하지 않을 만큼 제품이 준비되어 있는가? • 경쟁사보다 넓힘으로써 경쟁우위에 설 수 있는가? • 특정제품으로 한정시킴으로써 강점이 될 수 있는가?
③ 자 사	• 원재료 구입이나 재고관리 비용을 기준으로 이익을 확보할 수 있는가? • 재고 품절이 발생하지 않는가? • 폐업 등의 손실 등을 축소할 수 있는가?

(3) 제품믹스

몇 개의 제품라인을 보유하게 되면 전체적인 제품믹스를 구성하게 됩니다.

「제품믹스(Product Mix)」란 시장에 제공되는 제품라인과 품목을 전부 합한 전체적인 제품의 수를 말합니다. 이 제품믹스는 4가지 차원, 즉 제품믹스의 넓이, 깊이, 길이, 그리고 일관성을 가지고 있습니다.[4)]

① 제품믹스의 넓이(폭): 제공하고 있는 제품라인의 수.

② 제품믹스의 깊이: 하나의 제품라인을 구성하고 있는 품목의 수.

③ 제품믹스의 길이: 제품믹스를 구성하는 전체 품목의 총수.

④ 일관성: 다양한 제품라인이 제품의 최종용도, 생산요건, 유통경로 측면에서 볼 때 어느 정도 밀접하게 관련성이 있는가. 일관성이 낮을수록 다각화 경영의 특성이 강해짐.

---

4) Philip Kotler·Kevin Lane Keller[윤훈현 역](2009), 『Kotler의 마케팅 관리론 13판』, 도서출판 석정, pp.480-481.

▌제품믹스의 결정(P&G의 경우)▐

	제품믹스의 폭				
제 품	세제 (8)	치약 (2)	비누 (5)	1회용기저귀 (2)	화장지 (3)
제품 믹스 깊이	• Ivory Snow • Dreft • Tide • Cheer • Dash • Bold • Gain • Era	• Gleem • Crest	• Ivory • Camay • Zest • Safeguard • Oil of Olay	• Pampers • Luvs	• Charmin • Puffs • Bounty

8-6 가격전략(1): 가격결정의 3요인

최근, 가격을 둘러싼 경쟁환경은 치열하게 급변하고 있습니다. 제품전략을 세운 후에 제품의 가격을 얼마로 정할 것인지는 상당히 중요한 의사결정 중에 하나입니다. 마케팅 믹스 중에서 제품, 유통경로, 프로모션은 비용을 발생시키지만 가격은 이익을 발생시키는 유일한 요소이기 때문입니다.

「가격(Price)」이란 좁은 의미로 보면 제품에 대해 부과된 화폐량입니다. 조금 더 넓은 의미로 보면 고객이 제품의 소유나 사용으로 얻게 될 편익을 위해 고객이 포기해야 할 모든 가치의 합을 말합니다.

가격에 대한 의사결정은 이익을 확보해야만 하는 자사의 경영사정과, 제품을 저렴하게 구매하고자 하는 고객의 경제사정을 고려해서 결정합니다. 왜냐하면 가격은 고객이 제품을 구매할 때에 가장 크게 영향을 미치는 요소이고, 어떤 가격을 설정했는지에 따라 가격 이미지가 형성되기 때문입니다.

가격을 결정하기 위해서는 크게 3가지 관점으로 검토합니다.

① 원가지향 가격결정(Cost Oriented Pricing)

「원가지향 가격결정」은 제품의 가격결정권을 기업이 갖는 것으로, 제품의 생산비와 판매비를 산출한 후에 이익을 더해 결정하는 방식입니다. 이 방식은 자사제품이 특별한 기능을 가진 제품이나 고부가 가치를 제공할 수 있는 제품일 경우 적합합니다. 그러나 이익을 확보하기는 용이하지만, 경쟁사보다 고가인 경우에는 가격경쟁에서 밀릴 수 있습니다. 최저가격의 기준이 됩니다.

② 가치지향 가격결정(Value Oriented Pricing)

「가치지향 가격결정」은 가격결정권을 고객이 갖는 것으로, 고객이 이 정도의 가격이라면 구매할 것이라는 기대가격을 기준으로 결정하는 방식입니다. 고품질의 제품을 경쟁사제품과 비슷한 가격에 구매한다면 고객은 더욱 저렴하게 느끼게 될 것입니다. 이 경우 고객은 가격이 비싸도 납득할 수 있는 가격이라고 생각할 것입니다. 최고가격의 기준이 됩니다.

③ 경쟁사의 가격전략(Competitive Pricing)

「경쟁사의 가격전략」은 동일한 시장에 출시되고 있는 경쟁사의 제품가격과 비교해서 결정하는 방식입니다. 이 방식은 제품 간 차별화가 거의 없을 때 경쟁사제품과 거의 비슷한 가격으로 또는 약간 저렴한 가격으로 판매하는 경우입니다.

그러나 제품의 생산 및 판매 비용보다 경쟁사의 제품가격을 너무 의식한 나머지 이익을 충분히 확보할 수 없게 되고, 결국 적자를 감수해야 하는 경우도 발생합니다.

그림에는 가격결정의 3요인을 나타내고 있습니다. 제품원가는 가격의 하한선이 됩니다. 기업이 원가 이하로 가격을 결정하면 이익을 확보할 수 없게 됩니다.

제품에 대한 고객의 지각가치는 가격의 상한선이 됩니다. 고객이 제품의 지각가치보다 가격을 더 높은 것으로 지각한다면, 그들은 제품을 구매하지 않을 것입니다.

최종적으로 기업은 이 두 가격범위에서 경쟁사의 제품가격을 고려하여 가격을 결정하게 됩니다.

▌가격결정의 3요인▐

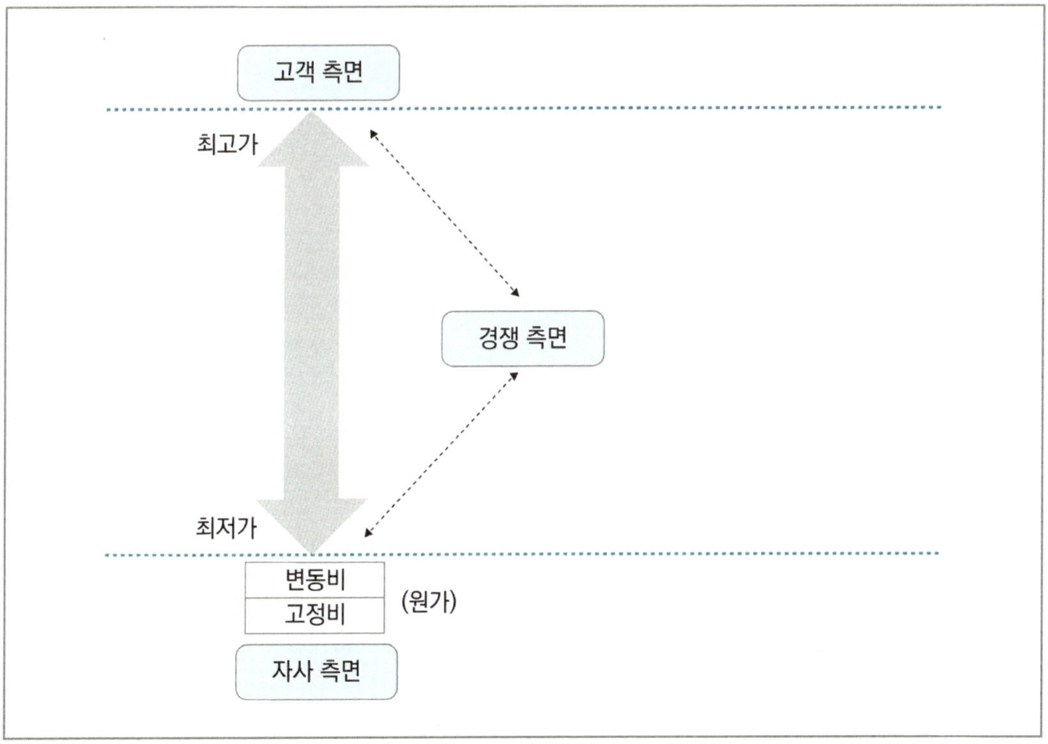

8-7 가격전략(2): 시장구조와 가격결정

고객은 제품의 가격과 이를 소유함으로써 얻게 되는 편익 간에 균형을 맞추고자 합니다. 따라서 가격을 설정하기 전에 시장구조에 따른 가격행동과, 가격과 수요 관계에 대해서 이해하고 있어야 합니다.

시장구조에 따라 가격행동은 다음과 같습니다.5)

① 완전경쟁시장

「완전경쟁시장」에서는 쌀, 광물, 주식, 일용품의 거래와 같이 많은 판매자와 구매자로 구성됩니다. 어떤 판매자나 구매자도 시장가격에 큰 영향을 미치지 못합니다.

② 독점적 경쟁시장

「독점적 경쟁시장」에서는 단일의 시장가격이 아니라 일정한 가격범위 내에서 거래를 하는 많은 수의 판매자와 구매자로 구성됩니다. 일정한 가격범위 내에서 거래가 이루어지는 이유는 판매자들이 자신들의 제품을 차별화시킬 수 있기 때문입니다. 많은 경쟁사가 존재하기 때문에 과점시장에 비해 경쟁사의 결정에 영향을 덜 받습니다. 판매자는 서로 다른 세분시장에 대해 차별화된 제품을 개발하려고 하며, 가격 이외의 마케팅 믹스로 자사의 제품 차별화를 시도합니다.

③ 과점 경쟁시장

「과점시장」은 경쟁사의 가격전략과 마케팅전략에 민감하게 반응하는 소수의 판매자로 구성됩니다. 소수의 판매자만 존재하기 때문에 각 판매자는 경쟁사의 가격전략과 마케팅전략에 민감하게 반응합니다.

④ 순수독점시장

「순수독점시장」은 한 개의 판매자가 전체시장을 지배하는 시장을 말합니다.

5) Gregory N. Mankiw[김경환·김종석 역](2015), 『맨큐의 경제학 7판』, 교보문고, pp.329-430.

▌시장구조에 따른 가격결정▐

시장구조	가격행동
완전경쟁	경쟁시장에서의 기업은 가격수용자이므로, 제품가격은 기업의 평균수입, 한계수입과 일치함.
독점적 경쟁	완전시장과 같은 이상적 시장성과를 나타내지는 않음. 균형가격이 한계비용보다 높아서 독점시장에서 발생하는 것과 같은 경제적 순손실이 발생함.
과점경쟁	과점시장에서의 기업은 카르텔을 통해 독점기업처럼 행동함으로써 총이윤을 극대화하고자 함. 그러나 이들이 개별적으로 생산량을 결정한다면 독점시장보다 많은 생산량과 낮은 가격을 실현할 수 있음.
순수독점	독점기업도 경쟁시장처럼 이윤극대화를 위해 한계수입이 한계비용과 일치하는 수준에서 생산함. 이러한 생산량에 해당하는 수요곡선의 높이에 해당하는 가격을 책정함.

8-8 가격전략(3): 「수요곡선」과 「수요의 가격탄력성」

(1) 수요곡선(Demand Curve)

고객이 가격에 얼마나 민감하게 반응하느냐에 따라 가격설정이 달라집니다. 설정된 가격과 이로 인해 유발된 수요량 간의 관계를 보여주는 것이 수요곡선입니다.

「수요곡선」은 가격의 변화에 따른 수요량의 변화를 보여주는 곡선을 말합니다. 일반적으로 제품가격이 올라가면 수요량은 내려가고 제품가격이 내려가면 수요량은 올라가는 마이너스(-) 관계에 있습니다.

▌수요곡선▐

가격(P)	2,000	4,000	5,000	6,000	8,000	10,000
수요량(Q)	80	60	50	40	20	0

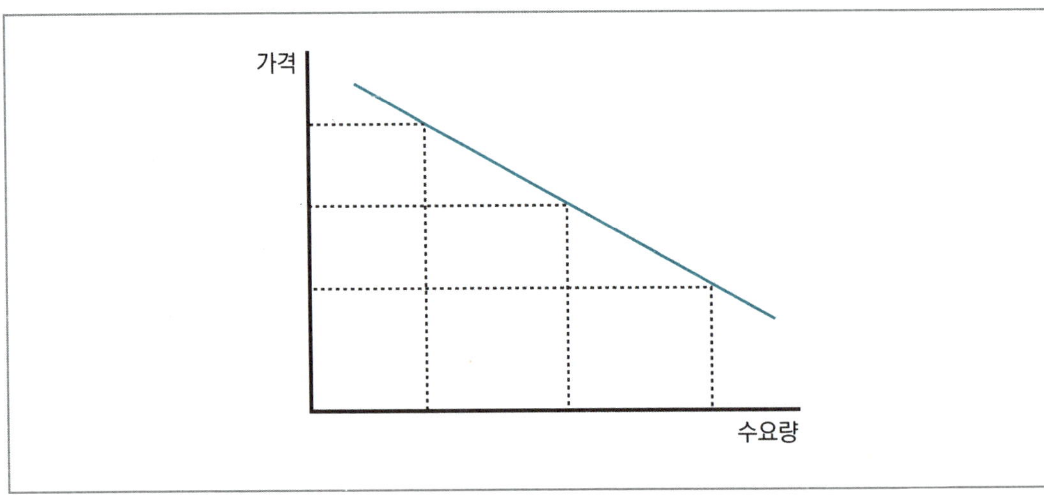

(2) 수요의 가격탄력성(Price Elasticity of Demand)

「수요의 가격탄력성」은 제품의 가격변화에 따라 수요가 얼마나 민감하게 반응하는지를 보여줍니다. 수요가 크게 변화할 때에는 가격탄력성이 높고, 변화가 적을 때에는 가격탄력성이 낮습니다.

$$\text{수요의 가격탄력성} = \frac{\text{수요량의 변화율 (\%)}}{\text{가격의 변화율 (\%)}}$$

▌수요의 가격탄력성▐

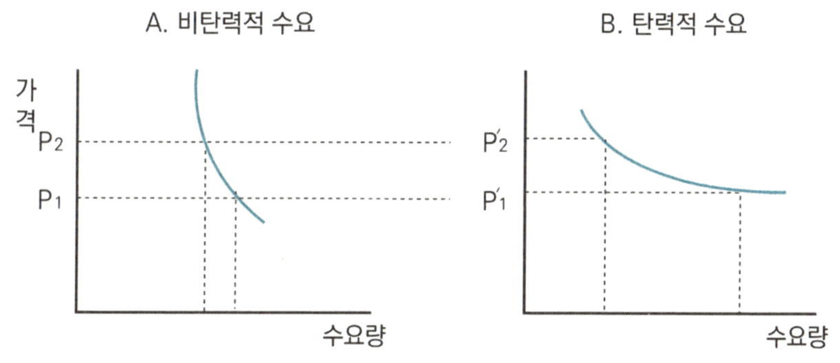

예를 들면 주스를 판매하는 점포에서 한 잔의 주스가격이 5,000원에서 6,000원으로 상승하였을 때 판매량이 50잔에서 40잔으로 감소하였다면, 수요의 가격탄력성은 1이 됩니다.

한편, 주스가격이 5,000원에서 6,000원으로 상승하였을 때 판매량이 50잔에서 30잔으로 감소하였다면, 수요의 가격탄력성은 2가 됩니다.

$$\text{수요의 가격탄력성} = \frac{\frac{10}{50}}{\frac{1,000}{5,000}} = \frac{0.2}{0.2} = 1$$

8-9 가격전략(4): 신제품 가격전략

신제품을 시장에 출시할 때 스키밍 가격전략과 시장침투 가격전략 중에 어떤 전략을 선정할 것인지를 결정해야 합니다. 이 2가지 가격전략 중에서 어떤 목적을 더욱 중요시할 것인지에 따라 전체적인 마케팅 믹스 전략이 크게 달라집니다.[6]

① 스키밍 가격전략(Skimming Pricing)

「스키밍 가격전략」이란 제품가격에 그다지 민감하지 않은 고객을 대상으로, 고가격을 설정하는 전략입니다.

이 가격전략은 빠른 시기에 많은 이익을 확보하고, 신제품개발에 투입된 비용을 초기단계에 회수할 수 있다는 장점을 가지고 있습니다. 시장에 있어서 가장 맛있는 부분을 취할 수 있는 가격이라는 의미로 스키밍 가격전략이라고 부릅니다. 이 가격전략은 주로 기술주도형 제품에서 채택하고 있습니다.

② 시장침투 가격전략(Market Penetration Pricing)

「시장침투 가격전략」이란 제품가격에 상당히 민감한 고객이 많거나 수요의 가격 탄력성이 비교적 높은 시장에서 시장을 크게 보고, 저가격을 설정하는 전략입니다.

이 가격전략은 초기단계에서 이익을 충분히 회수하기 어렵지만 높은 시장점유율을 확보할 수 있다는 장점을 가지고 있습니다. 그리고 시장점유율이 높아지면 규모의 경제나 경험효과를 활용하여 비용우위를 누릴 수 있어, 결과적으로 높은 이익을 획득할 수 있습니다. 이 가격전략은 주로 모방하기 쉬운 일용형 제품에서 채택하고 있습니다.

---

6) 조계현·김범종(2011), 『마케팅 관리』, 브랜드마케팅협회, p.203.

▌스키밍 가격전략과 시장침투 가격전략▐

구 분	스키밍 가격전략	시장침투 가격전략
제품가격	비교적 고가격	비교적 저가격
목 적	단기간에 이익을 회수하기 위함	시장으로 빠른 침투를 노리기 위함
적용제품	반도체, 휴대폰, 가전제품 등 기술주도형 제품	화장품, 비누 등 일용품
개발비용	높은 경우	낮은 경우
고객층	가격 민감도가 높지 않고, 제품을 시용해보고자 하는 고객층	일반 고객층

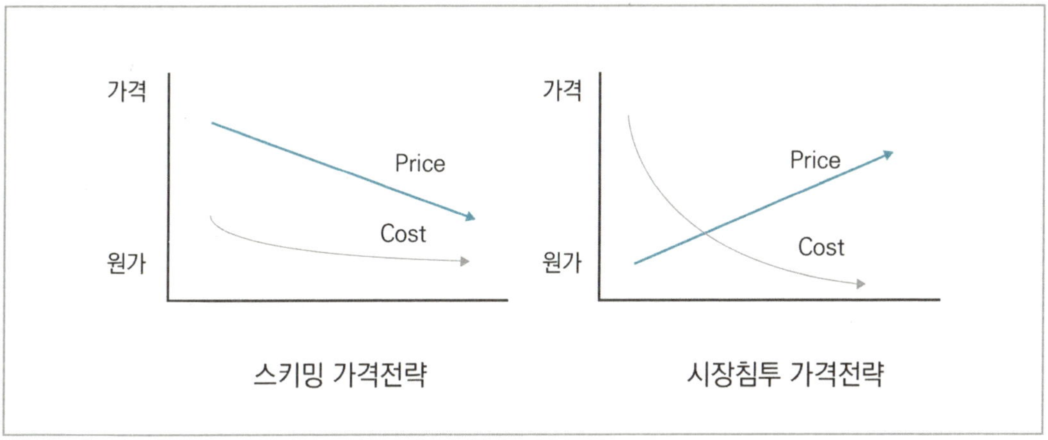

8-10 가격전략(5): 제품믹스의 가격결정

하나의 제품이 제품믹스를 구성하는 제품일 경우에 해당제품에 대한 가격전략은 자주 변경됩니다. 이러한 경우 기업은 전체적인 제품믹스의 이익을 극대화시킬 수 있는 개별제품에 대한 가격의 조합을 모색해야 합니다.

① 제품라인 가격결정

기업이 하나의 제품만을 개발하여 제공하는 경우는 거의 없습니다. 오히려 여러 제품을 개발하여 제공하는 경우가 일반적입니다. 이러한 경우에 개별제품별로 가격을 설정하지 않고, 생산하고 있는 제품 전체로부터 이익을 극대화시킬 수 있는 개별제품의 가격을 설정해야 합니다. 이러한 가격설정을 「제품라인」 가격결정이라고 부릅니다. 제품라인 가격결정이 어려운 이유는 여러 제품이 서로 다른 원가와 수요를 가지고 있고, 경쟁수준이 다르기 때문입니다.

② 「선택사양제품」 가격결정

「선택사양제품」 가격결정은 주력제품에 추가하여 제공되는 선택사양에 따라 판매가격을 결정하는 것입니다. 자동차 산업에서 자주 사용하고 있습니다. 즉 자동차의 기본 가격에 개별적으로 정해져 있는 선택사양을 선택함에 따라 가격이 증가하는 방식입니다.

③ 「종속제품」 가격결정

「종속제품」 가격결정은 주제품과 함께 사용하는 종속제품을 생산하는 제조업자가 종속제품에 대해서 가격을 결정할 때 채택합니다. 종속제품의 예를 들면 빔 프로젝트의 전구, 복사기의 프린터 잉크 카트리지 등입니다. 주제품의 제조업자는 주제품에 대해서는 낮게 가격을 설정하고 종속제품에 대해서는 가격을 높게 설정하여 높은 이익을 확보합니다.

④ 묶음제품 가격결정

「묶음제품」 가격결정은 몇 개의 동일제품을 하나로 묶어서 개별가격보다 저렴한 가격으로 판매하는 것을 말합니다. 예를 들면 패스트푸드점에서 햄버거, 프렌치프라이, 청량음료를 한 세트로 묶어 콤보 가격으로 판매하는 경우가 이것에 해당합니다.

⑤ 부산물 가격결정

「부산물」 가격결정은 주제품의 가격이 경쟁력을 갖도록 부산물에 대해 가격을 결정하는 것입니다. 육류, 원유, 농산물, 화학제품 등을 가공·생산하는 경우, 그 과정에서 부산물이 나옵니다. 제조업자는 부산물을 원하는 시장을 찾아서 처분해야 합니다. 어떤 가격대라고 하더라도 이를 저장하고 배달하는 데 드는 비용을 상쇄시키는 가격을 설정합니다.

8-11 가격전략(6): 심리적 가격결정

심리적인 가격결정으로 고객이 제품을 구매하도록 만들 수 있습니다.

「심리적 가격결정(Psychological Pricing)」이란 고객이 제품을 구매할 때 심리적으로 만족을 느낄 수 있도록 책정하는 가격을 말합니다. 예를 들면 10,000원과 9,800원 사이에는 200원 밖에 차이가 없지만, 많이 싸다고 느끼게 만듭니다.

① 준거가격(Reference Pricing)

「준거가격」은 고객이 제품의 구매를 결정할 때 기준이 되는 가격을 말합니다. 고객은 제품을 구매할 때 준거가격을 이용합니다. 즉 실제가격이 준거가격보다 낮을 때 구매의도가 높아지고, 준거가격보다 높을 때 구매의도가 낮아집니다.

고객이 심리적으로 느끼는 준거가격 이상으로 가격이 설정되면 저항이 거세지기 때문에 수량이나 품질을 조정하여 가격을 조정합니다.

② 명성가격(Prestige Pricing)

「명성가격」은 제품의 가격이 비싸면 그만큼 품질도 높을 것이라는 심리, 즉 가격-품질 연상효과(Price-Quality Association Effect)를 노린 방법입니다. 가격을 고가로 설정하면서 동시에 '100개 한정품' 또는 '특별주문생산' 등의 희소성을 소구할 수 있습니다. 또는 제품에 번호를 붙여, 그 번호의 제품은 세상에 한 개밖에 없다는 것을 소구하여 지위를 강조하기도 합니다. 주로 고급 브랜드에서 자주 사용합니다.

③ 단수가격(Odd Pricing)

「단수가격」은 고객이 가격을 저렴하게 느끼도록 제품가격의 끝자리를 9,800원, 1,980원처럼 단수를 붙이는 방법입니다. 실제로는 10,000원과 9,800원 사이에는 200원밖에 차이가 나지 않지만 고객은 10,000원대와 9,000원 대, 즉 1,000원 정도의 차이가 있는 것처럼 느끼게 됩니다.

④ 단계가격(Line Pricing)

「단계가격」은 제품을 쉽게 선택하도록 고객의 심리적인 부담을 덜어주는 방법입니다. 백화점에서 판매하고 있는 넥타이 가격이 30,000원, 50,000원, 80,000원으로 구분되어 있는 경우입니다.

⑤ 관습가격(Customary Pricing)

「관습가격」은 제품가격이 장기간 고정되어 있는 가격으로, 이 가격을 벗어나면 고객의 저항이 크게 일어납니다. 예를 들면 껌, 캔음료, 라면 등이 해당합니다.

⑥ 균일가격(Uniform Pricing)

「균일가격」은 취급하고 있는 모든 제품을 동일한 가격으로 설정함으로써 전체적으로 싸다고 느끼게 합니다. 예를 들면 천원샵, OO균일가 세일가격 등이 해당합니다.

⑦ 차별가격(Discriminative Pricing)

「차별가격」은 야구장, 영화관, 여행 등에서 일반석과 특별석을 구분하거나, 주중과 주말로 구분하여 설정하는 방법입니다.

1. 사업 아이템에 대해서 「마케팅 믹스 전략」을 어떻게 세울 것인가?

2. 사업 아이템에 있어서 차별점은 무엇인가?

3. 사업 아이템의 이름과 디자인 만들기.

4. 「스키밍 가격전략」과 「시장침투 가격전략」 중에 어떤 가격전략을 선택할 것인가? 그 이유는 무엇인가?

5. 사업 아이템의 가격은 얼마로 정할 것인가? 그 이유는 무엇인가?

6. 「제품라인별 가격」은 어떻게 설정할 것인가?

09

마케팅 4P전략(2): 유통경로전략, 프로모션전략

CHAPTER 09

9-1 유통경로전략(1): 유통업자의 「유통기능」

제품과 가격을 결정한 후에는 제품을 고객에게 어떻게 제공할 것인지, 유통경로를 검토합니다.

제품에 새로운 기능이 탑재되었든 성능이 향상되었든 디자인이 혁신적이었든 간에, 제품을 고객에게 실제로 제공하지 못하면 이 모든 활동은 물거품이 되고 맙니다. 제조업자는 유통경로를 구축하고 고객이 실제로 제품을 구매하고 사용함으로써 고객에게 가치를 제공할 수 있게 됩니다.

「유통경로(Place, Marketing Channel)」란 제품을 고객에게 제공할 때까지의 흐름으로서, 제품이 제조업자에서 출발하여 도매업자 → 소매업자 → 고객에게 도달할 때까지의 유통단계를 말합니다.

제조업자가 생산한 제품이 고객에게 전달되는 유통경로는 아래와 같습니다.

▌유통경로▐

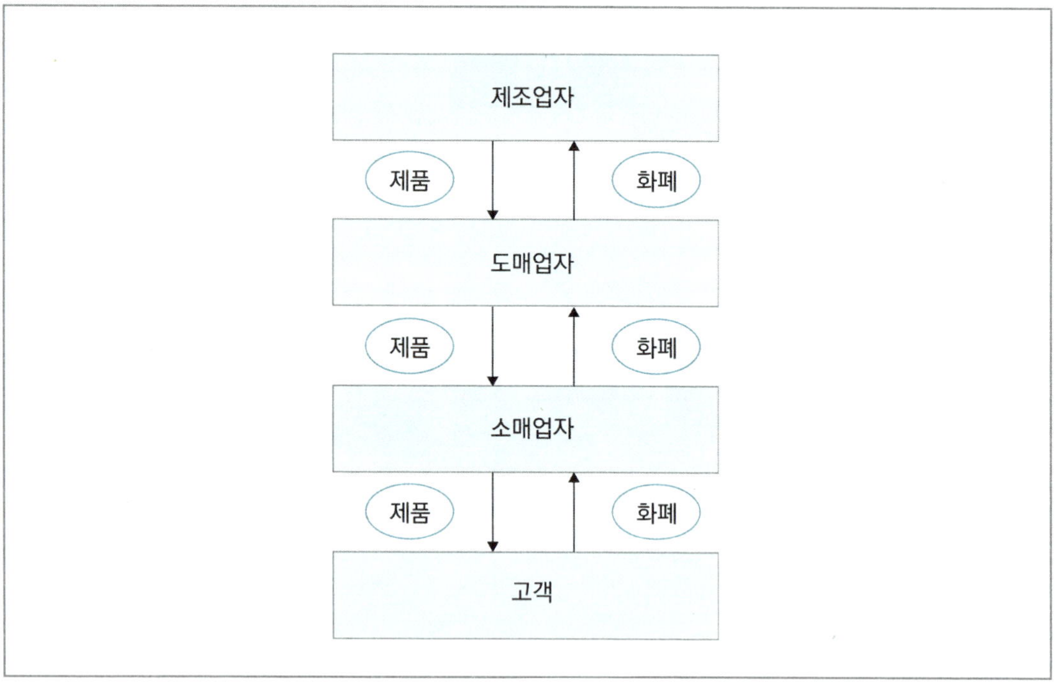

유통업자가 수행하는 「유통기능」이란 제조업자로부터 고객에게 제품을 인격적으로 이전하여 적합하게 하는 경제적 활동과 그 과정이라고 할 수 있습니다.

바꿔 말하면 제조업자가 생산하는 시간, 장소, 정보와 고객이 소비하는 시간, 장소, 정보에는 간격이 존재하고, 그 간격을 가교하는 것을 말합니다. 주요한 유통기능에는 소유권이전, 위험부담, 정보전달, 물적유통이 있습니다.

여기서 제조업자가 결정해야 할 것은 유통기능을 수행해야 할지 말지가 아니라, 제품을 고객에게 제공하기 위해서는 유통기능이 반드시 수행되어야 하기 때문에 누가 수행할 것인지를 결정하는 것입니다.

▌유통기능▐

유통기능	내 용
① 소유권이전기능	제품의 소유권을 이전하기 위한 매매활동. 제품의 공급처나 판매처를 개척하고, 가격이나 그 외의 거래조건을 교섭하는 활동으로 구성됨.
② 위험부담기능	제품을 구매함으로써 재고보유의 위험과, 거래처에 대한 신용공여로 인해 발생되는 파산위험을 부담하는 활동.
③ 정보전달기능	거래의 의도와, 이러한 의도의 수용과 관련된 정보를 고객 또는 제조업자에게 전달하는 활동.
④ 물적유통기능	수주를 충족시키기 위한 제품의 물리적인 보관, 수송, 취급으로 구성됨.

9-2 유통경로전략(2): 「직접경로」와 「간접경로」

제조업자는 고객에게 제품을 제공할 경우에 다양한 유통경로를 검토할 수 있습니다.

① 자사가 직접 개설한 점포에서 판매하는 방법
② 자사가 직접 개설한 인터넷 쇼핑몰에서 판매하는 방법
③ 도매업자에게 판매하는 방법
④ 소매업자에게 판매하는 방법

①~④ 중에서 ① 과 ② 는 자사가 고객에게 직접 판매하는 직접유통경로에, ③과 ④는 자사와 고객 사이에 유통업자(도매업자 또는 소매업자)를 개입시켜 판매하는 간접유통경로에 해당됩니다.

「직접유통경로」는 고객과 직접 대면하기 때문에 고객니즈나 소비경향 등에 대해서 고객으로부터 생생한 데이터를 수집할 수가 있습니다. 그러나 사업규모가 작은 경우에는 고객 수도 많지 않기 때문에 매출규모가 작은 사업으로 제한될 수 있습니다.

반면, 「간접유통경로」는 광범위한 고객에게 제공할 수 있기 때문에 판로를 확대하기가 쉽지만, 고객반응을 직접 수집하거나 가격통제가 어려울 수 있습니다.

왜 제조업자는 제품판매에 관한 업무를 유통업자에게 맡기게 될까요? 판매업무를 맡기는 것은 제품이 누구에게 판매되는지, 그리고 어떻게 판매되는지에 대한 제조업자의 통제력을 어느 정도 포기하는 것을 의미합니다. 그럼에도 불구하고 제조업자가 판매업무를 유통업자에게 맡기는 것은 제품을 시장으로 진입시키는데 효율성이 높기 때문입니다.

「거래 수 단순화」의 원리는 유통업자가 거래하는 상대방의 수가 증가함에 따라 유통업자의 시장 전체에 필요한 거래 수가 얼마나 줄어드는지를 설명합니다.[1]

예를 들어 제조업자와 고객이 각각 5명씩 있다고 가정합니다. 제조업자는 각 고객의 수요량과 거래조건에 대한 정보를 가지고 있지 않으며, 고객도 구매할 제품이 어떤 제조업자에 의해 어떤 거래조건으로 제공될 것인지를 알지 못한다고 하고, 이러한 상황에서 제조업자와 고객이 직접 거래한다고 가정합니다.

1) Tamura Masanori[박철주 역](2011), 『유통원리』, 형설출판사, pp.100-103.

이러한 상황에서 제조업자와 고객은 가능한 좋은 거래조건으로 교환하기 위해서 가능한 많은 상대자와 거래활동을 수행하게 됩니다. 제조업자도 고객도 각각 거래 상대자는 5명이므로 필요한 총거래 수는 총 25회가 됩니다.

그러나 제조업자와 고객 사이에 유통업자가 개입하면 거래 수는 어떻게 변할까요? 만약 1명의 유통업자가 중간에 개입하여 모든 거래가 이 유통업자를 거쳐 이루어지면 필요 총거래 수는 총 10회가 됩니다.

어느 경우이든 유통업자가 개입하면 제조업자도 고객도 직접유통과 간접유통과의 차이(P × C) - (P + C)=15회 만큼 전체 거래비용이 낮아져 이익을 얻을 수 있습니다.

▌거래 수 단순화의 원리▐

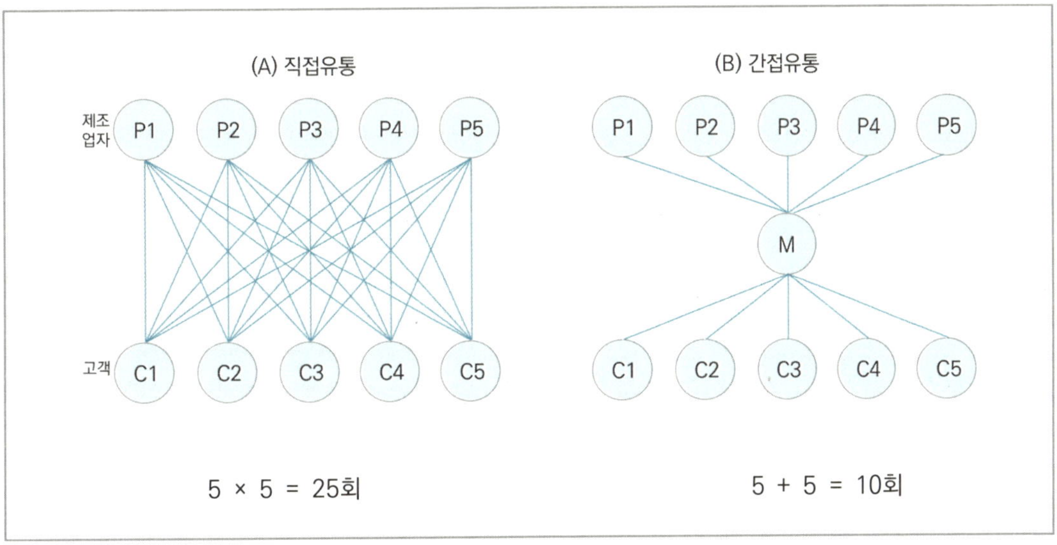

9-3 유통경로전략(3): 「유통경로 커버리지」 결정

유통경로의 목표를 달성하기 위해서 유통경로의 방식을 결정합니다.

유통경로의 방식은 유통경로 커버리지와 유통경로 길이를 검토합니다. 유통경로 커버리지는 유통경로에 참여시킬 유통업자의 숫자를 어느 정도로 할 것인지에 대해서, 그리고 유통경로 길이는 유통경로에 참여시킬 유통업자의 유형과 길이를 어느 정도로 할 것인지에 대해서 결정합니다.

「유통경로 커버리지」 또는 「유통 집중도(Distribution Coverage)」는 유통경로의 목표를 달성하기 위해 특정지역에서 어느 정도의 점포 수가 필요하며, 각 점포는 어느 정도의 유통서비스를 제공해야 할 것인지를 의미합니다.

유통경로 커버리지 전략은 개방형, 선택형, 전속형 유통경로로 구분하고, 이 중에서 선택하게 됩니다.

① 개방형 유통경로(Intensive Distribution)

「개방형 유통경로」는 제조업자가 가능한 많은 점포에게 제품을 제공하는 전략을 말합니다. 이 전략은 편의품을 생산하는 제조업자가 가능한 많은 점포에 제품을 제공하려고 할 때 주로 채택합니다. 편의품은 고객이 제품을 자주 구매하고, 구매할 때 최소한의 노력만을 필요로 하는 특징을 가지고 있습니다. 그러나 제조업자의 통제력은 가장 약합니다.

② 선택형 유통경로(Selective Distribution)

「선택형 유통경로」는 개방형 유통경로와 전속형 유통경로의 중간 형태를 취하는 전략으로, 특정지역에서 제품을 적극적으로 취급하기를 원하는 유통업자 중에서 일정한 자격을 갖춘 소수의 유통업자를 선정하여 제품을 제공하는 전략을 말합니다.

이 전략은 선택된 유통업자와 원만한 동업 관계를 구축할 수 있고, 평균 이상의 유통업자의 판매노력을 기대할 수 있습니다. 또한 저비용으로도 어느 정도의 시장범위를 커버할 수 있습니다.

③ 전속형 유통경로(Exclusive Distribution)

「전속형 유통경로」는 특정지역에서 하나 또는 제한된 수의 유통업자에게만 제품을 제공하는, 즉 독점적 판매권을 부여하는 전략을 말합니다. 이 전략은 강력한 유통업자의 판매지원을 얻을 수 있고, 소매업자의 가격, 프로모션, 신용판매, 서비스 등에 대한 통제력을 강력하게 발휘할 수 있습니다. 또한 제품 이미지를 높이고, 높은 이익을 보장할 수 있습니다.

▌개방형, 선택형, 전속형 유통경로▐

	① 개방형 유통경로	② 선택형 유통경로	③ 전속형 유통경로
전 략	특정지역에 많은 점포에게 판매권을 부여함	특정지역에 제한된 수의 점포에게 판매권을 부여함	특정지역에 하나의 점포에게만 판매권을 부여함
점포 수	가능한 많은 점포	제한된 수의 점포	한 두 개의 점포
제조업자의 통제력	약함	제한된 범위에서 통제가 가능함	강함
제품 유형	편의품	선매품	전문품
예 시	식품, 일용잡화	가전제품	자동차, 의류

9-4 유통경로전략(4): 「유통경로 길이」 결정

유통경로의 방식 중에서 「유통경로 길이」의 결정은 유통경로에 참여시킬 유통업자의 유형과 길이를 어느 정도로 할 것인지를 의미합니다.

「유통경로 구성원」이란 유통경로의 목표를 달성하기 위해서 필요로 하는 유통기능을 수행하는 유통업자(도매업자, 소매업자)를 말합니다. 따라서 어떤 유통기능을 수행하는 유통업자를 유통경로 구성원으로 참여시킬 것인지의 문제로 귀결됩니다.

유통경로의 길이는 기본적으로 3가지 형태로 구분할 수 있습니다. 하나의 유통경로에 의존하지 않고 다양한 유통경로를 결합하여 제품을 고객에게 제공하는 방법을 검토해야 합니다.

▌유통경로 길이의 유형▐

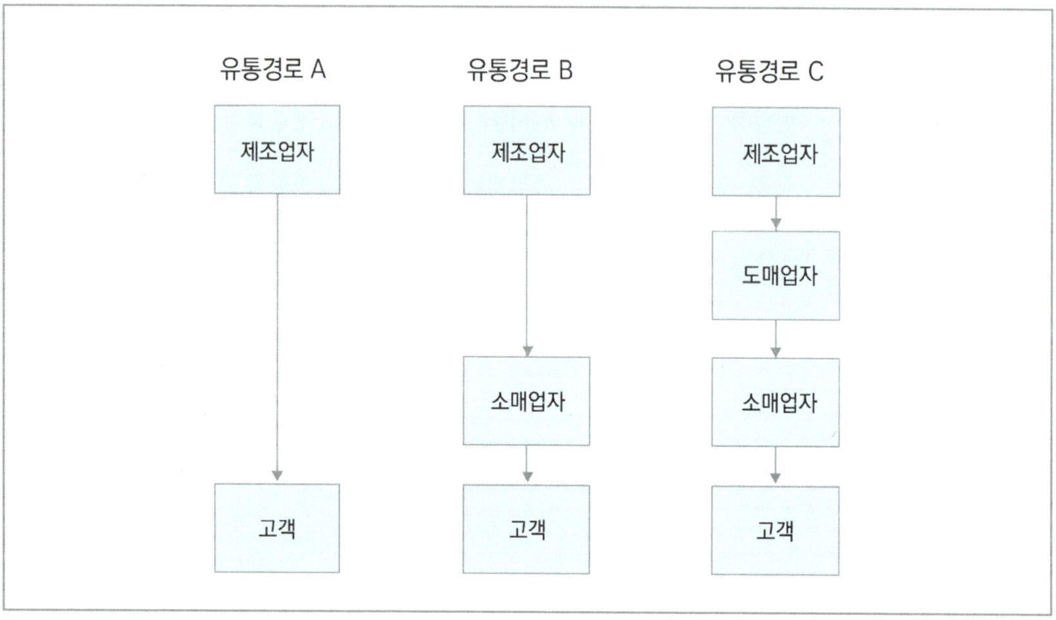

유통경로의 길이에 대한 결정은 아래 기준에 근거하여 정합니다.

- ❑ 고객이 제품을 구매하기 쉬운 유통경로인가?
- ❑ 경쟁사제품과 차별화되어 있고, 자사의 경쟁우위를 확보할 수 있는가?

❑ 비용 대비 성과라는 측면에서 효율성이 높은 유통경로인가?

▌유통경로의 길이에 대한 결정▐

평가 기준	유통경로 (A)	유통경로 (B)	유통경로 (C)
❑ 고객이 구매하기 쉬운가?			
❑ 경쟁우위를 확보할 수 있는가?			
❑ 효율성이 높은가?			
합 계			

9-5 프로모션전략(1): 커뮤니케이션 과정

좋은 고객관계를 구축하는 것은 우수한 제품을 개발하고, 매력적인 가격을 책정하고, 고객이 구매하기 용이하도록 유통경로를 구축하는 것 이상을 요구합니다. 기업이 아무리 좋은 제품을 제공한다 할지라도, 고객에게 그 제품의 존재를 알리지 않으면 매출과 연결되지 않습니다.

마케팅 활동 중에서 제품의 가치를 시장에 전달하는 활동, 즉 제품, 가격, 유통경로, 프로모션은 넓은 의미에서 커뮤니케이션 활동이라고 할 수 있습니다. 이 전달활동은 제품과 관련된 메시지를 고객에게 전달하는 커뮤니케이션 과정에 해당합니다.

「커뮤니케이션(Communication)」이란 우리가 관련을 맺고 있는 사람 혹은 세상을 통해 메시지를 보내고, 받고, 해석하는 과정이며, 심볼을 이용하여 상대방의 특정한 태도를 끌어내는 것을 목적으로 합니다.

이것은 사람 간의 커뮤니케이션은 발신자와 수신자 간에 의견이 전달되는 과정으로 이해할 수 있습니다.[2)]

그림에서, 발신자는 자신의 의견을 나름대로의 표현(부호화)으로 수신자에게 나타내고, 이 표현은 전달하고자 하는 뜻(메시지)을 담아서 발신자가 선정한 수단(매체)을 통해 수신자에게 전달됩니다. 메시지를 전달받은 수신자는 이것을 자신의 방식으로 해석하여(해독화) 그 의미를 이해합니다.

수신자는 자신이 이해한 결과에 대해 반응을 보이고, 경우에 따라서는 발신자에게 자신의 의견을 나타냅니다(피드백). 발신자에서 출발하여 수신자가 반응과 피드백을 나타내는 과정에는 다양한 잡음이 개입될 가능성이 있습니다. 잡음의 개입 여부에 따라 발신자의 의견이 정확하게 수신자에게 전달되지 않을 수도 있습니다.

커뮤니케이션 과정에 개입되는 구성요소는 다음과 같습니다.

- 발신자: 수신자에게 메시지를 보내는 관계자
- 부호화: 생각을 상징적 형태로 전환시키는 과정
- 메시지: 발신자가 전달하는 상징들의 조합
- 미디어: 발신자에서 수신자로 메시지가 이동하는 데 사용되는 커뮤니케이션 채널

---

2) Philip Kotler·Gary Armstrong[안광호·유창조·전승우 역](2017), 『코틀러의 마케팅 원리 16판』, pp.445-447.

- 해석화: 수신자가 발신자에 의하여 부호화된 상징에 의미를 부여하는 과정
- 수신자: 다른 관계자에 의해 보내진 메시지를 수신하는 관계자
- 반응: 메시지에 노출된 후 수신자가 보이는 반응
- 피드백: 발신자에게 다시 전달되는 수신자 반응의 일부
- 잡음: 커뮤니케이션 과정 중에 발생되는 예상치 못한 잡음이나 왜곡

▌커뮤니케이션 과정▐

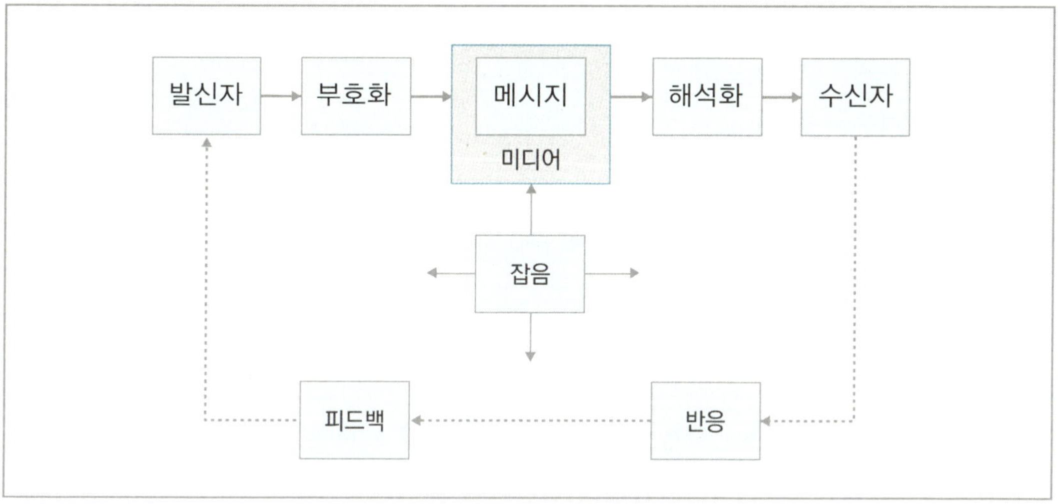

9-6 프로모션전략(2): 커뮤니케이션 개발절차

효과적인 커뮤니케이션 프로그램을 개발하는 절차는 다음과 같습니다.

① 목표청중의 확인

커뮤니케이션은 목표청중을 결정하는 것으로부터 시작합니다. 청중은 잠재고객, 현재고객, 구매의사결정을 하는 고객, 구매의사결정에 영향을 미치는 사람을 말합니다.

② 커뮤니케이션 목표설정

목표청중이 결정되면, 목표청중으로부터 어떤 반응을 얻고자 하는 것을 결정합니다. 물론 대부분 구매반응을 기대하겠지만, 구매는 고객의 긴 의사결정과정으로부터 도출됩니다.

③ 메시지 설계

바람직한 청중의 반응이 결정되면, 목표청중으로부터 바람직한 반응을 도출할 수 있는 소구방식과 주제를 모색합니다. 구체적으로는 목표청중에게 제품에 대한 관심을 갖도록 하고, 욕구를 환기시키고, 구매행동을 일으킬 수 있도록 메시지를 설계합니다.

④ 미디어 선정

커뮤니케이션 채널에는 대면적 커뮤니케이션 채널과 비대면적 커뮤니케이션 채널로 구분합니다. 대면적 커뮤니케이션 채널은 두 명 또는 그 이상의 사람들이 서로 직접 의사소통하는 것이고, 비대면 커뮤니케이션 채널은 대면 접촉이나 피드백 없이 메시지가 전달되는 미디어입니다.

⑤ 예산 결정

예산을 결정할 때에는 가용예산할당법, 매출액 비율법, 경쟁사 대비 할당법, 목표 대비 할당법 중에서 선택합니다.

▌예산결정방법▐

예산결정방법	특 징
가용예산 할당법	기업이 감당할 수 있는 수준에 근거하여 예산 설정
매출액 비율법	현재 또는 예상되는 매출액에 근거하여 예산 설정
경쟁사 대비 할당법	경쟁사의 예산에 근거하여 예산 설정
목표 대비 할당법	달성하고자 하는 목표에 근거하여 예산 설정

⑥ 커뮤니케이션 믹스의 결정

커뮤니케이션 믹스에는 광고, 인적판매, 판매촉진, 공중관계 등이 있습니다. 이 커뮤니케이션 수단에는 각각 고유한 특징과 장·단점을 가지고 있기 때문에 이러한 장·단점을 잘 이해해야 합니다.

⑦ 결과에 대한 평가와 피드백

목표청중에게 메시지를 본 감상이나 일으킨 행동에 대해 질문하고 평가합니다.

▌커뮤니케이션 믹스의 장 · 단점▐

미디어	장 점	단 점
TV	높은 대량마케팅, 커버리지, 단위 노출 당 저비용, 시각, 청각 및 동작의 결합, 감각에 호소	높은 절대비용, 높은 광고혼잡, 짧은 시간의 노출, 낮은 청중선별력
라디오	우수한 지역적 수용성, 높은 지리적 및 인구통계학적 선별력, 저비용	청각적으로 제한됨, 짧은 노출기간, 낮은 주의 유발력, 분화된 청중
신문	유연성, 적시성, 지역시장 커버리지에 좋음, 넓은 수용성, 높은 신뢰성	짧은 수명, 낮은 재생품질, 낮은 독자회람 가능성
잡지	높은 지리적 및 인구통계학적 선별력, 신뢰와 권위, 고품질의 재생, 긴 수명과 우수한 독자회람 가능성	광고구매시전과 광고게재시점 간의 긴 간격, 높은 비용, 게재위치가 보장되지 않음
인터넷	높은 선별력, 저비용, 즉시성, 상호작용 가능성	상대적으로 약한 영향력, 청중이 노출을 통제함

9-7 프로모션전략(3): 「푸쉬 전략」과 「풀 전략」

제품을 고객에게 제공하기 위해서 푸쉬 전략과 풀 전략이라는 2가지 기본적인 프로모션전략 중에서 하나를 선택할 수 있습니다.3)

① 푸쉬 전략(Push Strategy)

「푸쉬 전략」이란 제품에 관한 정보를 제조업자가 먼저 도매업자에게 제공하고, 도매업자는 소매업자에게, 소매업자는 고객에게 제공하여 최종적으로 고객이 제품을 구매하도록 하는 방식입니다. 이 전략에는 프로모션 중에 인적판매와 일부 판매촉진(SP)이 포함됩니다.

푸쉬 전략에서는 제조업자는 도매업자에 대해서 재정지원, 제품설명, 판매방식의 지도, 판매의욕의 환기 등을 수행합니다. 이것을 전해 받은 도매업자는 소매업자에게 권유함으로써 소매업자가 고객에게 제품의 우수성을 설명하고 구매하도록 하는 것입니다.

② 풀 전략(Pull Strategy)

「풀 전략」이란 제품에 관한 정보를 제조업자가 고객에게 직접 제공하는 방식을 말합니다. 제조업자의 광고를 통해 제품에 관한 정보를 접한 고객이 소매업자에게 제품을 주문하면, 소매업자는 도매업자에게, 도매업자는 제조업자에게 제품을 주문하도록 하는 방식입니다. 이 전략에는 프로모션 중에 광고, PR, 일부의 판매촉진(SP) 등이 포함됩니다.

푸쉬 전략과 풀 전략은 서로를 지원하는 것이라는 점을 유의해야 합니다. 예를 들면 제조업자가 신제품을 도매업자나 소매업자에게 판촉활동을 하기 위해서 방문하면 대부분 어떤 광고계획을 준비하고 있는지를 질문합니다. 즉 아무리 유리한 거래조건을 제시하더라고 고객의 인지도가 빨리 높아지지 않는 제품을 적극적으로 취급하는 것을 주저하는 유통업자가 많습니다.

반대로, 아무리 대량의 광고비를 투입하여 제품의 인지도를 높였다하더라고 유통업자에 대한 프로모션에 대한 지원을 느슨하게 하면 유통업자는 좋은 조건을 제시하는 다른 제조업자의 제품을 우선적으로 추천하게 될 것입니다.

---

3) Udell G. Jon·Laczniak R. Eugene(1981), *Marketing in an Age of Change, An Introduction*, John Willy & Sons.

푸쉬 전략과 풀 전략의 최적의 조합은 목표고객, 제품 특성, 유통경로의 상황, 시장 성숙도, 경쟁상황, 자사의 강·약점에 따라 달라집니다.

▌푸쉬 전략과 풀 전략의 차이▐

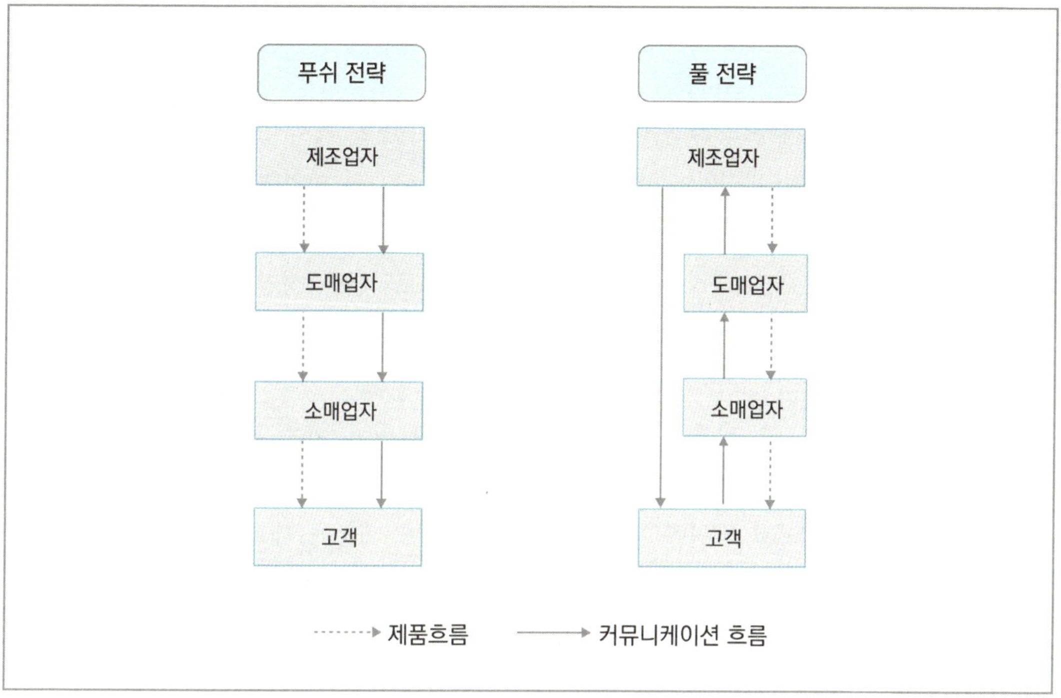

9-8 프로모션전략(4): 「AIDMA」와 「AISCEAS」

고객이 제품의 존재를 인식하고 최종적으로 구매행동에 도달하기까지의 과정을 단계적으로 나타낸 것이 구매결정과정이라고 합니다. 가장 전통적인 것은 미국의 경제학자 롤랜드 홀(Rolland Hall)이 제안한 AIDMA 모델입니다.

「AIDMA」란 고객이 제품의 존재를 알고부터 실제로 구매할 때까지의 과정을 나타낸 것으로, 주의(Attention) → 관심(Interest) → 욕구(Desire) → 기억(Memory) → 구매행동(Action)의 순으로 진행됩니다.

고객을 적절하게 AIDMA 과정에 태워 구매까지의 스토리를 작성할 수 있다면 고객이 구매에 도달할 확률을 높일 수 있습니다. 또한 최적의 프로모션 믹스를 검토할 때도 참고가 됩니다.

예를 들면 매장에서 '이 제품을 강력하게 추천합니다!'라고 아무리 강조하더라도 고객은 바로 구매하지 않습니다. 처음에는 지하철이나 버스 안의 광고를 통해서 제품에 관심을 갖게 되고, TV나 인터넷에서 제품을 비교해보고, 친구에게 제품에 대한 특징을 듣고 나서야 구매하게 됩니다.

현재와 같이 인터넷 쇼핑이 일반화된 사회에서 AIDMA는 어떻게 변했을까요? 광고회사 덴츠(TENTSU)에서 인터넷을 적극적으로 활용하는 고객의 구매행동과정에 착안하여 만든 모델이 AISCEAS 모델입니다.

「AISCEAS」는 인터넷을 활용하는 고객의 구매행동이 주의(Attention) → 관심(Interest) → 검색(Search) → 비교(Comparison) → 검토(Examination) → 구매행동(Action) → 공유(Share)의 순으로 진행됩니다.

AIDMA가 고객의 기억에 의존한다는 점에서 수동적인 구매과정모델이라고 한다면, AISCEAS는 고객이 스스로 인터넷을 활용하여 비교하고 검토한다는 점에서 능동적인 구매과정모델이라고 할 수 있습니다.

▌AIDMA의 과정▐

AIDMA		의 미
A	Attention(주의)	TV 광고를 통해서 유기농으로 생산한 신제품이 출시되었다고 알게 됨.
I	Interest(관심)	인터넷이나 잡지를 통해 스트레스 대책에 대한 특집을 보고 TV 광고에서 본 신제품을 발견함.
D	Desire(욕구)	신제품을 구매하는 사람이 많고 평판도 좋다는 것을 알게 됨.
M	Memory(기억)	고객은 TV 광고나 점포에서 해당 신제품에 대해서 입력된 정보를 기억함.
A	Action(구매행동)	실제로 점포에 가서 신제품을 구매함.

▌AISCEAS의 과정▐

AISCEAS		의 미
A	Attention(주의)	TV 광고나 인터넷에 주의를 갖게 됨.
I	Interest(관심)	제품에 대해 흥미와 관심을 갖게 됨.
S	Search(검색)	야후나 구글 등의 검색 서비스를 이용하여 정보를 수집함.
C	Comparison(비교)	인터넷에서 다양한 제품을 비교함.
E	Examination(검토)	신제품에 대해서 평가하고 검토해서 우선순위를 정함.
A	Action(구매행동)	실제로 구매함.
S	Share(공유)	블로그, SNS, 입소문 사이트 등을 통해 고객의 제품 사용 후기나 평가 등의 정보를 교환하거나 공유함.

9-9 프로모션전략(5): 「프로모션 믹스」 결정

「프로모션 믹스(Promotion Mix, Communication Mix)」란 고객가치를 설득적으로 전달하고 고객관계를 구축하기 위하여 사용되는 광고, 인적판매, 판매촉진, 공중관계, 그리고 직접 마케팅 수단들의 구체적인 조합을 말합니다.4)

각 프로모션 도구들은 고유한 특징과 장·단점을 가지고 있습니다. 프로모션 믹스를 결합할 경우, 각각의 프로모션 수단이 가지고 있는 특징과 장·단점을 이해한 후에 균형진 프로모션 믹스를 결합해야 합니다.

① 광고(Advertising)

「광고」는 공개된 후원사에 비용을 지불하고 이루어지는 제품에 대한 비대면적인 프리젠테이션을 말합니다.

② 인적판매(Personal Sale)

「인적판매」는 제품을 고객에게 직접 판매하고 고객관계를 구축하기 위한 목적으로 실행되는 판매사원의 대면적인 프리젠테이션을 말합니다.

③ 판매촉진(Sales Promotion)

「판매촉진」은 제품의 구매 혹은 판매를 촉진하기 위한 단기적인 인센티브를 말합니다.

④ 공중관계(Public Relation)

「공중관계」는 긍정적인 공중관계를 확보하고, 우호적인 기업 이미지를 구축하고, 부정적인 루머, 이야기 또는 사건에 대처하거나 이를 시정함으로써 다양한 공중과 우호적인 관계를 구축하는 것을 말합니다.

⑤ 다이렉트 마케팅(Direct Marketing)

「다이렉트 마케팅」은 즉각적인 고객반응을 확보하고, 지속적인 고객관계를 키워나가기 위해 우편, 전화, TV, 이메일, 인터넷 등 다양한 수단을 사용하는 것을 말합니다.

---

4) Globis Corp.(2003), 『MBA 마케팅』, 다이아몬드, p.169.

주요 프로모션 믹스

미디어	특 징	기 능	목 적
① 광고	• 특정 스폰서가 비용을 부담하고 매체를 통해 전달하는 일방적 커뮤니케이션	- 정보제공 - 제품의 호감도 창출 - 판매에 대한 자극	- 인지 - 지식
② 인적판매	• 개별고객에게 직접 대응하여, 대화나 제품사용방법의 지도 등을 통하여 수준 높은 쌍방향 커뮤니케이션을 함	- 잠재고객에 대한 특정정보 제공 - 판매체결	- 제품 사용법 지도 - 잠재고객 설득 - 판매체결
③ 판매촉진	• 특정 관심 내용에 관하여 일방적 커뮤니케이션. 단기적인 인센티브를 제공하기 위하여 실시함	- 광고와 인적판매의 중간적 특징을 가짐	- 인지 - 지식 - 제품사용법 설명
④ 공중관계	• 대상에 대하여 상업적으로 의미가 있는 뉴스를 공적인 매체에 올리는 일방적 커뮤니케이션 • 스폰서가 비용을 부담하지 않음. 공적 장소에서 바람직한 프레젠테이션이 가능한 기회를 획득함	- 신제품 뉴스 - 제품평가	- 인지 - 지식 - 태도변화 - 의사결정 지원
⑤ 구전	• 쌍방향 커뮤니케이션	- 상호지원	- 지식 - 태도변화 - 제품 사용법 지도 - 의사결정 지원

1. 사업 아이템의 유통경로는 어떻게 구축할 것인가? 직접경로인가 간접경로인가?

2. 사업 아이템의 유통경로 「커버리지」와 「길이」를 어떻게 결정할 것인가?

3. 「푸쉬 전략」과 「풀 전략」 중에 어떤 전략을 선택할 것인가? 그 이유는 무엇인가?

4. 사업 아이템에 대해서 「AIDMA」 순서에 따라 어떤 커뮤니케이션 전략을 세울 것인가?

5. 사업 아이템에 대해서 「AISCEAS」 순서에 따라 어떤 커뮤니케이션 전략을 세울 것인가?

6. 사업 아이템에 대해서 프로모션 믹스를 어떻게 결정할 것인가?

10

사업수지계획

CHAPTER 10

10-1 사업의 수지구조

여기까지는 '누구에게' '무엇을' '어떻게 제공할 것인가'에 대해 집중적으로 검토하였습니다. 그러나 아무리 좋은 제품이라 할지라도 사업을 통해 수익을 창출하지 못하면 사업을 지속적으로 추진할 수가 없습니다. "어떤 사업에서 성공하였다!"는 것은 사업이 새로운 가치를 창출하여 사회에 제공했다는 것을 의미합니다.

사업이 새로운 가치를 창출하였는지에 대한 것은 비즈니스 세계에서는 이익이라는 항목으로 평가합니다. 즉 사업을 통해 어느 정도 이익을 창출하였는지에 따라 사업성패를 판단하게 됩니다. 따라서 높은 이익을 창출하면 그만큼 사회적 가치가 높다고 할 수 있습니다. 왜냐하면 그만큼 고객을 만족시키고, 아울러 직원을 고용하여 임금을 지불하고, 세금을 납부하여 사회에 공헌하기 때문입니다.

사업을 계획할 때 무엇보다도 중요한 것은 2가지입니다.

① 사업을 통해 이익을 창출할 수 있어야 한다.

② 사업은 계속 발전해야 한다.

전자 ①은 손익계산서를 통해서, 후자 ②는 현금흐름표를 통해서 확인할 수 있습니다.

「수지계획」이란 사업수지에 대한 계획을 세우는 것을 말합니다. 손익계산서와 현금흐름표를 작성하여 사업수지를 비교·분석하고, 이익을 확보하기 위한 대책을 강구할 수 있습니다.

「수지(收支, Revenue and Expenditure)」란 자금의 수입과 지출을 줄인 말로, 회사 내의 자금 출입을 의미합니다. 자금의 수입은 제품을 판매함으로써 발생하고, 자금의 지출은 원재료 매입, 점포 임대료, 인건비 등의 경비를 지불함으로써 발생합니다.

사업의 수지는 1달 또는 1년 단위로 계산합니다. 수입이 지출보다 많은 경우는 흑자(=수입〉지출), 즉 이익 발생을 의미합니다. 반대로 수입보다 지출이 많은 경우는 적자(=수입〈지출), 즉 손실 발생을 의미합니다. 회사가 보유하고 있는 자금이 부족하거나 외상매입금 등을 지불할 수 없게 되면 도산하게 됩니다.

사업의 수지계획을 세울 때 중요한 요인은 3가지입니다.

① 손익

「손익」이란 매출과 비용과의 관계를 보면서 이익을 발생할 수 있는지를 검토하는 것을 말합니다. 흑자 또는 적자라고 하는 용어는 이 손익을 말하는 것으로, 손익계산서를 작성하여 확인합니다.

② 현금흐름

「현금흐름」이란 현금의 흐름을 말하는 것으로, 현금흐름표를 작성하여 확인합니다.

③ 투자회수

「투자회수」란 투자한 자금이 어느 정도 빨리 회수될 수 있는지를 말하는 것으로, 손익계산서와 현금흐름표를 작성하여 확인합니다.

▌자금의 수지구조▐

수 입	지 출
○ 회사로 들어오는 자금 • 제품을 판매하였다. • 출자금을 받았다. • 차입금을 빌렸다. • 사업용 자산을 팔았다. • 은행 예금에 이자가 붙었다.	○ 회사에서 나가는 자금 • 제품이나 원재료를 사입했다. • 점포 임대료를 지불했다. • 세금을 지불했다. • 설비투자를 했다. • 차입금을 갚았다.
흑 자	**적 자**
○ 수지가 플러스(+) • 수입 〉 지출	○ 수지가 마이너스(-) • 수입 〈 지출

10-2 이익을 늘리는 방법

사업에서 가장 중요한 부분은 이익이라고 할 수 있습니다. 왜냐하면 대부분의 사람들은 사업을 통해 어느 정도의 이익을 창출할 수 있는지에 대해 많은 관심을 보이기 때문입니다.

이익은 매출액에서 비용을 차감한 후 남은 금액을 말합니다.

이익 = 매출액 − 비용

이익 산출의 공식을 보면, 매출액은 가격×수량으로, 비용은 고정비+변동비로 구성됩니다. 따라서 이익의 변동에 영향을 미치는 것은 가격, 수량, 고정비, 변동비라는 4가지 항목입니다. 이 4가지 항목을 이익 요인이라고 합니다.

이익을 늘리기 위해서는 매출을 늘리거나 비용을 줄이거나 해야 합니다. 매출을 늘리기 위해서는 판매수량을 늘리거나 제품가격을 높게 책정해야 합니다. 그러나 수요법칙에 따라 제품가격이 증가하면 판매수량이 감소하기 때문에 두 요소는 반비례 관계에 놓여 있습니다.

비용을 줄이기 위해서는 고정비와 변동비를 줄여야 합니다.

원가계산에 나타나는 「고정비(Fix Cost)」는 원가의 발생이 조업도의 변화와 관계없이 일정하게 발생하는 원가를, 「변동비(Variable Cost)」는 원가의 발생이 조업도의 변화에 비례하여 변동되는 원가를 말합니다.

단 변동비는 매출에 따라 증감하기 때문에 어느 수준이하로는 줄일 수 없습니다. 따라서 고정비를 어느 정도 억제할 수 있는지가 관건이 됩니다.

매출을 늘리는 것보다 비용을 줄이는 것이 간단하면서 효과가 높습니다. 그러나 비용을 아무리 줄인다 하더라도 매출보다 더 많은 이익을 얻을 수는 없습니다. 5년 후의 목표를 달성하기 위해서 가장 중요한 방법은 매출증대라는 것을 명심해야 합니다.

이익 구조를 이해한 후에는 이익을 늘리기 위한 계획을 세워야 합니다.

▌이익의 구조▐

이 익	매출액	① 제품가격	가격이 높을수록 매출액이 늘어남
		② 판매수량	판매수량이 많을수록 매출액이 증가함
	비용	③ 고정비	조업도의 변화와 상관없이 발생하는 비용
		④ 변동비	조업도와 비례해서 발생하는 비용

▌이익을 늘리는 방법▐

매출 증대	① 제품가격의 인상	제품의 단가를 높게 설정한다.
	② 판매수량의 증가	제품의 판매량을 늘린다.
비용 절감	③ 고정비의 절감	보다 낮은 임대료 점포를 찾거나, 과도하게 많은 직원을 고용하지 않는다.
	④ 변동비의 절감	보다 낮은 가격으로 원자재를 사입할 수 있는 업체를 찾는다.

10-3 「대차대조표」

결산이란 회계기간 말에 장부를 마감하여 자산, 부채, 자본의 상태를 조사하고, 발생된 수익과 비용을 비교하여 경영성과를 파악하는 절차를 말합니다.

결산서는 기업이 어느 정도 수익을 올리고 있는지 기업에 대한 정보를 망라한 것으로 재무제표를 말합니다. 결산서는 「대차대조표」, 「손익계산서」, 그리고 「현금흐름표」로 구성됩니다. 이 외에도 결산서에는 제조원가의 내역을 기재한 「제조원가명세서」, 이익잉여금의 처분방법을 알 수 있는 「이익잉여금처분계산서」, 영업활동의 내용을 알 수 있는 「부속명세서」가 있습니다.

결산서 중에서 가장 대표적인 자료가 대차대조표와 손익계산서입니다.

「대차대조표(Balance Sheet, BS)」란 「재무상태표(Statement of Financial Position)」라고도 하는데, 일정시점 현재 기업이 통제하고 있는 경제적 자원인 자산과 경제적 의무인 부채, 그리고 자본에 대한 정보를 제공하는 재무보고서를 말합니다.[1)]

대차대조표는 회계연도의 재산상태를 나타내고 있으므로 재산목록이라고 할 수 있습니다. 즉 회사는 어디에서 자금을 조달하였고(부채와 자본), 이 자금을 어떻게 투자하였는지(유동자산과 고정자산)를 나타냅니다. 대차대조표의 부채와 자본 계정은 자금의 조달방법을, 자산 계정은 조달된 자금의 사용처를 나타냅니다.

기업은 이러한 자금을 활용하여 이익을 획득해야 하기 때문에 회사의 역할은 자금의 조달과 자금의 운용이라 할 수 있습니다. 즉 대차대조표의 우측에 있는 대변으로 회사에서 사용할 자금이 들어오고, 이 조달된 자금의 사용방법을 좌측에 있는 차변에 나타내고 있습니다. 예를 들어 은행에서 자금을 차입해서 설비를 구입했을 경우, 우측에는 은행에서의 차입금을, 좌측에는 설비를 기입합니다.

1) 이효익·최관·백원선·최영수(2019), 『IFRS 회계원리 제9판』, 신영사, p.244.

▌대차대조표▐

차 변	대 변
자산	부채 (타인자본)
	자본 (자기자본)
총자산	총자본
(자금의 운영방법을 나타냄)	(자금의 조달방법을 나타냄)

예를 들어 레스토랑을 개업하기 위해서 본인이 가지고 있는 자금(자본금) 2억원과 은행으로부터 차입한 부채 1억원을 합한 3억원으로 사업을 시작한 경우를 가정해봅시다. 이 3억원으로 점포 구입비, 인테리어 및 설비비, 원재료비에 지출하고, 나머지 금액은 예금으로 보유한 경우, 대차대조표는 아래와 같이 작성합니다.

▌대차대조표의 예시▐

(단위: 만원)

자 산	금액	부채·자본	금액
점포 구입비	15,000	부채	10,000
인테리어·설비비	5,000		
원재료비	5,000	자본금	20,000
예금	5,000		
자산 합계	30,000	부채·자본 합계	30,000

10-4 「손익계산서」

기업의 최종 목적 중에 하나는 이익을 확보하는 것입니다. 이익에 대한 내용은 손익계산서를 작성하여 확인합니다.

「손익계산서(Profit and Loss Statement, PL)」란 일정기간 회사의 경영성과를 한 눈에 나타내기 위한 재무제표를 말합니다. 즉 회사가 경영활동을 통해 발생된 이익과 그 이익을 발생하게 한 비용을 기록한 것입니다.[2] 사업계획서에서는 목표치를 기입하기 때문에 목표손익계산서라고 부릅니다.

손익계산서는 3년에서 5년 간의 「목표손익계산서」를 작성합니다. 첫 해는 해당년도 예산을 나타내기 위해서 월별로 작성하지만, 2년째부터는 1년 단위로 작성합니다. 그리고 손익계산서에서는 당기이익까지만 작성합니다. 그러나 목표손익계산서에는 향후의 손익분기점을 달성하기 위해서 고정비, 변동비, 한계이익율이라는 경영관리를 위한 지표를 포함하여 작성합니다.

손익계산서는 크게 수익, 비용, 이익으로 나타냅니다. 그리고 이익은 매출총이익, 영업이익, 경상이익, 세전당기이익, 당기이익으로 구분됩니다. 먼저 매출액에서 매출원가를 차감하면 매출총이익이 되고, 동일한 방식으로 비용을 하나 씩 제해 가면 5가지 이익을 산출할 수 있습니다.

손익계산서를 구성하는 주요 항목은 3가지입니다.

① 수익

수익은 자산의 유입이나 증가 또는 부채의 감소에 따라 자본의 증가를 초래하는 일정기간에 발생한 경제적 효익의 증가를 말합니다. 가장 대표적인 것으로 매출액이 해당됩니다.

② 비용

비용은 자산의 유출이나 사용 또는 부채의 증가에 따라 자본의 감소를 초래하는 일정기간에 발생한 경제적 효익의 감소를 말합니다. 여기에는 매출원가, 판매비, 관리비, 이자, 법인세 등이 포함됩니다.

---

2) 전통적으로 손익계산서에는 당기순손익이 마지막에 보고되었는데, 최근에는 당기순손익의 하단에 기타 포괄손익항목을 추가해서 표시하는 포괄손익계산서를 작성하여 보고하고 있음.

③ 당기순이익

당기순이익은 발생기준 회계원칙을 적용하여 산출한 일정기간의 재무성과에 대한 측정치입니다.

▌손익계산서의 예시▐

(단위: 만원)

항 목	금액	구성비(%)
매출액	12,000	100
(-) 매출원가	7,200	
매출총이익	4,800	
(-) 판매비 및 일반관리비	3,000	
영업이익	1,800	
(-) 영업외 수익·비용	500	
경상이익	1,300	
(-) 특별 이익·손실	0	
세전 이익	1,300	
(-) 법인세 등	130	
당기순이익	1,170	

10-5 매출계획

목표손익계산서를 작성할 때 가장 먼저 검토해야 할 것은 매출계획을 세워서 예상매출액을 산출하는 것입니다. 왜냐하면 이익을 발생시키기 위해서는 매출액부터 출발해야 하기 때문입니다.

매출액은 기본적으로 제품가격에 판매수량을 곱해서 산출하지만, 업종과 업태에 따라 다양한 방법으로 산출할 수 있습니다.

① 제품가격과 판매수량으로 산출하는 방법

매출액 = 제품가격 × 판매수량

② 객단가와 객수로 산출하는 방법

매출액 = 객단가 × 객수

③ 매출액을 점포의 면적으로 산출하는 방법

매출액 = 1평당 매출액 × 점포면적

④ 인적효율로 산출하는 방법

매출액 = 직원1인당 매출액 × 사원 수

⑤ 시간효율로 산출하는 방법

$$\text{매출액} = (\text{1시간 매출액} \times \text{영업시간}) \times \text{영업일수}$$

현실적인 매출계획을 세우기 위해서는 우선 예상매출액을 산출하는 것으로부터 시작해야 합니다. 미래의 매출계획은 정확하게 예측할 수 없지만, 실현가능한 매출계획을 확실하게 세웠는지에 따라 사업계획의 성패가 갈라지게 됩니다.

예를 들어 레스토랑의 경우, 월 예상매출액은 객단가×고객수×영업일로 산출합니다. 여기서 예상매출액의 수치가 현실적인지, 아니면 과도하게 산출한 것인지는 시장규모나 목표 시장점유율과 비교하면서 검토합니다.

▌매출계획(객단가×객수)▐

주중·주말	테이블수	객단가	객수	영업일(월)	예상매출액(만원)
주중	10개	20,000원	30명	16일	960
주말	10개	20,000원	20명	8일	320
합 계					1,280

10-6 비용계획(1):「매출원가」

손익계산서의 작성 절차에 따라 매출액을 산출하였다면 다음에는 매출원가를 산출합니다.

「매출원가」는 제품을 생산 또는 제조하기 위해서 투입되는 비용을 말합니다. 제조업에서는 제품을 제조하는 데 드는 비용이므로 제조원가라고 하고, 소매업에서는 판매하는 제품의 매입가격이므로 매입원가라고 합니다.

제조업의 매출원가는 기초제품재고액과 당기제품제조원가와의 합계에서 기말제품재고액을 차감하여 산출합니다. 소매업의 매출원가는 기초상품재고액에 당기상품매입액을 가산하고 기말상품재고액을 차감하여 산출합니다.

매출원가는 여러 비용 중에서 가장 높은 비중을 차지하기 때문에 이 비용의 높고 낮음에 따라 거의 이익이 결정된다고 볼 수 있습니다.

매출원가 = 재료비 + 인건비 + 경비

- 재료비: 제품을 생산하기 위해 필요한 재료비나 제품의 매입비
- 인건비: 제품을 생산하기 위해 필요한 인건비
- 경비: 제품을 생산하기 위해 필요한 여러 경비

제조업의 경우에는 제품 생산과 직접 관련된 생산직 직원의 인건비나 공장의 유지관리비도 원가에 포함됩니다. 자영업의 경우에는 매장의 판매직원, 레스토랑의 주방장, 미용사 등의 인건비도 매출원가에 포함시켜야 하지만, 원가계산이 너무 복잡해지기 때문에 판매관리비에 포함시킵니다.

「매출원가율」은 매출액 대비 매출원가로 산출합니다. 매출액이 증가하더라도 매출원가나 판매관리비가 상승하면 이익이 감소하게 됩니다.

$$\text{매출원가율} = \frac{\text{매출원가}}{\text{매출액}} \times 100$$

매출원가를 산출할 때 유의해야 할 것은 일정기간에 생산한 제품 또는 매입한 제품 전부를 매출원가에 포함시키지 않고, 일정기간에 판매된 제품에 대한 매출원가만을 산출합니다. 예를 들어 제품을 100개 매입하여 그 중에서 60개를 판매한 경우, 원가는 60개에 해당하고 남은 제품 40개는 재고가 됩니다.

매출액과 매출원가가 정해지면 매출총이익을 산출할 수가 있습니다. 이 때 매출총이익에서 판매관리비를 차감하면 영업이익을 산출하게 되는데, 영업이익을 충분히 확보하고 있는지를 검토해야 합니다. 영업이익이 너무 낮은 경우에는 매출원가를 낮출 수 있는지 또는 제품가격을 올릴 수 있는지를 조정해야 합니다.

▌매출원가의 산출▐

항 목	금 액	산출식
매출액	1,000,000원	10,000원×100개
제품 1개당 매출원가	3,000원	=재료비(1,000원)+노무비(1,000원)+경비(1,000원)
제품 1개의 원가율	30%	=매출원가(3,000원)/판매가격(10,000)×100
(-) 매출원가	300,000원	1,000,000원×30%
매출 총이익	700,000원	

10-7 비용계획(2): 「판매관리비」

영업이익은 매출총이익에서 판매비와 일반관리비를 차감한 후에 남은 금액을 말하며, 기업의 순수 경영활동의 결과라고 할 수 있습니다.

영업이익 = 매출총이익 – (판매비 + 관리비 + 인건비) 경비 = 판매비 + 관리비 + 인건비 관리비 = 영업관리비 + 자산관리비

매출원가 이외의 비용은 판매비나 일반관리비에 포함됩니다.

「판매비와 일반관리비」란 매출원가 이외의 비용으로 영업활동이나 관리활동에 필요한 비용을 말합니다. 그 중에서 「판매비」는 제품을 판매(영업)하기 위해 직접 투입되는 비용을, 「일반관리비」는 일반적인 관리업무에 투입되는 비용을 말합니다.

판매비와 일반관리비를 구분하는 것은 판매비에는 변동비의 요소가 포함되어 있고, 일반관리비에는 고정비의 요소가 포함되어 있기 때문입니다. 즉 판매비는 매출액과 비례해서 변동하기 때문에 매출액과 연동되지만, 일반관리비는 매출액과 비례해서 변동하지 않고 일정합니다.

판매비와 일반관리비를 간략하게 「판관비」라고 합니다. 왜냐하면 동일한 인건비라도 영업직원의 인건비는 판매비, 총무직원의 인건비는 일반관리비로 구분할 수 있지만, 이렇게 구분해서 산출하게 되면 너무 복잡해지기 때문입니다.

판매비는 문자 그대로 판매에 드는 비용으로 광고선전비, 경품비, 포장비, 소모품비, 배송수수료, 지불수수료 등이 포함됩니다.

관리비는 영업관리비와 자산관리비로 구분됩니다. 영업관리비는 영업을 추진하는데 발생하는 비용이고, 자산관리비는 토지나 건물 등의 자산을 취득하고 유지하는 데 발생하는 비용을 말합니다.

인건비는 임원보수, 급여수당, 상여금, 복리후생비, 교육훈련비, 알바비 등을 포함합니다.

판매비 중에서 가장 비중이 높은 비용이 인건비입니다. 일단 직원을 채용하게 되면 인건비가 장기간에 걸쳐 고정적으로 발생하기 때문에 치밀하게 인원계획을 세워 관리해야 합니다.

인건비를 산출할 때에는 직원이나 알바의 고용형태나 직제를 검토해야 합니다. 왜냐하면 고용형태나 직제에 따라 임금과 보수의 금액이 크게 차이가 나기 때문입니다.

신규사업의 경우에는 한 사람이 다수의 부서를 총괄하거나 겸하지 않으면 안됩니다. 그러나 5년이라는 기간에 대대적으로 사업을 확장하고자 할 때에는 그 기간에 필요한 인원을 채용해야만 합니다.

▌판매관리비의 산출▐

(단위: 만원)

항목		1년차	2년차	3년차	비고
매출총이익		20,000			
판매비	광고선전비	700			
	판매소모품비	200			
	지불수수료	100			
관리비	지급임차료	1,200			
	수도광열비	300			
	통신비	200			
인건비	인건비	7,200			
소 계		9,900			
영업이익		10,100			

10-8 비용계획(3): 「감가상각비」

기업은 설비자산에 투자한 자금이 5년 또는 10년이라는 기간에 걸쳐 매출에 공헌하기를 기대하면서 투자하게 됩니다. 따라서 설비자산에 투자해서 적합한 리턴(회수)을 예측할 수 있는지, 투자자금은 몇 년 후에 회수가능한지를 정확하게 예상해야 합니다.

「자산(assets)」은 유동자산과 고정자산으로 구분합니다.

「유동자산」은 고정자산에 대응하는 개념으로, 1년 이내에 환금할 수 있는 자산 또는 전매할 목적으로 소유하는 자산을 말합니다.

「고정자산」이란 건물이나 토지 등 비교적 장기간에 걸쳐 영업활동을 위해 취득한 자산을 말합니다. 즉 고정자산은 판매 또는 처분을 목적으로 하지 않고, 비교적 장기간에 걸쳐 영업활동에 사용하려고 취득한 각종 자산입니다.

자산의 유형은 다음과 같이 분류합니다.

① 시간이 지나도 가치가 변하지 않는 자산

② 시간이 지나면서 가치가 떨어지는 자산

③ 1년 이내에 사용하는 자산

④ 판매목적의 자산

①의 자산은 시간의 경과와 함께 자산가치가 떨어지지 않는 자산이기 때문에 보유하고 있는 기간에 비용으로 처리하지 않아도 됩니다. 그러나 ②의 자산은 시간의 경과와 함께 자산가치가 떨어지기 때문에 감가상각을 통해 자산의 구입가격을 매년 일정액씩 계상해야 합니다.

설비자산을 구입하여 자산으로 보유하는 것만으로는 얼마의 이익을 발생시키는지를 알 수가 없습니다. 그래서 언제 어느 정도의 가격의 설비를 구매할 것인지에 대해서, 그리고 몇 년 동안에 얼마의 비용으로 처리해나갈 것인지에 대해서 검토해야 합니다. 이것을 감가상각이라고 말합니다.

「감가상각(depreciation)」이란 유형자산의 취득원가에서 잔존가치를 차감한 감가상각대상금액을 그 자산의 내용연수 기간에 체계적인 방법을 통해 각 회계기간으로 배분시키는 절차를 말합니다.

유형자산의 감가상각방법은 자사의 미래 경제적 효익이 소비되는 행태를 반영한 합리적인

방법이어야 합니다. 그 종류로는 정액법, 정률법, 생산량 비례법 등이 있습니다.[3)]

① 정액법

「정액법」은 고정자산의 가치가 매년 동일한 금액으로 하락한다고 가정하고, 매 기간 동일한 금액을 상각하는 방법입니다. 정액법은 계산이 매우 단순하여 사용하기 편리한 방법이며, 매년 일정액이 비용 처리되므로 손익에 미치는 영향도 매 기간 동일합니다. 정액법에서의 매기 감가상각비는 아래 식으로 산출합니다.

$$감가상각비 = (취득원가 - 잔존가치) \times \frac{1}{내용연수}$$

▌정액법에 의한 감가상각비 산출▐

• 취득가격: 1,000,000원 • 내용년수: 4년

(단위: 만원)

년수	감가상각비 계산	감가상각비	누계액	장부금액
	-	-	-	100
1년	(80×0.25)	20	20	80
2년	(80×0.25)	20	40	60
3년	(80×0.25)	20	60	40
4년	(80×0.25)	20	80	20
합 계		80		

② 정률법

「정률법」은 유형자산의 기초장부금액에 매 기간 동일한 감가상각율을 적용하여 산출하는 방법입니다. 정률법에서는 감가상각누계액 차감 후의 장부금액은 매년 감가상각액만큼 감소되

---

3) 이효익·최관·백원선·최영수(2019), 『IFRS 회계원리 제9판』, 신영사, pp.432-439.

므로 초기에 많은 금액이 상각되고, 기간이 경과함에 따라 상각액이 점차 감소하게 됩니다.

사업계획서에서 이익계획을 세울 때에는 간단하게 산출할 수 있는 정액법으로 산출해도 무관합니다. 왜냐하면 감가상각의 결과는 다르지만 최종적인 합계는 동일하기 때문입니다.

$$감가상각비 = 장부금액 \times 감가상각률$$

$$단,\ 감가상각률 = 1 - \sqrt[n]{\frac{잔존가치}{취득원가}}$$

$$n = 내용연수$$

▌정률법에 의한 감가상각비 산출▐

(단위: 만원)

년수	감가상각비 계산	감가상각비	누계액	장부금액
	-	-	-	100
1년	(100×0.331)	33.1	33.1	66.9
2년	(66.9×0.331)	22.1	55.2	44.8
3년	(44.8×0.331)	14.8	70.0	30.0
4년	(30×0.331)	9.9	80.0	20.0
합 계		80		

③ 생산량 비례법

「생산량 비례법」은 내용연수를 기준으로 하지 않고, 생산량 혹은 사용량에 비례하여 감가상각비를 계산하는 방법입니다. 천연자원이나 광물자원의 경우에는 그 가치가 벌목량 혹은 채광량에 비례하여 감소하므로, 추정 총생산량에 대한 당기의 실제 생산량 비율을 기준으로 감가상각비를 계산함으로써 수익과 비용을 합리적으로 대응할 수 있게 됩니다.

$$감가상각비 = (취득원가 - 잔존가치) \times \frac{당기\ 실제생산량}{추정\ 총생산량}$$

예를 들어 자동차의 내용연수 기간의 총 주행가능거리가 200,000km일 때, 1년 동안의 실제 주행거리가 50,000km일 때 당기의 감가상각비는 다음과 같이 산출합니다.

$$감가상각비 = (30{,}000{,}000 - 3{,}000{,}000) \times \frac{50{,}000}{200{,}000} = 6{,}750{,}000$$

만약 유형자산의 가치가 주행거리 이외에 작업시간이나 생산량에 비례하여 감소할 경우에도 적절한 기준단위를 설정하여 그 사용정도에 따라 감가상각액을 계산할 수 있습니다.

10-9 비용계획(4): 「지급이자」

사업을 시작할 때는 본인이 가지고 있는 자기자금 외에도 금융기관으로부터 융자를 받게 됩니다. 금융기관으로부터 받은 융자금에 대해 상환해야 할 부채를 「이자발생부채」라고 합니다. 간단하게 말하면 이자가 발생하는 부채라고 보면 됩니다.

사업초기에는 융자금에 대한 의존도가 높고, 이에 따라 이익에 미치는 영향이 크기 때문에 사업계획서를 작성하는 단계에서 지급이자의 산출을 포함시켜야 합니다. 물론 신규사업에 필요한 자금을 전부 자기자금으로 충당할 경우에는 이 절차는 필요하지 않습니다.

지급이자를 산출할 때에는 다음 사항을 확인해야 합니다.

① 금융기관에 신청할 융자금은 어느 정도로 할 것인가? 기대한 만큼 실제로 융자받을 수 있을지 미지수이지만, 이 단계에서는 기대하는 예상 융자금을 근거로 산출합니다.

② 금융기관에 융자금을 상환해야 할 상환기간은 몇 년인가? 상환기간은 일반적으로 3년~5년이 됩니다. 회사 입장에서는 상환기간이 길수록 자금운용이 유리하기 때문에 가능한 상환기간을 5년으로 세웁니다. 실제로 사업이 계획한대로 이익이 발생하게 되면 상환일을 앞당겨 상환할 수 있습니다.

③ 금융기관에 지급할 이자율은 얼마인가? 이자율은 금융기관에 따라 또는 자사의 재무상태에 따라 달라집니다.

④ 상환방법, 즉 원리금균등상환, 원금균등상환, 만기일시상환 중에서 어떤 방법을 선택할 것인가? 일반적으로 원리금균등상환을 선택합니다.

▮융자금 내역▮

거래 은행	융자금	상환기간	이자율	상환방식
OO은행	1억원	20XX. 1. 1. ~20XX. 12. 31. (3년)	3%	원리금 균등상환

예를 들어 OO은행으로부터 1억원을 융자받고, 상환기간 3년(36개월), 이자율 3%, 원리금균등상환으로 상환할 경우, 상환계획표는 다음과 같이 작성합니다.

상환계획표에서 첫해의 잔액으로서 예상융자금을 기입하고, 상환기간으로 나눈 금액을 해당년도의 상환금에 기입합니다.

3년 후의 지급이자를 산출한 후에는 이익계획의 영업외 비용 칸에 기입합니다. 그리고 영업이익에서 영업외 비용을 차감하여 경상이익을 산출하고, 이 수치를 이익계획에 기입합니다.

▌융자금 상환계획표▐

- 융자금 원금: 100,000,000원
- 총 대출이자: 4,692,355원
- 총 상환금액: 104,692,355원

회차	원 금	이 자	상환금액	대출잔금
1	2,658,120	250,000	2,908,121	97,341,879
2	2,664,766	243,354	2,908,121	94,677,113
3	2,671,428	236,692	2,908,121	92,005,685
4	2,678,106	230,014	2,908,121	89,327,578
5	2,684,802	223,318	2,908,121	86,642,776
36	2,900,868	7,252	2,908,121	0

10-10 비용계획(5): 「세금과 공과」

사업을 통해 발생한 이익에 대해서는 세금을 납부해야 합니다. 납부해야 할 세금은 결코 적지 않은 금액이기 때문에 수지계획을 세울 때에도 세금을 포함시켜 작성합니다.

「세금과 공과」는 지난 1년간 영업활동과 관련하여 납부한 각종 세금과 공공적 지급비용인 공과금을 말합니다.

「세금」은 제조원가에 포함되어 있는 각종 세금과 유형자산의 원가에 포함되는 등록세, 법인세, 소득세 등을 제외한 영업과 관련되는 조세, 즉 재산세, 자동차세 등의 세금에 대한 부담을 말합니다.

회사가 납부해야 할 세금에는 법인세, 부가가치세, 원천세 등이 있습니다. 사업계획서를 작성할 때에는 특히 금액이 큰 법인세에 집중해서 세금을 산출해야 합니다. 개인 자영업자는 부가가치세와 종합소득세 등을 납부해야 합니다.

실제로 확정신고를 하기 위해서는 정확한 납부세액을 산출해야 하지만, 사업을 시작하는 단계에서는 개략적인 금액만을 산출하는 것으로도 충분합니다. 이 때 일반적으로 사용하는 것이 실제세율입니다.

경상이익에 세율을 곱하면 납부해야 할 법인세의 금액을 개략적으로 산출할 수 있습니다. 경상이익에 곱하는 이유는 사업을 개시하기 전에는 받을 이자나 배당금 등이 발생하지 않지만, 지급이자는 발생하기 때문입니다. 이렇게 산출한 법인세를 손익계산서에 반영하여 최종적으로 당기순이익을 산출합니다.

「공과」는 상공회의소 부과금, 연합회 부과금, 조합 갹출금 등과 같이 영업에 관련이 있는 공공적 지출로서 제조원가에 포함되지 않는 것을 말합니다.[4]

4) 우문석(1998), 『유통회계』, 두남출판사, p.223.

▌과세표준별 법인세율▌

과세표준	세율	누진공제액
2억원 이하	10%	-
2억원 초과 ~ 200억원 이하	20%	2,000만원
200억원 초과 ~ 3,000억원 이하	22%	4억 2,000만원
3,000억원 초과	25%	94억 2,000만원

▌법인세 계산방법▌

과세표준	소득금액-(이월결손금+비과세소득+소득공제액)
산출세액	과세표준×법인세율
총납부세액	산출세액-(세액공제+세액감면)
	일반적으로는, 경상이익×법인세율

10-11 손익분기점 분석(1): 「한계이익율」

사업을 시작하여 첫해에는 매출 부진으로 적자가 발생할 가능성이 아주 높고, 다음 년도부터 어느 정도 매출을 올려야만 흑자로 전환될 것인지 불안할 것입니다. 이러한 불안을 해소하기 위해서 손익분기점 분석을 활용합니다.

「손익분기점(Break Even Point, BEP)」이란 총수익이 그 수익을 획득하기 위해 지출된 총비용을 회수하게 되는 상태를 말합니다. 즉 매출액과 총비용이 일치하여 수익이 0이 되는 매출액을 말합니다. 매출액이 손익분기점 이하로 떨어지면 손실이 발생하고, 그 이상으로 올라가면 이익이 발생하는 기점이 되는 위치입니다.

손익분기점을 분석하는 절차는 다음과 같습니다.

첫째, 손익계산서에서의 총비용을 고정비와 변동비로 구분하고, 고정비와 변동비에 해당하는 비용을 각각 산출하여 총비용을 산출합니다.

점포를 예로 들면, 점포를 운영하기 위해서 들어가는 비용에는 크게 초기비용과 운영비용으로 구분할 수 있습니다. 「초기비용」이란 토지나 건물의 취득비용, 점포공사비용, 주방설비조달비용, 집기구입비용, 홈페이지 제작비용 등 주로 점포를 개업하기 위해서 투입되는 비용을 말합니다.

그리고 「운영비용」이란 점포 개업 후에 계속적으로 발생되는 임대로, 재료비, 인건비, 수도광열비, 광고비 등의 비용을 말합니다.

그리고 운영비용은 고정비와 변동비로 구분합니다.

「고정비」란 매출액의 변화와 상관없이 일정하게 발생하는 비용을 말합니다. 구체적으로는 임대료, 인건비, 수도광열비, 지급이자 등이 해당됩니다.

그리고 「변동비」란 매출액의 변화와 함께 변하는 비용으로서 재료비, 인건비, 판매활동비 등이 해당됩니다.

총비용 = 고정비 + 변동비

둘째, 한계이익과 한계이익율을 산출합니다. 「한계이익」이란 매출액에서 변동비를 제한 금액을 말합니다. 즉 한계이익은 고정비를 보전하기 위한 이익이며, 고정비를 회수하는데 공헌하는 이익이라는 의미에서 「공헌이익」이라고도 부릅니다.

$$\text{한계이익} = \text{매출액} - \text{변동비}$$

셋째, 변동비는 매출액과 비례해서 발생하는 비용이기 때문에 금액이 아닌 비율(%)을 사용합니다. 즉 매출액에서 차지하는 변동비의 비율을 「변동비율」이라고 합니다. 한계이익을 매출액으로 나누고 100을 곱한 숫자를 「한계이익율」이라고 합니다.

$$\text{한계이익율} = \frac{\text{한계이익}}{\text{매출액}} \times 100$$

▌한계이익의 구조▐

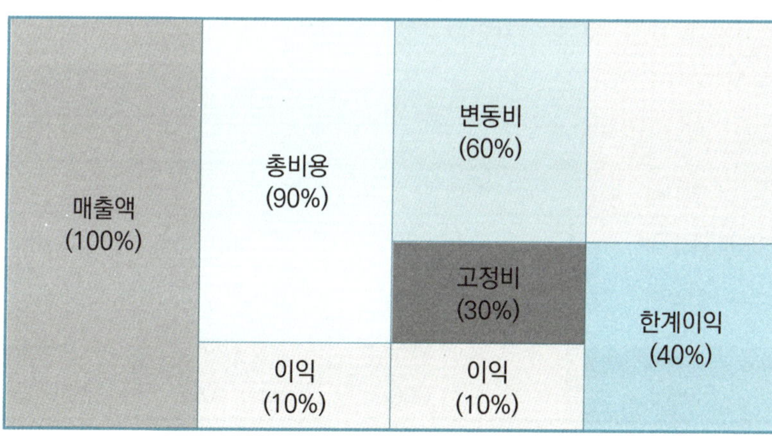

10-12 손익분기점 분석(2): 「손익분기점 매출액」

「손익분기점 매출액」과 「목표이익에 대한 손익분기점 매출액」은 다음과 같이 산출합니다.

① 손익분기점을 매출액으로 구하는 방법

$$\text{손익분기점 매출액} = \frac{\text{고정비}}{1 - \dfrac{\text{변동비}}{\text{매출액}}}$$

② 목표이익에 대한 손익분기점 매출액

$$\text{목표이익 손익분기점 매출액} = \frac{\text{고정비} + \text{목표이익}}{1 - \dfrac{\text{변동비}}{\text{매출액}}}$$

손익분기점 산출에 대한 이해를 높이기 위해서 아래 조건에서 손익분기점 매출액을 산출하면 다음과 같습니다.

항 목	금 액(만원)	손익분기점	2차년도
매출액	10,000	?(7,500)	12,500
변동비	6,000	4,500	7,500
고정비	3,000	3,000	3,000
이익	1,000	0	2,000

[Q1] 점포의 손익분기점 매출액은 얼마인가?

$$\text{손익분기점 매출액} = \frac{30,000,000}{1 - \dfrac{60,000,000}{100,000,000}} = 75,000,000$$

- 한계이익 = 매출액-변동비 = (1억-6,000만원) = 4,000만원
- 한계이익율 = 한계이익÷매출액×100 = 4,000만원÷1억×100 = 40%
- 손익분기점 매출액 = 3,000만원÷40% = 7,500만원

[Q2] 차기년도에는 목표이익을 2,000만원으로 올리려고 합니다. 목표이익에 대한 손익분기점 목표매출액은 얼마인가?

$$\text{손익분기점 매출액} = \frac{30,000,000 + 20,000,000}{1 - \dfrac{60,000,000}{100,000,000}} = 125,000,000$$

▌손익분기점▐

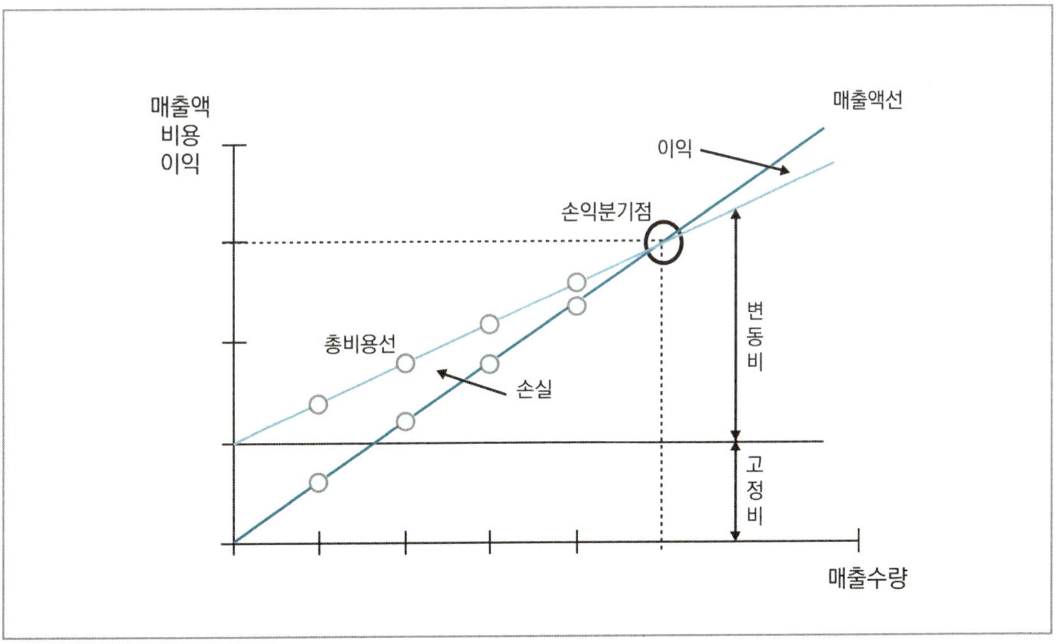

10-13 손익분기점 분석(3): 「안전한계율」

손익분기점 분석에서 특히 수익과 관련하여 산출하는 것으로 「손익분기점 매출액 비율」과 「안전한계율」이 있습니다.

(1) 손익분기점 매출액 비율

「손익분기점 매출액 비율」은 손익분기점 매출액과 실제매출액과의 비율, 즉 손익분기점 매출액이 실제매출액의 몇 %에 해당하는지를 나타내는 비율을 말합니다.

$$\text{손익분기점 매출액 비율} = \frac{\text{손익분기점 매출액}}{\text{실제매출액}} \times 100$$

$$\text{손익분기점 매출액 비율} = 100\% - \text{안전한계율}$$

$$\text{손익분기점 매출액 비율} = \frac{80{,}000{,}000}{100{,}000{,}000} \times 100 = 80\%$$

이 손익분기점 매출액 비율이 낮을수록 경영이 안전하다는 상태를 나타냅니다. 흑자일 경우에는 손익분기점 매출액 비율이 100% 이하이고, 적자일 경우에는 100% 이상이 됩니다.

예를 들어 손익분기점 매출액 비율이 2년째에 들어서 80%일 경우, 이 80%라는 수치는 현재의 매출액이 20% 부족하더라도 적자가 발생하지 않는다는 것을 의미합니다.

(2) 안전한계율

「안전한계율」은 실제매출액과 손익분기점 매출액과의 차이를 비율로 나타냅니다. 즉 경영의 건전성을 담보하는 여유를 나타내는 것으로, 이 수치가 높을수록 이익이 발생하기 쉽고, 경영이 안전하다는 것을 나타냅니다.[5]

5) Kawai Jurou(2011), 『음식점·경영숫자의 사용법』, 동우관, p.53.

$$안전한계율 = \frac{실제매출액 - 손익분기점매출액}{실제매출액} \times 100$$

$$안전한계율 = 100\% - 손익분기점\ 매출액\ 비율$$

$$안전한계율 = \frac{100,000,000 - 80,000,000}{100,000,000} \times 100 = 20\%$$

▌안전한계율에 의한 경영상태의 평가▐

안전한계율	평 가	대 책
5% 이하	나쁨	【위험형】 긴급대책이 필요함. 매출액 증대 또는 경비절감대책 필요, 자금운영에 어려움.
10%	약간 나쁨	【아슬아슬형】 방심은 금물. 신제품개발이나 시장개척 등 신속한 대책 강구.
20%	양호	【건전형】 자기자본의 축적에 의한 체질강화를 기할 것.
30% 이상	아주 양호	【발전형】 설비투자, 점포증설 등 적극적인 발전대책을 시도할 것.

10-14 「현금흐름표」

수지계획에서 이익만을 추구하게 되면 회사가 보유하고 있는 현금이 충분한지 아니면 부족한지, 즉 단기지급능력을 파악하는데 소홀해질 수 있습니다. 사업을 계속적으로 추진하기 위해서는 우선 현금이 필요합니다.

GE의 전 회장 잭 웰치(Jack Welch)는 현금흐름을 경영관리의 주대상으로 설정하고 있습니다.

"우리들은 모든 것을 평가할 수 있지만, 실제로 이를 제대로 이해하고 있는 경우는 드물다. 기업을 평가하는 데 가장 중요한 3가지 요인은 고객만족도, 직원만족도, 그리고 현금흐름이다. 그리고 현금의 원활한 흐름은 기업이 살아있음을 의미하는 맥박과도 같다."[6)]

사업계획서에는 이익에 대한 예측뿐 아니라, 언제 어느 정도의 현금이 필요한지, 자금을 언제 어느 정도 조달하면 될 것인지, 조달된 자금은 상환일에 확실하게 상환이 가능할 것인지 등에 대해 예측을 세워 운영해야 합니다.

「현금흐름표(Statement of Cash Flows, CF)」란 일정기간 현금의 유입과 유출, 혹은 현금의 원천과 사용에 관한 정보를 제공하는 재무제표의 하나를 말합니다.

현금흐름표는 회사의 현금흐름을 나타내는 표로서, 현금의 변동내용을 보고하기 위하여 작성하며, 대차대조표나 손익계산서를 작성할 때 적용되는 발생주의가 아니라, 현금주의에 의해 작성합니다.

현금흐름표는 기업의 활동을 영업활동, 투자활동, 재무활동으로 구분하여 현금흐름 정보를 제공합니다.

① 영업활동 현금흐름(영업 C/F)

「영업활동 현금흐름」은 기업의 주된 수익창출활동으로서, 제품의 생산과 판매에 관련되는 활동을 의미합니다. 따라서 영업활동 현금흐름은 고객에게 제품의 판매로부터 유입되는 현금과, 이러한 제품을 생산하거나 구매하기 위하여 공급업자와 직원에게 지출되는 현금을 말합니다.

---

6) Stuart Crainer[홍길표 역](2000), 『잭 웰치 성공에 감춰진 10가지 비밀』, 영언문화사, pp.208-209.

② 투자활동 현금흐름(투자 C/F)

「투자활동 현금흐름」은 회사를 성장시키기 위해 건물이나 기계설비 등에 대한 투자활동에 의한 현금의 증감을 말합니다. 예를 들어 대여금의 회수, 토지나 건물, 기계와 같은 자산의 처분이나 취득으로 인하여 유입 또는 유출되는 현금을 포함합니다. 사업초기에는 성장을 위해 많은 투자가 특히 첫년도와 차기년도에 많이 발생하기 때문에 투자 C/F는 마이너스가 되는 경우가 대부분입니다.

③ 재무활동 현금흐름(재무 C/F)

「재무활동 현금흐름」은 회사의 자금조달에 의한 현금 증감을 가져오는 활동, 즉 차입에 의한 자금조달, 차입금 상환에 의한 자금지출, 사채발행, 증자(주식발행)에 의한 자금조달 등이 포함됩니다. 사업초기에는 다른 2가지 현금흐름이 마이너스가 될 경우가 높기 때문에 이 재무 C/F로 보전할 수 있어야 합니다.

▌현금흐름표의 작성 예시▐

(단위: 만원)

항목	세부항목	1년차	2년차	3년차
영업활동 현금흐름	손익계산서의 당기이익(+)	▲1,000		
	외상매출금의 감소(+)	▲300		
	외상매입금의 증가(+)	▲300		
투자활동 현금흐름	설비투자(-)	0		
	고정자산의 매각(+)	▲1,200		
	투자유가증권의 매각(+)	0		
재무활동 현금흐름	증자(+)	0		
	차입금 증가(+)	▼1,500		
	이익잉여금의 배당(-)	0		
합 계		▲1,300		

1. 신규사업에 대한 「매출계획」 세우기.

2. 신규사업에 대한 「대차대조표」 작성하기.

3. 신규사업에 대한 「목표손익계산서」 작성하기.

4. 설비자산에 대한 「감가상각비」 산출하기.

5. 신규사업에 대한 「손익분기점 매출액」 산출하기.

6. 신규사업에 대한 「현금흐름표」 작성하기.

11

사업자금계획

CHAPTER 11

11-1 자금계획은 어떻게 하는가?

앞 장에서 설명한 「사업수지계획」은 사업이 목적지까지 가는 로드 맵을 나타내는 것이라고 할 수 있습니다. 그러나 맨손으로 목적지까지 갈 수는 없습니다.

기업이 사업을 시작하고 경영활동을 하고, 그 결과로 이익을 창출해가는 과정에서 자금(현금)이 반드시 필요하게 됩니다.

기업을 인체에 비유하면, 체격에 해당하는 재무구조가 건전해야 하고, 또한 이를 유지하고 개선하기 위해서는 체력이라고 할 수 있는 수익성과 생산성 등이 지속적으로 향상되어야 합니다. 그리고 자금은 바로 혈액과 같은 것으로 자금의 원활한 수급이야말로 기업의 경영활동과 그 성장에 필수적인 요소가 됩니다.

자금의 순환과정을 레스토랑에 적용해 보면, 초기에는 현물출자의 경우를 제외하고는 대개 현금으로 이루어집니다. 이러한 현금 출자액을 자본으로 하여 점포구입, 주방, 홀에 필요한 설비에 투자하고, 음식을 만들기 위해서 식자재를 구입하게 됩니다.

이러한 과정을 수행하기 위해서는 먼저 현금을 지불하여 식자재를 구입하고, 음식을 만들어 손님에게 제공하게 됩니다. 그리고 직원에게 인건비를 지급하고, 여러 기타 경비와 금융비용에 자금이 집행됩니다.

이렇게 하여 음식 맛이 좋아 많은 손님들이 레스토랑을 찾게 되면 수입이 발생하게 됩니다. 이 수입을 음식 만드는데 재투입하는 순환과정을 반복합니다.

사업을 시작하여 경영하는 데 있어서 자금관리는 계획적으로 이루어져야 합니다.

「자금관리」란 월별 또는 일별 및 각 항목별로 수입과 지출을 예측하여 자금계획을 세우고, 이것을 근거로 필요한 만큼 자금을 조달하여 경영활동에 운용하고 통제함으로써 수익은 최대화하고, 위험은 최소화하는 것을 말합니다.[1)]

구체적으로는, 자금의 조달과, 그것을 적절히 사용하기 위한 분석, 기업의 경영목표를 달성하기 위한 투자의 효과와 비용분석, 그리고 기업 내의 자금계획과 통제 등을 통해서 기업의 경영목표를 달성할 수 있도록 하는 의사결정 활동이라고 할 수 있습니다.

기업에서 자금이 부족해지는 원인은 다음과 같습니다.[2)]

---

1) 오문석(1998), 『유통회계』, 도서출판, pp.321-322.
2) 오문석(1998), p.324.

▌자금부족의 일반적 원인▐

종 류	주요 내용
① 가동자금의 감소	• 매출수익의 감소 • 매출원가의 증가 • 관리비 및 금융비용의 증가
② 수지의 불균형	• 매출채권의 누적 및 회수의 지연 • 지급 및 결제기간의 단축 • 재무수입의 계획금액 및 시차의 차질 • 매출수입의 월별 금액 차이의 증가
③ 자금회전의 둔화	• 제품의 재고 누적 • 원재료의 과대 확보 • 매출채권의 누적 • 설비투자의 과다
④ 결산자금의 사외 유출	• 배당금 지급 • 법인세 등의 납부 • 임원 상여금 지급 • 직원 상여금 지급
⑤ 자금운용의 실패	• 자금계획의 불확실 • 수입 및 지출의 예측 실패

11-2 자금계획과 자금계획표

「자금계획」이란 자금의 출입에 대한 계획을 문서로 작성하는 것으로, 일정기간 현금지출의 적합·부적합 외에 현금이 어디에 지출되며, 어디에서 수입되는지를 계획하는 것을 말합니다.

사업을 시작하기 위해서는 사업자금을 어떻게 조달할 것인지에 관한 자금계획을 세워야 합니다. 자금계획에는 자금조달계획, 자금운용계획, 융자금에 대한 상환계획을 포함하고 있습니다.

① 자금조달계획

「자금조달계획」이란 회사가 필요로 하는 자금을 어디서 어떻게 조달할 것인지를 계획하는 것을 말합니다. 여기에는 다양한 자금조달 원천이 고려 대상이 됩니다. 예를 들면 증자와 같은 자기자본에 의한 자금의 조달을 얼마만큼 잡을 것인지, 장기차입금이나 단기차입금에 얼마만큼 의존할 것인지, 어음할인에 의해서는 어느 정도의 자금을 조달할 것인지 하는 등의 사항을 계획합니다.

② 자금운영계획

「자금운용계획」이란 자금을 어떻게 운영할 것인지를 계획하는 것을 말합니다. 바꿔 말하면, 회사의 경영활동을 자금 측면에서 어떻게 지원할 것인지에 대한 계획이라고 할 수 있습니다. 예를 들면 설비투자와 같은 거액의 자금이 필요한 경우, 자금상황을 고려하지 않고 계획을 세운다는 것은 불가능합니다.

③ 융자금에 대한 상환계획

「융자금에 대한 상환계획」은 사업을 추진함에 있어서 시설투자를 위해서 또는 운전자금의 부족으로 인해 은행으로부터 자금을 조달할 경우, 은행으로부터 금전을 차용하는 것을 융자금이라고 하는데, 이 융자금의 상환에 대한 계획을 말합니다.

자금계획은 기간을 기준으로 장기자금계획과 단기자금계획으로 구분할 수 있습니다. 이때의 장기자금계획에는 중기자금계획이 포함됩니다. 분기나 반기 또는 1년 단위의 장기자금계획을 세우는 경우에는 회사의 자금을 장기적으로 예측할 수 있다는 장점이 있지만, 정확한 자금흐름을 파악하기가 단기자금계획보다 어렵다는 단점이 있습니다.

자금계획은 미래의 운영상황을 예측함은 물론, 그에 따르는 자금상황을 파악하고 이에 대한 대책까지를 고려해야 합니다. 이 자금계획을 실시하기 위해서 자금계획표를 작성합니다.

「자금계획표」는 자금계획의 상황을 나타내는 표로서, 일정기간의 현금과 예금의 흐름을 수입 금액 및 지출 금액으로 구분하여 과목별로 대조 표시합니다. 그리고 자금의 과부족에 대하여 그 조달이나 운용에 관한 검토가 쉽도록 작성합니다.

원래 자금계획표를 작성하는 목적은 장래의 자금부족 상태를 미리 방지하기 위한 것이지만, 경우에 따라서는 과거의 실적을 검토하기 위하여 작성하기도 합니다.

자금계획표에 기록되는 자금 수입과 자금 지출의 항목은 다음과 같습니다.

▌자금의 수입과 지출 항목▐

자금 수입	자금 지출
• 전월 이월액 • 매출대금 수금액 • 외상매출 회수액 • 받을어음 기일결제액과 할인액 • 차입금	• 매입대금 지급액 • 외상매입금 지급액 • 미지급금 지급액 • 지급어음 기일결제액 • 인건비 지급액 • 차입금 변제액 • 기타 비용

11-3 「자금계획표」

「자금계획」이란 일정기간의 현금 지출의 적합·부적합 외에도 현금이 어디에 지출되며 어디에서 입금되는지를 계획하는 것을 말합니다. 즉 수지계획에 근거하여 자금의 수입을 원천별로 예측하고, 자금의 지출을 사용 용도별로 분석합니다.

자금계획을 세우기 위해서 자금계획표를 작성합니다. 당연한 것이지만 자금이 부족하게 되면 더 이상 사업을 진행할 수 없기 때문에 자금계획표를 작성하여 관리합니다.

「자금계획표」란 일정기간에 예상되는 자금의 원천과 사용 용도를 주요 항목별로 표시하여 운전자금(변동비+고정비)의 증감을 나타내는 표를 말합니다.

이 자금계획표에 따라서 일정기간에 운전자금이 증가하는지 또는 감소하는지를 판단하게 됩니다. 그래서 자금에 여유가 생기면 그 여유자금에 대한 활용방법을 찾아야 하고, 반대로 자금이 부족한 경우에는 자금부족을 해결할 수 있는 대처방법을 찾아야 합니다.

자금계획에는 장기자금계획과 단기자금계획으로 구분할 수 있지만, 일반적으로 장기자금계획의 일부로서 단기자금계획을 포함합니다.

중요한 핵심은 창업비용에 3~6개월분의 운전자금을 증액하는 것입니다. 사업을 시작한 후에 안정적으로 매출액을 유지하기까지 1~2년은 더 걸릴 수 있습니다. 그 때까지 제품 매입이나 급여 등 여러 비용을 지급해야 하기 때문에 사업초기에 당장 필요한 운전자금을 확보해 두어야 하기 때문입니다.

사업계획서에 자금계획표를 첨부할 경우에는 창업비용과 운전자금에 대해 너무 세세하게 작성하지 않아도 되고, 점포공사비, 집기, 인건비 등 금액이 큰 항목으로 분류해서 작성하면 됩니다. 그리고 창업비용과 운전자금을 합친 전체의 사업자금을 어떻게 조달할 것인지, 즉 자금계획표를 작성해야 합니다.

▌자금계획표의 예시▌

▣ 사업 명: 이탈리아 레스토랑

▣ 자금계획:

상기한 사업을 운영하기 위해서 설비자금 1억원, 운전자금 3,500만원을 합한 1억 3,500만원이 필요합니다. 부족분 3,000만원의 융자를 신청합니다.

(단위: 만원)

자금 사용처				자금 조달방법	
	내 역	금 액		내 역	금 액
설비자금	점포취득	5,000		자기자금	7,000
	점포공사	3,000		투자금	3,500
	설비·비품	2,000		금융기관	3,000
	소계 ①	10,000			
	내 역	금 액			
운전자금	원재료비	2,000			
	인건비	600			
	광고선전비	500			
	기타 경비	400			
	소계 ②	3,500			
합계	(①+②)	13,500		합계	13,500

11-4 사업자금의 산출

자금계획을 세우기 위해서는 사업자금이 어느 정도 필요한지를 산출해야 합니다. 사업자금에는 크게 설비자금, 운전자금, 적자보전자금, 생활자금으로 분류할 수 있습니다.

① 설비자금

「설비자금」이란 제품을 생산하기 위한 설비투자에 필요한 자금을 말합니다. 예를 들어 레스토랑을 경영하기 위해서는 점포를 구입하고, 주방설비를 설치하고, 매장 내 인테리어를 꾸미고, 식자재를 구매하기 위해서 들어가는 자금을 말합니다.

조리해서 만든 음식이 당일 판매되지 않으면 그것들은 재고로 버려집니다. 그래서 사업초기에는 음식이 판매되어 현금으로 돌아오는 기간까지 식자재를 구매할 수 있는 자금까지도 준비해야 합니다.

설비자금을 준비하지 못하면 사업을 시작하지도 못하고 문을 닫는 심각한 사태에 직면할 수 있습니다.

② 운전자금

「운전자금」이란 일상적인 경영활동에 필요한 자금으로서, 예를 들면 점포 임대료, 원재료(또는 제품)의 매입대금, 인건비 등을 포함합니다.

최근의 상거래에서는 주로 현금거래보다는 신용거래로 이루어집니다. 따라서 신용거래로 제품을 판매하더라도 실제로 통장으로의 입금은 보통 1~3개월 후에 발생합니다. 그러나 매출의 입금이 한 달 후라고 해서 운영자금을 한 달 후나 두세 달 후로 연기할 수는 없습니다.

자금운영에 있어서 외상매입금, 외상매출금, 재고금액 등이 크게 영향을 미칩니다. 즉 외상매입금의 지급을 늦출수록 자금운용이 쉬워지고, 외상매출금이 많을수록 또는 재고금액이 많을수록 자금운용이 어려워집니다.

③ 적자보전자금

「적자보전자금」이란 사업초기에 발생되는 적자를 보전하기 위한 자금을 말합니다. 사업을 시작해서 첫해부터 계획했던 목표 매출액과 이익을 확보한다는 것은 현실적으로 상당히 어렵습니다. 매출이 거의 없거나 아주 미미한 경우에도 고정비는 계속 발생합니다. 따라서 이러한 적자를 보전할 수 있는 자금을 확보하고 있어야 합니다.

④ 생활자금

「생활자금」은 창업자 본인의 생활비를 말합니다. 창업자는 아무리 긴 시간을 근무하더라도 이익이 발생하지 않으면 급여를 받을 수 없습니다. 창업자는 본인이 창출한 이익에 대한 대가가 급여가 되기 때문입니다.

그렇지만 창업자에게도 가족이 있고, 가족이 생활하기 위해서는 최소한의 생활비가 필요합니다. 따라서 창업자는 자금계획에 생활자금을 포함시키고, 이것을 임원급여로서 계상해야 합니다.

▌사업에 필요한 자금▐

종류	주요 내용
① 설비자금	제조업의 기계, 레스토랑의 인테리어와 주방설비 등을 구입하기 위한 대금
② 운전자금	원재료나 제품의 매입대금, 소모품이나 판촉물 등의 구입대금
③ 적자보전자금	사업이 정상 궤도에 오를 때까지 적자를 보전하는 자금
④ 생활자금	창업자 본인의 생활자금

11-5 사업자금의 조달계획

사업자금을 산출한 후에는 사업자금을 어떻게 조달할 것인지를 검토합니다. 이것이 자금조달계획입니다. 즉 「자금조달계획」이란 사업에 필요로 하는 자금을 어떻게 구성하고, 준비할 것인지에 대한 계획을 말합니다.

사업자금을 조달하는 방법에는 크게 자기자금, 투자자 모집, 금융기관의 융자, 공적기관의 조성금으로 구분할 수 있습니다. 사업자금 전부를 자기자금으로 충당하기 어려운 경우에는 타인자금을 통해 조달하게 됩니다.[3)]

① 자기자금

사업자금의 융자심사에서 주로 확인하는 항목이 자기자금입니다. 자기자금의 비율이 높을수록 창업자에 대한 진정성과 준비성을 높게 평가받을 수 있습니다. 그것에 대한 판단기준은 금융기관에 따라 다르겠지만, 전체 사업자금 중에서 자기자금은 최소한 30~50% 이상을 확보하고 있어야 합니다.

② 투자자 자금

투자자는 본인이 투자한 자금이 너욱 증가하는 것을 기대하고 투자합니다. 특히 벤처 캐피털 등의 투자자는 사업계획서를 철저하게 분석한 후에 자금투자의 여부를 판단하게 됩니다.

③ 금융기관의 융자

창업자가 자금을 조달하기 위해서 가장 일반적으로 이용하는 방법이라고 할 수 있습니다. 금융기관은 정해진 심사기준에 따라 결산서를 근거로 융자 여부와 이자율을 결정하도록 금융감독원으로부터 지도받고 있습니다.

④ 공적기관의 조성금

국가나 정부는 정부의 지원금을 제공할만한 사업인지, 다수의 회사가 제출할 경우 어떤 사업에게 지원할 것인지를 판단하기 위해 사업계획서의 제출을 요구하고 있습니다.

---

3) 조보상(2005), 『소자본창업실무』, 무역경영사, pp.218-227.

▌자금조달방법▌

<table>
<tr><td rowspan="6">사업
자금
조달</td><td rowspan="3">자기
자금</td><td>창업자 본인 자금</td><td>예·적금, 퇴직금, 유가증권, 부동산 매각자금</td></tr>
<tr><td>현물 출자금</td><td>창업자·투자자가 보유한 현물</td></tr>
<tr><td>투자자 자금</td><td>후원금, 주주 출자금, 동업자 자금,
기관투자자 자금</td></tr>
<tr><td rowspan="3">타인
자금</td><td>정책금융</td><td>창업지원자금</td></tr>
<tr><td>일반금융</td><td>은행, 신용금고, 보험사, 리스</td></tr>
<tr><td>사채</td><td>친인척, 동료, 사금융</td></tr>
</table>

▌자금조달방법의 예시▌

<table>
<tr><th rowspan="2">소요자금
총액</th><th colspan="2">자금조달방법</th><th rowspan="2">타인자금
상환자금</th></tr>
<tr><th>자기자금</th><th>타인자금</th></tr>
<tr><td>1억원</td><td>7,000만원</td><td>3,000만원</td><td>3년 상환</td></tr>
</table>

11-6 융자금 「상환계획」

은행에서 사업계획서를 검토할 때 가장 중요한 항목은 은행에서 차입한 융자금을 상환기간에 정확하게 상환할 수 있는지에 대한 여부일 것입니다.

「상환계획」이란 사업을 추진함에 있어서 시설투자를 위해서 또는 운전자금이 부족하여 은행으로부터 자금을 조달할 경우, 은행으로부터 금전을 차용하는 것을 융자금이라고 하는데, 이 융자금의 상환에 대한 계획을 말합니다.

따라서 은행으로부터 사업자금을 융자받기 위해서는 융자금에 대해서 언제 어떻게 상환해 갈 것인지에 대한 상환계획을 치밀하게 세워 제시해야 합니다. 융자금에는 이자가 붙게 되는데, 이것을 「이자발생부채」라고 합니다.

부채에 대한 상환은 총매출에서 총비용을 차감한 후에 남은 이익, 즉 당기순이익으로 충당합니다. 그러기 위해서는 손익계산서의 당기순이익을 검토하면서 상환가능한 금액을 산출해야 합니다.

은행도 손익계산서에서 융자금을 상환할 수 있을 정도로 충분한 이익을 확보하고 있을지를 검토할 것입니다. 즉 은행은 일정기간의 당기순이익과 상환금액을 비교하여 당기순이익이 상환금액보다 많은 경우(당기순이익 〉 상환금액)에 융자하게 됩니다.

상환계획을 세울 때에 중요한 정보는 융자금과 상환기간입니다. 융자금은 자금계획에서 결정하고, 상환기간은 융자금에 따라 다르겠지만 보통 3~5년으로 정합니다. 이자는 융자금의 잔액에 정해진 비율을 곱하여 산출합니다. 단 손익계산서에 기입하기 때문에 상환계획에 포함시킬 필요는 없습니다.

상환계획표의 작성은 다음과 같습니다.

먼저, 이익계획에서 ① 당기순이익과 ② 감각상각비를 더해 ③ 상환가능금액을 산출합니다. 다음에 예상 융자금을 예상 상환기간으로 나눈 후에 ④ 예상 상환원금을 산출합니다.

③ 상환가능금액이 ④ 예상 상환원금을 초과할 때에 융자금액을 충분히 상환할 수 있다고 판단하게 됩니다. 그리고 ③ 상환가능금액에서 ④ 예상 상환원금을 제한 후 ⑤ 상환능력을 판단합니다.

상환계획은 기본적으로 1년 단위로 작성하고, 년초 잔액, 상환금액, 상환 후 잔액의 각 항목에 기입합니다.

▌상환계획표의 작성▐

▣ OO은행으로부터 30,000,000원을 3년(이율 3%) 후에 상환하기로 하고 융자한 경우.

- 융자금 원금: 30,000,000원
- 총 대출이자: 1,407,706원
- 총 상환금액: 31,407,706원

항 목	1년	2년	3년
① 당기순이익	-1,000,000	2,000,000	3,000,000
② 감가상각비	300,000	300,000	300,000
③ 상환가능금액(①+②)	-700,000	2,300,000	3,300,000
④ 예상 상환원금	872,436	872,436	872,436
⑤ 상환능력 판단(③-④)	-172,436	1,427,564	2,427,564

▌상환능력의 판단기준▐

조 건	상환능력의 판단
③ 상환가능금액 〉 ④ 예상 상환원금	• 당기순이익으로부터 상환이 가능하므로 → 〈융자 가능〉
③ 상환가능금액 〈 ④ 예상 상환원금	• 당기순이익으로부터 상환이 불가능하므로 → 〈융자 불가〉

1. 신규사업에 필요한 「소요사업자금」 산출하기.

2. 신규사업의 「자금조달계획」 세우기.

3. 부족한 사업자금은 어떻게 마련할 것인가?

4. 정부 또는 지방자치단체가 제공하는 창업지원대책은 어떤 것이 있는가?

5. 융자금에 대한 「상환계획표」 작성하기.

6. 신규사업의 「자금계획표」 작성하기.

12

사업실행계획

CHAPTER 12

12-1 창업에 필요한 업무내용의 정리

지금까지는 환경분석, 사업 아이템 발굴, 마케팅전략, 사업수지계획, 사업자금계획에 대한 전략을 수립하고 사업결과를 예측하였습니다. 이제는 사업계획의 마지막 단계라고 할 수 있는 사업실행계획을 세우는 단계에 돌입하였습니다.

계획은 간단하지만 실행하는 것은 정말 어려운 일입니다. 사업실행단계에서 가장 우선적으로 해야 할 것은 사업에 필요한 업무내용을 정리하여 인적, 물적, 자금, 정보가 어느 정도 필요한지를 산출해야 합니다.

필요한 업무내용의 선정은 다음 절차에 따라 진행합니다.[1)]

① 필요한 업무를 열거한다

사업을 시작하기 위해서는 필요한 업무항목을 열거합니다. 예를 들어 레스토랑을 오픈할 경우에 점포 구입과 인테리어, 주방과 홀에 설치할 설비와 집기, 영업·홍보, 총무·회계 등으로 세분화하면 이해하기가 쉬워집니다.

② 어떻게 업무를 수행할 것인지 조달방법을 정한다

각각의 업무를 수행함에 있어서 자사 내부에서 수행할 것인지, 아니면 외부로 하청을 줄 것인지 조달방법을 결정합니다.

③ 업무 담당자를 정한다

조달방법에 따라 내부에서 수행할 경우에는 누가 그 업무를 담당할 것인지 담당자를 정하고, 외부로 하청을 줄 때는 협력업체를 선정합니다.

④ 기자재 목록을 정리한다

각각의 업무내용에 따라 필요한 기자재 또는 집기류를 기재합니다. 금액으로 환산하기 위한 것이므로 소액의 문구류 등은 생략해도 됩니다.

⑤ 금액으로 산출한다

1) Hirose Yukiyasu(2005), 『비즈니스 플랜』, Shoeisha, pp.110-111.

마지막으로, 기자재 및 집기류 각각에 대해서 예상구입가격을 산출하고 합산합니다. 비용 산출에 대한 견적은 수지계획을 세울 때 산출해야 하지만, 사업준비단계에서 자금을 준비하지 않으면 사업을 시작하기도 어렵습니다. 협력업체에 요청하여 견적금액과 지불기간을 확인하여 기입합니다.

▌업무내용의 정리(레스토랑의 경우)▐

업무부서	업무내용	조달방법	담당자	기자재	금액
점포 인테리어	주요 컨셉	내부/외부	직원 A		
	인테리어	외부	직원 A		
	기물 및 집기	내부/외부	직원 A		
주방·홀	주방용품구매	내부	직원 B		
	홀 테이블	내부	직원 B		
	전산시스템 구축	외부	직원 B		
영업·홍보	홈페이지 제작	외부	직원 C		
	전단지 제작 및 배부	외부	직원 C		
	판촉행사	내부	직원 C		
총무·회계부서	계약서 작성, 급여	내부	직원 D		

12-2 「실행계획표」의 작성

사업을 시작할 때에는 해결해야 할 업무가 상당히 많습니다. 이 많은 업무를 관리할 수 없다면 사업을 시작한 후에도 홈페이지를 개설하지 못하였거나, 광고 전단지가 완성되지 않는 등 많은 혼잡이 발생할 수 있습니다. 이러한 문제가 발생하지 않도록 실행계획을 세워 관리합니다.

「실행계획(Action Plan)」이란 사업목표를 달성하기 위한 구체적인 하나 또는 복수의 계획으로서, 사업계획단계에서 신규사업의 개업까지, 그리고 개업 후의 사업운영을 예상하여 필요한 항목을 정리하고, 그 항목들을 각각 어떻게 실행할 것인지를 작성하는 표를 말합니다. 실행계획을 세울 때 사용하는 것이 간트 차트입니다.

「간트 차트(Gantt Chart)」란 프로젝트 관리나 생산관리 등에서 공정관리에 사용되는 표로, 작업계획을 시각적으로 나타내기 위해서 사용됩니다.

① 업무실행을 위하여 자세하게 작성한다

실행계획표를 작성하는 방법은 업무내용의 진행절차를 한 눈에 알 수 있도록 각각의 업무내용을 세밀하게 작성합니다. 처음 시작하는 업무이기 때문에 어떤 업무를 수행하여 어떤 결과물을 만들어내야 할 것인지에 대해서 구체적으로 정합니다.

② 업무량과 달성시기를 정한다

각각의 업무내용에 대해서 달성해야 할 업무량과 기간을 정합니다. 월 단위의 일정표를 일, 주 또는 월 단위로 작성하고, 먼저 개업 예정일을 기입합니다. 이 날로부터 역산하여 개업 예정일까지 해야 할 업무를 나열합니다.

③ 담당자를 정한다

각각의 업무를 맡길 담당자를 정합니다.

④ 실행계획표를 작성한다

업무의 달성시기를 고려하여 실행계획표를 작성합니다. 업무를 실행하는 기간에 화살표를 긋고, 어떤 진행항목의 종료와 다른 진행항목과 관련이 있는 경우, 연결선을 그어, 작업의 진행순서를 나타냅니다.

이 때 주의해야 할 것은 현실적인 순서대로 작성해야 합니다. 예를 들면 점포계약과 매장 인테리어 공사의 순서가 뒤바뀌면 안됩니다.

▌실행계획표의 작성▐

◉ 점포오픈 예정일 20XX년 4월 개업할 경우

업무부서	업무내용	담당자	개업준비			개업일
			1월	2월	3월	4월
점포 인테리어	주요 컨셉	직원 A	→			
	인테리어 공사		→			
	기물 및 집기			→		
주방·홀	주방용품 구매	직원 B		→		
	홀 테이블			→		
	전산시스템 구축			→		
영업·홍보	홈페이지 제작	직원 C		→		
	전단지 제작 및 배부				→	
	판촉행사				→	
총무·회계	계약서작성, 급여	직원 D			→	

12-3 리스크 관리(1): 리스크 유형

사업은 예상치 못한 사건 등에 의해서 실패하는 경우가 많습니다. Covid-19의 창궐과 같이 사회적 변화를 예측하기 어려운 오늘날, 과연 미래가 어떻게 변화할 것인지에 대해서 예측하기란 거의 불가능에 가깝다고 해도 과언은 아닙니다. 이러한 상황을 나타내는 용어가 뷰카(VUCA)시대라고 생각합니다.

「뷰카(VUCA)」란 오늘날의 사회적 환경이 변동적이고 복잡하고 불확실하고 모호한 특징을 보인다고 하는 것입니다. 즉 상황이 제대로 파악되지 않아 즉각적이고 유동적인 대응태세와 경각심이 요구되는 상황을 나타냅니다.[2)]

① V = Volatility(변동성)

환경변화의 양과 질이 예측 불가능한 상태를 말합니다.

② U = Uncertainty(불확실성)

Covid-19의 창궐과 같이 돌발적으로 출현한 현상에 대해서 전혀 예측할 수가 없습니다.

③ C = Complexity(복잡성)

글로벌 시장에서 특정기업 또는 국가에서의 성공사례가 타 기업 또는 다른 국가에 적용시켜도 개별적인 요인이 작용하여 단순화시킬 수 없고, 복잡해집니다.

④ A = Ambiguity(모호성)

V(변동성), U(불확실성), C(복잡성)가 혼재되어 있기 때문에 인과관계가 확실하지 않고 문제에 대한 절대적인 해결책을 찾을 수 없는 애매모호한 상황을 말합니다.

사업을 추진하는 과정에서 리스크는 당연히 발생합니다. 이러한 리스크를 예측하고 그것에 대한 리스크 대책을 준비해두어야만 예기치 못한 사태가 발생하더라도 안정적으로 대처할 수 있습니다.

---

2) 「VUCA」라는 용어는 2016년에 스위스 다보스에서 열렸던 세계경제포럼(Davos Forum)에서 사용한 후 여러 경제회의에서 주목받게 됨.

「리스크 관리(Risk Management)란 발생가능한 리스크를 사전에 예측하고, 바람직하지 못한 결과를 최소화시키고, 그에 따른 신속한 조치를 취하는 일련의 행위를 말합니다.

발생가능성이 높고, 충격이 큰 리스크를 사전에 4~5개로 정리해서 파악해두는 것이 좋습니다. 예를 들면 막대한 선행투자가 필요한 경우 또는 신규시장을 개척해야 하는 하이 리턴 사업일수록 그만큼 리스크도 크다고 볼 수 있습니다.

사업에서의 중대한 리스크에는 수입감소, 사업상 손실, 재산손실, 배상책임, 인적손실을 들 수 있습니다.3)

▌주요 리스크의 유형▐

리스크 유형	리스크 내용
① 수입감소	거래처의 도산, 주식시장의 폭락, 환율변동에 따른 수입 급감. 이것은 사업계획서 작성할 때의 가장 중요한 주제의 하나임. 사업 시작 전에 많은 고객을 확보할 것.
② 사업상 손실	제품개발이나 사업확장에 따른 투자, 재무투자 등의 자산 운용으로 손실이 발생. 정확한 견적, 실제로 산출해서 관리할 것.
③ 재산손실	사고나 재해, 범죄에 의해서 회사나 사업자의 재산이 손실을 받음.
④ 배상책임	고객, 종업원, 주주로부터 소송이 발생하여 배상에 대한 책임을 짐.
⑤ 인적손실	경영자나 직원이 사망, 질병, 신용손실 등을 입음.

3) Watanabe Masayuki(2017), 『사업계획서 작성법』, Seitosha, pp.204-205.

12-4 리스크 관리(2): 리스크 평가방법

리스크를 관리하는 절차는 다음과 같이 진행합니다.[4)]

① 예상 리스크의 선정

브레인스토밍을 활용하여 사업을 추진할 때 발생할 수 있는 리스크를 최대한 열거합니다.

② 리스크의 평가

열거된 리스크를 발생빈도와 손실강도를 기준으로 평가합니다. 평가 후에는 발생빈도가 높고 손실강도가 큰 항목부터 대책을 강구할 수 있도록 우선순위를 정합니다.

▌리스크 평가방법과 우선순위 선정▐

[발생빈도]		
(높음)	[B]	[A]
(낮음)	[D]	[C]
[손실강도]	(약함)	(강함)

4) Watanabe Masayuki(2017), 『사업계획서 작성법』, Seitosha, pp.206-207.

유 형	내 용	리스크 대책
[A]	발생율도 높고, 손실도 크다	제거, 축소, 보유, 이전
[B]	발생율은 높지만, 손실은 작다	제거, 축소
[C]	발생율은 낮지만, 손실이 크다	보유, 이전
[D]	발생율은 낮지만, 손실도 작다	대응하지 않아도 됨

③ 리스크에 대한 대책강구

리스크에 대해 대책을 다양하게 강구함으로써 리스크가 발생하더라도 안정적으로 대처할 수 있게 됩니다.

- ○ 제거: 리스크 요인을 사전에 완벽하게 제거한다.
- ○ 축소: 리스크의 발생가능성을 최대한 낮춘다.
- ○ 보유: 리스크에 대비하여 사전에 자금을 확보한다.
- ○ 이전: 타사와 공동으로 리스크에 대비한다.

▌리스크에 대한 대책강구▐

제 거	축 소
○ 리스크 방지에 중점을 두고, 리스크 발생을 완전히 방지하도록 함. • 거래 중지 • 향후 전망이 좋지 않은 사업은 철수	○ 리스크 방지에 중점을 두고, 리스크의 발생가능성을 최대한 낮춤. • 품질이나 안전관리 교육 실시 • 고객대응의 전문창구 신설
보 유	**이 전**
○ 리스크 발생으로 금전적 손실이 발생하더라도 경영에 지장이 없도록 함. • 만약을 대비해 적립금 준비 • 내부 보유자금 확보	○ 금전적 피해를 최소로 줄이기 위해 타사와 공동으로 대처함. • 손해보험에 가입 • 기금이나 공제에 가입

12-5 출구전략(1): 사업철수의 기준설정

기업을 둘러싼 환경변화의 영향으로 신규사업은 물론 기존사업의 철수 또는 도산이 빈번하게 발생하고 있습니다.

사업을 시작할 때부터 리스크가 발생합니다. 그래서 "신규사업을 시작할 때는 사전에 철수기준을 설정해야 한다"고 강조하고 있습니다. 그 이유는 무엇일까요?

첫째, 사전에 철수기준을 설정하지 않으면 사업이 성공하고 있는지 아니면 실패하고 있는지를 알 수 없기 때문에 사업을 계속하게 되는 위험에 빠지기 때문입니다.

둘째, 심각한 실패임에도 불구하고 알지 못하고, 알았을 때에는 이미 되돌릴 수 없는 침몰상태에 빠져있기 때문입니다.

셋째, 치명상을 입기 전까지는 가능하다는 안심감을 갖게 되고, 그때까지 전력으로 신규사업에 도전할 수 있게 됩니다.

사업철수의 기준을 설정하는 절차는 다음과 같습니다.5)

① 심각한 상태를 가정한다

사업경영이 막다른 골목에 막힌 것과 같은 또는 절벽에 떨어진 것과 같은 심각한 사태를 가정해봅니다. Covid-19 또는 조류 인플루엔자 발생 등과 같은 외적요인에 의해 발생된 상태는 고려하지 않습니다. 외적요인에 의한 문제를 사업철수와 연결하는 것은 책임 있는 행동이라고 할 수 없기 때문입니다. 내적요인만을 중심으로 열거하도록 합니다.

② 사태를 발생시킨 원인을 찾는다

이러한 심각한 사태를 발생시킨 원인은 무엇이며 또는 어디에 있는지를 검토하고, 가능한 객관적으로 설명합니다. 모든 원인에 대해서 그 책임을 경영자의 능력부족으로 돌리는 경우가 많지만, 여기서는 도움이 되지 않기 때문에 그러한 주관적인 분석은 하지 않도록 합니다.

5) Hirose Yukiyasu(2005), 『비즈니스 플랜』, SE, pp.134-135.

③ 철수기준을 설정한다

원인을 알게 되면 철수기준을 설정하기가 용이하기 때문에 현상을 나타내는 구체적인 기준을 설정합니다. 철수기준을 수치로 나타낼 수 있다면 사업철수에 대한 판단이 신속하게 내릴 수 있습니다. 수치상의 근거로는 철수비용과 퇴직금의 합계를 상정해 놓으면 현실적이 될 것입니다.

시장에서 철수기준은 2가지 방법으로 판단합니다.

① 사업계획 대비 달성도로 판단하는 방법

이 방법은 사업계획에서 세운 목표치를 달성하지 못하면 철수한다는 방법입니다. 이 방법의 장점은 사전에 정한 수치계획에 근거하여 철수기준을 정량적으로 설정함으로써 철수판단 시 주관성을 배제시킬 수 있다는 것입니다.

② 철수판단을 내리는 시점에서 시장, 경쟁, 자사의 상황으로 판단하는 방법

이 방법은 현재의 상황을 파악하여 승산이 있다고 생각되면 계속하고, 승산이 없다고 생각되면 철수하는 것입니다. 이 방법의 장점은 계획을 세운 시점에서는 알 수 없는 최신의 상황에 근거해서 최적의 판단을 내린다는 것입니다.

철수기준의 설정

① 사업계획의 목표치에 대한 달성·미달성 또는 달성율로 판단함	주요 핵심성과지표(KPI)와 비교하여 판단함.
	회계상의 손익계산 또는 투자회수율 등의 현금 기반의 계획과 비교하여 판단함.
② 철수판단을 내리는 시점에서 시장, 경쟁, 자사의 상황으로 판단함	시장(고객)의 상황으로 판단함.
	경쟁과 경쟁환경의 상황으로 판단함.
	자사의 상황으로 판단함.

12-6 출구전략(2): 사업철수의 결정과 도산절차

사업을 추진함에 있어서 가장 중대한 리스크는 사업중지 또는 사업철수라고 할 수 있습니다. 「사업철수」란 시장에서 퇴출하는 것으로, 현재까지의 누적된 손실과 사업철수에 투입되는 비용 때문에 여러 리스크 중에서도 가장 큰 대가를 치러야 하는 항목입니다. 따라서 사업철수는 최대이자 최후의 리스크 대책에 해당됩니다.

창업자가 사업에 전심전력으로 노력했지만 성공에 대한 희망이 보이지 않을 때에는 사업철수를 신속하게 결정하여 손실을 최소화해야 합니다. 그러나 지금까지 투자한 모든 것을 단번에 포기하는 일이 결코 쉽지는 않습니다. 사업철수를 결단하고 싶지만 여러 가지 이유를 들어 그러지 못해 상황을 더 악화시키는 결과를 초래하기도 합니다.

그래서 사업을 계속 추진할 것인지 또는 철수할 것인지에 대한 결단을 쉽게 내릴 수 있도록, 사전에 사업철수의 판단기준에 맞춰 다양한 시나리오를 준비하는 것이 중요합니다.

▌사업철수에 대한 시나리오 준비▐

시나리오 수준	상황 내용
최 고	사업에서 설정한 중장기 목표에 도달한 상태
보 통	사업에서 설정한 목표에는 부족하지만, 이익이 발생하여 사업을 계속할 수 있는 상태
최 악	어떤 대책을 강구해도 이익을 확보하지 못하고, 사업을 지속해도 개선의 여지가 보이지 않는 상태
◉ 최악의 시나리오 설정라인: ❑ 적자 해소를 위해 할 수 있는 모든 것을 했지만 개선되지 않음. ❑ 이 이상 적자가 발생하면, 비용이나 거래처에 대한 지급이 불가능함. ❑ 개인 사업자의 경우, 이 상태로는 생활비를 충당하기도 어려움.	

사업에서 설정한 목표치를 최고의 시나리오라고 간주한다면, 그것과는 별도로 보통의 시나리오와 최악의 시나리오를 준비합니다. 그리고 경영실적이 최악의 시나리오 이하로 떨어지면, '사업을 철수한다!'라고 결론을 내리는 것입니다.

자금융자의 심사에서도 사업계획서에서 제시한 것처럼 사업이 원활하게 진행하지 못할 경우를 상정하고, 대책강구에 대해 질문을 받게 될 것입니다. 단 심사 시에는 철저하게 사업계속을 전제로 한 대책강구에 대해서 답변하면 됩니다. 최악의 시나리오는 회사 내의 대외비로 하고, 사업계획서에도 작성하지 않아도 됩니다.

급기야 회사가 재정적 파탄을 초래하게 되면 도산을 하게 됩니다. 도산절차는 크게 청산형과 회생형으로 구분할 수 있습니다.6) 개인파산을 신청하는 채무자가 면책을 받기 위해서는 파산신청과 별개로 면책을 신청해야 하며, 대부분 이 둘을 동시에 신청할 수 있습니다.

▌도산절차와 방법▐

청산형	① 파산	법인이 자신의 재산으로 모든 채무를 변제할 수 없는 경우에 법원이 파산을 선고하고 법인의 재산을 현금화하여 채권자들에게 권리의 우선순위와 채권액에 따라 분배하는 제도.
	② 특별청산	주식회사를 청산하는 과정에서 업무수행에 지장을 초래할 사정이 있을 때, 법원의 명령에 따라 행하는 특수한 청산 절차.
	③ 개인파산	개인인 채무자가 자신의 재산으로 모든 채무를 변제할 수 없는 상태에 빠진 경우에 그 채무의 정리를 위하여 채무자 또는 채권자가 파산신청을 하는 경우.
회생형	④ 면책	성실하거나 불운한 채무자에게 파산절차를 통하여 변제되지 아니한 나머지, 채무에 대한 변제책임을 파산법원의 재판으로 면제시킴으로써 채무자의 경제적 재출발을 도모하는 것으로, 개인채무자에게만 인정되는 제도임.

6) 개인회생 및 면책에 관한 제도는 「서울회생법원」 인터넷사이트 참조.

12-7 사업계획서의 프레젠테이션

사업계획서가 완성되면 사업내용에 대해서 여러 사람들에게 프레젠테이션을 할 기회가 많아집니다. 이 프레젠테이션을 통해서 추진하고자 하는 사업에 대해서 이해관계자와 함께 공유와 협력, 그리고 투자를 이끌어낼 수 있습니다.

「프레젠테이션(Presentation)」이란 각종 발표 시 사용하는 자료 또는 문서로서, 발표자가 어떤 목적을 달성하기 위하여 청중에게 메시지를 전달하면서 설득하는 과정이라고 정의할 수 있습니다. 일반적인 대화나 강연 연설은 청중에게 자료를 제공할 필요가 없지만, 프레젠테이션은 청중의 이해를 돕기 위해 자료를 필요로 합니다.

그렇다면 왜 프레젠테이션이 필요할까요? 그것은 사업계획서를 읽기만 해서는 사업내용을 충분히 전달할 수 없기 때문입니다. 프레젠테이션이라는 발표 기회를 살려 사업계획에 대한 창업자의 열정을 강력하게 전달할 수 있는 중요한 장(場)이기도 합니다.

사업계획에 대한 프레젠테이션의 주 내용은 사업계획서에 작성된 내용입니다. 사업계획에는 기본적으로 다음과 같은 내용을 포함합니다.

1. 회사 소개
2. 사업 개요
3. 사업 제안배경
4. 비즈니스 모델
5. 마케팅전략
6. 사업수지계획
7. 사업자금계획
8. 사업실행계획
9. 첨부자료

프레젠테이션하기 전에 사전에 점검해야 할 사항은 다음과 같습니다.

① 일정과 장소를 확인한다

- ❑ 보통은 자사 또는 상대방 회사의 회의실에서 행한다.
- ❑ 참석 인원수를 고려하여 충분하게 넓은 장소를 선택한다.
- ❑ 파워포인트로 발표할 때는 장비를 확인한다.
- ❑ 일정은 상대방이 모일 수 있는 일시와 시간을 선택한다.
- ❑ 상대방이 바쁜 날은 피한다.

② 프레젠테이션의 참가자를 파악한다

- ❑ 참가한 사람은 누구인가?
- ❑ 자사 내부의 구성원인가?
- ❑ 자사와의 파트너 십을 갖게 될 협력업체인가?
- ❑ 아니면, 투자자나 금융기관인가?
- ❑ 참가자의 구성에 따라 프레젠테이션의 발표방법을 결정한다.

③ 프레젠테이션 시간을 정한다

- ❑ 프레젠테이션 시간은 보통 30분에서 1시간 정도로 한다.
- ❑ 질의응답 시간을 포함해서 1~2시간 정도 확보한다.
- ❑ 긴 프레젠테이션이 필요한 경우는 긴 시간도 괜찮다.
- ❑ 그런 경우는 1~2시간 후에 휴식시간을 갖는다.
- ❑ 단, 참가자가 그 때까지 시간을 내줄지를 확인하고 정한다.

④ 프레젠테이션에서 자주 나오는 질문에 대한 답을 준비한다

- ❑ 사업을 통해서 무엇을 이루고 싶은가?
- ❑ 제품을 생산하는데 생산비용이 너무 비싸지 않은가?
- ❑ 왜 제품이 잘 팔릴 것이라고 확신하는가?
- ❑ 경쟁사제품과의 다른 특별한 차이점은 무엇인가?
- ❑ 사업이 일정표에 맞춰 원활하게 진행될 것인가?

12-8 프레젠테이션의 행동지침

프레젠테이션 기회를 얻게 되면 무엇을 전할 것인가, 어떻게 전할 것인가, 청중에게 강력하게 어필할 수 있는 방법은 무엇인가, 어떤 결과를 얻어내야 하는가에 대해서 많은 고민을 하게 됩니다.

스티브 잡스(Steve Jobs)의 프레젠테이션을 분석하여 『스티브 잡스의 프레젠테이션』을 출간했던 김경태 원장은 「프레젠테이션 11-Step」를 제안하였습니다.

「프레젠테이션 11-Step」이란 프레젠테이션을 준비하고 발표하는 전 과정을 통해 시간의 흐름에 따라 취해야 하는 11단계의 행동지침을 말합니다.[7]

▌프레젠테이션 11-Step ▌

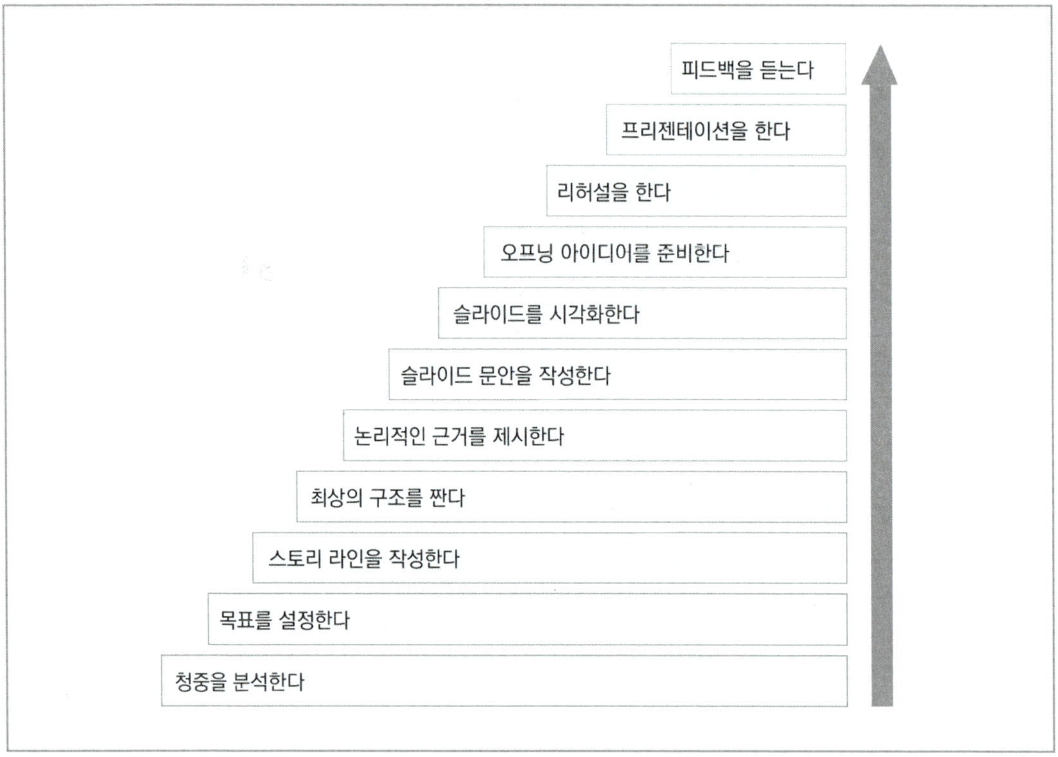

7) 김경태(2007), 『김경태의 실전 프레젠테이션』, 멘토로, p.15.

세계적으로 프리젠테이션을 잘하는 사람을 들라 하면 단연코 고(故) 스티브 잡스(Steve Jobs)라고 할 수 있겠습니다. 스티브 잡스가 실천했던 독특하고 효과적인 프레젠테이션 행동지침을 참고하여 프리젠테이션을 준비하길 바랍니다.[8)]

▌스티브 잡스의 프레젠테이션 행동지침▐

❑	오프닝을 장악하라
❑	큰 그림을 먼저 이야기 한다
❑	옛 것을 비난하지 마라
❑	프레젠테이션은 구조가 핵심이다
❑	나를 위한 무엇이 담겨 있는가?
❑	믿게 만들려면 입증해 보여라
❑	즐거워야 성공할 수 있다
❑	현장에 제품을 가져가라
❑	현명하게 비교하라
❑	가격을 제시하는 특별한 스킬
❑	차트는 숫자가 아니라 그림이다
❑	제3자를 통해 보증을 받아라
❑	뉴스가 될 만한 것만 이야기하라
❑	한 장의 그림이 천 마디 말을 대신 한다
❑	청중의 신발을 신고 보라
❑	멀티미디어를 정복하라
❑	단점을 장점으로 바꾸는 방법
❑	가장 좋은 것을 마지막에 보여 줘라
❑	열정이 없으면 실패한다
❑	항상 되짚어 주고, 요약하라
❑	프레젠테이션은 드라마다
❑	보너스는 언제나 기분이 좋다
❑	감동적인 마무리를 준비하라
❑	청중의 눈을 보고 이야기하라
❑	파워포인트를 다시 생각한다
❑	스티브 잡스와 빌 게이츠의 프레젠테이션
❑	세상에 너무 많은 리허설이란 없다
❑	스티브 잡스의 프레젠테이션이 남긴 것
❑	마지막 이야기

8) 김경태(2007), 『스티브 잡스의 프레젠테이션』, 멘토르.

1. 신규사업을 추진하기 위해서 필요한 경영자원에는 어떤 것들이 있는가?

2. 신규사업에 대한 「실행예정표」 작성하기.

3. 신규사업을 추진할 때 발생가능한 리스크는 어떤 것이 있는가?

4. 발생가능한 리스크를 해결할 수 있는 대책은 무엇인가?

5. 만약 시장에서 철수해야 한다면 어떤 기준을 적용할 것인가?

6. 사업계획서의 프리젠테이션 자료를 만들고 발표하기.

저자 약력

박철주(Park, Chul Ju)
일본 게이오 대학(慶應義塾大學) 상학 연구과에서 마케팅을 연구하였고, 「소비시장에서의 차별화 전략과 시장 점유율 분석」으로 상학박사 학위를 취득하였다.
현재는 삼육대학교 경영학과에서 마케팅, 유통론, 기업가 정신 등을 강의하고 있으며, 국제융합경영학회 회장으로 활동하고 있다.
저서로는 마케팅 원론(2020, 공저), 유통 원리(2011, 역서), 유통기업의 경영컨설팅(2005), 게임이론(2005, 역서), Critical Thinking(2005, 공역서) 등이 있다.

사업계획서 완전정복

초판 1쇄 발행 / 2020년 12월 21일
초판 2쇄 발행 / 2022년 2월 28일

저자 박철주
발행처 형설출판사
경기도 파주시 회동길 37-23 · 전화 (031) 955-2361~4 · 팩시밀리 (031) 955-2341
발행인 장진혁
등록 라-제9호 · 1962년 5월 1일
홈페이지 http://www.hyungseul.co.kr
e-mail hs@hyungseul.co.kr

정가 22,000원

ISBN 978-89-472-8531-5 93320

이 도서의 국립중앙도서관 출판시도서목록(CIP)은 서지정보유통지원시스템 홈페이지(http://seoji.nl.go.kr)와 국가자료공동목록시스템(http://www.nl.go.kr/kolisnet)에서 이용하실 수 있습니다.(CIP제어번호 : CIP2020051705)

스타트업 창업을 위한

사업계획서 완전정복

Memo

Memo